W0262692

Informatik — Fachberichte

Band 33: GI–10. Jahrestagung. Herausgegeben von R. Wilhelm. XV, 563 Seiten. 1980.

Band 34: CAD-Fachgespräch. GI–10. Jahrestagung. Herausgegeben von R. Wilhelm. VI, 184 Seiten. 1980.

Band 35: B. Buchberger, F. Lichtenberger, Mathematik für Informatiker I. Die Methode der Mathematik. XI, 315 Seiten. 1980

Band 36: The Use of Formal Specification of Software. Berlin, Juni 1979. Edited by H. K. Berg and W. K. Giloi. V, 388 pages. 1980.

Band 37: Entwicklungstendenzen wissenschaftlicher Rechenzentren. Kolloquium, Göttingen, Juni 1980. Herausgegeben von D. Wall. VII, 163 Seiten.1980.

Band 38: Datenverarbeitung im Marketing. Herausgegeben von R. Thome. VIII, 377 pages. 1981.

Band 39: Fachtagung Prozeßrechner 1981. München, März 1981. Herausgegeben von R. Baumann. XVI, 476 Seiten. 1981.

Band 40: Kommunikation in verteilten Systemen. Herausgegeben von S. Schindler und J. C. W. Schröder. IX, 459 Seiten. 1981.

Band 41: Messung, Modellierung und Bewertung von Rechensystemen. GI-NTG-Fachtagung. Jülich, Februar 1981. Herausgegeben von B. Mertens. VIII, 368 Seiten. 1981.

Band 42: W. Kilian, Personalinformationssysteme in deutschen Großunternehmen. XV, 352 Seiten. 1981.

Band 43: G. Goos, Werkzeuge der Programmiertechnik. GI-Arbeitstagung. Proceedings, Karlsruhe, März 1981. VI, 262 Seiten. 1981.

Band 44: Organisation informationstechnik-geschützter öffentlicher Verwaltungen. Fachtagung, Speyer, Oktober 1980. Herausgegeben von H. Reinermann, H. Fiedler, K. Grimmer und K. Lenk. VIII, 651 Seiten. 1981.

Band 45: R. Marty, PISA – A Programming System for Interactive Production of Application Software. VII, 297 Seiten. 1981.

Band 46: F. Wolf, Organisation und Betrieb von Rechenzentren. Fachgespräch der GI, Erlangen, März 1981, VII, 244 Seiten. 1981.

Band 47: GWAI-81 German Workshop on Artifical Intelligence. Bad Honnef, January 1981. Herausgegeben von J. H. Siekmann. XII, 317 Seiten. 1981.

Band 48: W. Wahlster, Natürlichsprachliche Argumentation in Dialogsystem. KI-Verfahren zur Rekonstruktion und Erklärung approximativer Inferenzprozesse. XI, 194 Seiten. 1981.

Band 49: Modelle und Strukturen. DAG 11 Symposium, Hamburg, Oktober 1981. Herausgegeben von B. Radig. XII, 404 Seiten. 1981.

Band 50: GI–11. Jahrestagung. Herausgegeben von W. Brauer. XIV, 617 Seiten. 1981.

Band 51: G. Pfeiffer, Erzeugung interaktiver Bildverarbeitungssysteme im Dialog. X, 154 Seiten. 1982.

Band 52: Application and Theory of Petri Nets. Proceedings, Strasbourg 1980, Bad Honnef 1981. Edited by C. Girault and W. Reisig. X, 337 pages. 1982.

Band 53: Programmiersprachen und Programmentwicklung. Fachtagung der GI, München, März 1982. Herausgegeben von H. Wössner. VIII, 237 Seiten. 1982.

Band 54: Fehlertolerierende Rechnersysteme. GI-Fachtagung, München, März 1982. Herausgegeben von E. Nett und H. Schwärtzel. VII, 322 Seiten. 1982.

Band 55: W. Kowalk, Verkehrsanalyse in endlichen Zeiträumen. VI, 181 Seiten. 1982.

Band 56: Simulationstechnik. Proceedings, 1982. Herausgegeben von M. Goller. VIII, 544 Seiten. 1982.

Band 57: GI–12. Jahrestagung. Proceedings, 1982. Herausgegeben von J. Nehmer. IX, 732 Seiten. 1982.

Band 58: GWAI–82. 6th German Workshop on Artifical Intelligence. Bad Honnef, September 1982. Edited by W. Wahlster. VI, 246 pages. 1982.

Band 59: Künstliche Intelligenz. Frühjahrsschule Teisendorf, März 1982. Herausgegeben von W. Bibel und J. H. Siekmann. XIII, 383 Seiten. 1982.

Band 60: Kommunikation in Verteilten Systemen. Anwendungen und Betrieb. Proceedings, 1983. Herausgegeben von Sigram Schindler und Otto Spaniol. IX, 738 Seiten. 1983.

Band 61: Messung, Modellierung und Bewertung von Rechensystemen. 2. GI/NTG-Fachtagung, Stuttgart, Februar 1983. Herausgegeben von P. J. Kühn und K. M. Schulz. VII, 421 Seiten. 1983.

Band 62: Ein inhaltsadressierbares Speichersystem zur Unterstützung zeitkritischer Prozesse der Informationswiedergewinnung in Datenbanksystemen. Michael Malms. XII, 228 Seiten. 1983.

Band 63: H. Bender, Korrekte Zugriffe zu Verteilten Daten. VIII, 203 Seiten. 1983.

Band 64: F. Hoßfeld, Parallele Algorithmen. VIII, 232 Seiten. 1983.

Band 65: Geometrisches Modellieren. Proceedings, 1982. Herausgegeben von H. Nowacki und R. Gnatz. VII, 399 Seiten. 1983.

Band 66: Applications and Theory of Petri Nets. Proceedings, 1982. Edited by G. Rozenberg. VI, 315 pages. 1983.

Band 67: Data Networks with Satellites. GI/NTG Working Conference, Cologne, September 1982. Edited by J. Majus and O. Spaniol. VI, 251 pages. 1983.

Band 68: B. Kutzler, F. Lichtenberger, Bibliography on Abstract Data Types. V, 194 Seiten. 1983.

Band 69: Betrieb von DN-Systemen in der Zukunft. GI-Fachgespräch, Tübingen, März 1983. Herausgegeben von M. A. Graef. VIII, 343 Seiten. 1983.

Band 70: W. E. Fischer, Datenbanksystem für CAD-Arbeitsplätze. VII, 222 Seiten. 1983.

Band 71: First European Simulation Congress ESC 83. Proceedings, 1983. Edited by W. Ameling. XII, 653 pages. 1983.

Band 72: Sprachen für Datenbanken. GI-Jahrestagung, Hamburg, Oktober 1983. Herausgegeben von J. W. Schmidt. VII, 237 Seiten. 1983.

Band 73: GI–13. Jahrestagung, Hamburg, Oktober 1983. Proceedings. Herausgegeben von J. Kupka. VIII, 502 Seiten. 1983.

Band 74: Requirements Engineering. Arbeitstagung der GI, 1983. Herausgegeben von G. Hommel und D. Krönig. VIII, 247 Seiten. 1983.

Band 75: K. R. Dittrich, Ein universelles Konzept zum flexiblen Informationsschutz in und mit Rechensystemen. VIII, 246 pages. 1983.

Band 76: GWAI-83. German Workshop on Artificial Intelligence. September 1983. Herausgegeben von B. Neumann. VI, 240 Seiten. 1983.

Informatik-Fachberichte 120

Subreihe Künstliche Intelligenz

Herausgegeben von W. Brauer in Zusammenarbeit mit dem
Fachausschuß 1.2 „Künstliche Intelligenz und
Mustererkennung" der Gesellschaft für Informatik (GI)

Kognitive Aspekte der Mensch-Computer-Interaktion

Workshop, München, 12.–13. April 1984

Herausgegeben von G. Dirlich, C. Freksa, U. Schwatlo und K. Wimmer

Springer-Verlag Berlin Heidelberg GmbH

Herausgeber

Gerhard Dirlich
Max-Planck-Institut für Psychiatrie
Kraepelinstr. 2, 8000 München 40

Christian Freksa
Institut für Informatik, Technische Universität Münonen
Arcisstr. 21, 8000 München 2

Uta Schwatlo
Winfriedstr. 14, 8000 München 19

Klaus Wimmer
Siemens AG
Otto-Hahn-Ring 6, 8000 München 83

Workshop „Kognitive Aspekte der Mensch-Computer-Interaktion"
veranstaltet von

Arbeitskreis „Kognition"
im Fachausschuß 1.2 „Künstliche Intelligenz und Mustererkennung", Gesellschaft für Informatik

und

Münchener Arbeitskreis
für Künstliche Intelligenz und Cognitive Science

Der Workshop wurde unterstützt durch
Carl Friedrich von Siemens Stiftung, München-Nymphenburg
Siemens A.G., München
Messerschmitt-Bölkow-Blohm GmbH, München-Ottobrunn

CR Subject Classifications (1985): D.2.2, E.2, H.1.2, H.4.1, I.2.0, I.2.1, I.2.4

ISBN 978-3-540-16450-0   ISBN 978-3-642-46577-2
DOI 10.1007/978-3-642-46577-2

VORWORT

"Kognitive Aspekte der Mensch-Computer-Interaktion" war das Thema des
ersten Workshops des Arbeitskreises "Kognition" im Fachausschuß 1.2
"Künstliche Intelligenz und Mustererkennung", Gesellschaft für Informatik und des Münchener Arbeitskreises für Künstliche Intelligenz und
Cognitive Science. Er wurde am 12. und 13. April 1984 in den Räumen der
Carl Friedrich von Siemens Stiftung von 35 Teilnehmern aus Hochschulen,
Forschungsinstituten und Industrie durchgeführt. Der vorliegende Band
enthält 15 Beiträge aus der Perspektive von Psychologen, Informatikern
und Systemdesignern, die aus den überarbeiteten Vorträgen entstanden
sind. Dabei konnten viele Anregungen aus der gemeinsamen Diskussion
aller Teilnehmer aufgegriffen werden. Für die fruchtbare Arbeits-
atmosphäre während des Workshops waren die hohe Motivation und die
große Aktivität der Teilnehmer sowie der stimulierende Charakter des
Tagungsortes wichtige Faktoren.

Wir danken allen Teilnehmern und Förderern.

Dezember 1985   Die Herausgeber

TEILNEHMER DES WORKSHOPS

David Ackermann, ETH Zürich
Stephan Bayerl, Universität München
Helmut von Benda, TU München (jetzt Universität Erlangen-Nürnberg)
Klaus F. Bickert, MPI für extraterrestrische Physik, Garching
Tom Bösser, Universität Münster
Ursula Danzer, European Computer-Industry Research Centre, München
Gerhard Dirlich, MPI für Psychiatrie, München
Christian Freksa, Technische Universität München
Ulrich Furbach, Hochschule der Bundeswehr, München
Dieter Gernert, Technische Universität München
Rudolf Günther, Universität Tübingen
Peter Haddawy, TU München (jetzt University of Illinois)
Rainer Hammwöhner, Universität Konstanz
Carl Graf Hoyos, Technische Universität München
Franz Kaiser, Technische Universität München
Alfred Kobsa, Universität Wien (jetzt Universität des Saarlandes)
Egbert Lehmann, Siemens AG, München
Ewgeni Martschew, PCS GmbH, München
Albrecht Müller, Rohde & Schwarz GmbH, München
Wolfgang Neef, Technische Universität München
Helmut Niegemann, Universität des Saarlandes
R. Oetinger, Universität Kaiserslauten
Silvia Pfleger, GMD Bonn (jetzt University of Newcastle)
Jack Schiff, European Computer-Industry Research Centre, München
Axel Schubert, Softlab GmbH, München (jetzt Digital Equipment GmbH)
Uta Schwatlo, München
Michael Staufer, Universität Erlangen-Nürnberg
R. Stein, Kaiserslautern
Peter Suda, Siemens AG, München
Ulrich Thiel, Universität Konstanz
Bruce T. Ulrich, Bayerische Akademie der Wissenschaften, München
Gernot Wiegand, IABG GmbH, München
Klaus Wimmer, Siemens AG, München
Bernd Wingert, Kernforschungszentrum Karlsruhe
Maria-Lidia Zalevschi, Technische Universität München

INHALTSVERZEICHNIS

DIE GESTALTUNG DER MENSCH-COMPUTER-INTERAKTION
EINFÜHRUNG IN EIN INTERDISZIPLINÄRES FORSCHUNGSGEBIET

U. Danzer-Kahan[1], U. Schwatlo[2], G. Dirlich[3]

Vielen Anwendungen von Computersystemen liegt eine komplexe Funktions- und Arbeitsteilung zwischen System und Benutzer zugrunde, die eine anspruchsvolle Form der Interaktion zwischen Mensch und Computer voraussetzt. Dabei sind Wahrnehmungs-, Denk- und Handlungsmöglichkeiten des Benutzers als zentrale Faktoren bei der Systemgestaltung zu berücksichtigen. Wie dies im einzelnen geschehen kann, ist zur Zeit noch nicht vollständig geklärt und Gegenstand grundlagen- und anwendungsorientierter Forschung.

Seit Beginn der 80er Jahre zeichnen sich insbesondere in den U.S.A. die Konturen eines neuen interdisziplinären Forschungsgebietes ab, dessen Gegenstandsbereich die menschengerechte Gestaltung der Arbeitsbedingungen am Computer ist. Zu den klassischen Problemkreisen der Ergonomie kommen wesentliche neue Problembereiche hinzu, die damit zusammenhängen, daß Computer immer mehr zu multifunktionalen "Denkzeugen" werden. Wir hatten Forscher aus dem deutschsprachigen Raum zu einem Workshop eingeladen, um einen Überblick über den Stand der Forschung in diesem Gebiet zu gewinnen. Die Beiträge zu dem Workshop "Kognitive Aspekte der Mensch-Computer-Interaktion", der 1984 in München stattfand, werden in diesem Buch vorgelegt.

Zur Orientierungshilfe haben wir den Workshop-Referaten eine kurze Einführung für den Neuling in diesem interdisziplinären Forschungsgebiet vorangestellt.· Mit den kognitiven Aspekten der Mensch-Computer-Interaktion sind Systementwerfer, Informatiker, Psychologen, Linguisten und Arbeitswissenschaftler befaßt. Wir skizzieren die Interaktionsproblematik aus der Sicht des Systemdesigners und aus der Sicht des Psychologen und Arbeitswissenschaftlers. Die Einführung soll einige Infor-

1) European Computer-Industry Research Centre
   Arabellapark, 8000 München 81
2) Winfriedstr. 14, 8000 München 19
3) Max-Planck-Institut für Psychiatrie
   Kraepelinstr. 2, 8000 München 40

mationen zur Mensch-Computer-Interaktion geben, die aus den Einzel-
beiträgen dieses Buches nicht hervorgehen, um so einen Bezugsrahmen und
Hintergrundwissen bereitzustellen, welches das Verständnis der ein-
zelnen Beiträge und ihrer Beziehungen zueinander erleichtern kann. Die
hier skizzierte Sicht der Problematik ist wesentlich geprägt durch die
Tatsache, daß wir es mit einem noch in der Entstehung befindlichen
Forschungsgebiet zu tun haben, in dem die Diskussion um Begriffe,
Methoden und Gegenstandsbereich noch nicht abgeschlossen ist.

1   Grundmodelle der Funktionszuweisung in Mensch-Computer-Systemen

Der Mensch bedient sich des Computers als Hilfsmittel bei der
Lösung einer Vielzahl unterschiedlicher Aufgaben. Zwischen Mensch und
Computer besteht dabei oft eine so intensive Interaktion, daß es sinn-
voll ist, Mensch und Computer als Komponenten einer Funktionseinheit
"Mensch-Computer-System" zu betrachten.

Eine grundlegende Eigenschaft von Mensch-Computer-Systemen ist ein
gewisser Spielraum bei der Funktionszuweisung an die beiden Teilsysteme
Mensch und Computer. Mensch und Computer haben nämlich nicht ein für
alle Mal festgelegte Rollen wie in klassischen Mensch-Maschine-Systemen. Im Gegenteil, die Grundmodelle der Funktionszuweisung in Mensch-
Computer-Systemen haben seit der Erfindung des Computers mehrfach
bedeutende Wandlungen erfahren.

Zu Beginn des Einsatzes von Computern für praktische Zwecke wurde
ihre Funktion ausschließlich in ihrer Speicher- und Rechenleistung
gesehen. Folglich wurden Speicher- und Rechenaufgaben vom Menschen auf
den Computer übertragen. Bald wurden dann die umfassenden Möglichkeiten
des Computers zur Informationsverarbeitung erkannt, und es entwickelte
sich u.a. die Vorstellung von allgemeinen Problemlösungssystemen, die
ein breites Spektrum von Aufgaben bewältigen sollten, zu deren Lösung
Wissen und Intelligenz erforderlich ist.

Die Versuche, derartige allgemeine Problemlösungssysteme zu entwickeln, stießen aber auf praktisch unlösbare Schwierigkeiten, und so
wurden in der Folge die Vorstellungen von den Einsatzmöglichkeiten des
Computers bescheidener. Heute stehen wir nun in einer Entwicklungs-
phase, in der aus größerer Erfahrung heraus und mit geschärftem Reali-
tätsbewußtsein daran gearbeitet wird, Prozesse in Computern zu vollziehen, die auf intelligente Weise Wissen verarbeiten. Es ist heute in

Grenzen möglich, einige kognitive Leistungen des Menschen im Computer zu simulieren und Prozesse zu generieren, die menschliches Denken wirkungsvoll unterstützen können.

Dadurch bietet sich heute ein großer Spielraum bei der Funktionszuweisung in Mensch-Computer-Systemen und bei der Systemgestaltung. Wir können drei Typen von Systemen gegeneinander abgrenzen, die den gegebenen Spielraum charakterisieren:

- Autonome Systeme, die - einmal in Gang gesetzt - ihre Aufgabe ohne weitere Eingriffe eines Menschen in Angriff nehmen und lösen (z.B. Roboter)

- Systeme, die gelegentliche Steuermaßnahmen durch einen Menschen erfordern und darin klassischen Mensch-Maschine-Systemen ähneln (z.B. Stapelverarbeitung)

- Mensch-Computer-Systeme, in denen der Computer eine Vielzahl von Funktionen wahrnimmt. In solchen Systemen ist eine intensive und komplexe Interaktion zwischen Mensch und Computer erforderlich (z.B. Bürosysteme)

Bei Systemen des letzten Typs wird die klassische Beziehung Mensch - Werkzeug zunehmend durch die Relation Mensch - aktives, kooperatives Computersystem ersetzt, wobei das Computersystem eher die Rolle eines Assistenten als die eines Werkzeugs einnimmt. Die Einsatzmöglichkeiten für interaktive Computersysteme reichen von speziellen Prozessen der Informations- und Datenverarbeitung, die als stereotype Routinearbeiten die menschliche Arbeitssituation belasten, bis zu wissensbasierten Prozessen, die menschliches Denken, Entscheiden und Planen wirksam unterstützen, ja in manchen Fällen sogar ersetzen können. Gemeinsames Merkmal derartiger Systeme ist ein starker Informationsaustausch zwischen Mensch und Computer, der durch eine intensive und differenzierte Form der Interaktion ermöglicht wird. Bei der Arbeit mit einem solchen Computer muß der Benutzer aber neben der Denkleistung zur Lösung der gestellten Aufgabe zusätzliche Wahrnehmungs-, Denk- und Handlungsleistungen zur Abwicklung der Interaktion mit dem System erbringen. Interaktion kann, wie vielfältige Erfahrungen gezeigt haben, dabei auch zum Problem werden.

Die Mensch-Computer-Interaktion sollte daher selbst Gegenstand der Forschung sein. Speziell kognitive Aspekte der Interaktion erscheinen heute wissenschaftlichen Analysen zugänglich, aus denen konstruktive Lösungsansätze abgeleitet werden können.

2 Interaktion aus der Designerperspektive

Eine Leitidee bei der Gestaltung der Mensch-Computer-Interaktion ist die weitestmögliche Reduktion der zur Abwicklung der Interaktion erforderlichen Wahrnehmungs-, Denk- und Handlungsleistungen des Benutzers. Je besser dies gelingt, um so günstiger wird das Verhältnis von frei verfügbarer Denkkapazität zur Lösung der Sachaufgabe und der für die Abwicklung der Interaktion erforderlichen Kapazität. Auf der Basis dieser Forderung wurde die Philosophie entwickelt, die Mensch-Computer-Schnittstelle soweit wie möglich den Bedürfnissen, Möglichkeiten und Gewohnheiten des Benutzers anzupassen.

Als Vorbild wird dabei heute die umgangssprachliche und durch deiktische Komponenten angereicherte Kommunikation zwischen Dialogpartnern betrachtet. Schnittstellen, die diesen Prinzipien entsprechen, ermöglichen "benutzeradäquate" Interaktionsformen und Reaktionen des Systems, welche die Intentionen des Benutzers berücksichtigen. So soll beispielsweise nicht mehr vorausgesetzt werden, daß jede Information explizit ausgetauscht werden muß. Schnittstellen mit solchen Eigenschaften gelten heute als wesentliches Merkmal kooperativer Computersysteme.

Die Entwicklung benutzeradäquater Formen der Mensch-Computer-Interaktion erfordert neben Modellen der Systemoberfläche auch die Untersuchung von "Tiefenmodellen", die das Zusammenspiel von Mensch und Computer in umfassender Weise als Dialogverhalten aktiver Partner beschreiben. Im Unterschied zu diesen Tiefenmodellen, die eng mit der Funktionsaufteilung in Mensch-Computer-Systemen zusammenhängen, beschreiben Oberflächenmodelle die Präsentation von Informationen und die Aktionsmöglichkeiten des Benutzers im Zuge der Interaktion.

Obwohl sich der Benutzer eines interaktiven Systems darüber im Klaren sein sollte, daß er mit einem künstlichen System interagiert, assoziiert er erfahrungsgemäß die Reaktionen des Systems oft mit denen eines menschlichen Dialogpartners. Auf diese Tatsache stützt sich die bereits erwähnte Philosophie, die Kommunikationsprozesse bei der Mensch-Computer-Interaktion natürlichen Kommunikationsprozessen anzunähern. Dieser Ansatz erfordert eine Simulation kognitiver Prozesse, die bei der natürlichen Kommunikation eine Rolle spielen:

So ist eine der wichtigsten Voraussetzungen für einen erfolgreichen Verlauf von Kommunikationsprozessen zwischen Menschen, daß die Kommunizierenden ein Modell über ihren Partner haben und es bei ihren Wahrnehmungen, Interpretationen und Handlungen auch berücksichtigen. Dialogstrategie, wechselseitige Erwartungen und Ausdrucksweise können dann abhängig vom Modell über den Partner modifiziert werden. Die Kommunizierenden müssen dabei von der temporären Unvollständigkeit ihrer Modelle ausgehen und sich auf korrigierende Äußerungen von Seiten des Partners einstellen.

Orientiert man die Gestaltung der Mensch-Computer-Interaktion an der menschlichen Kommunikation, so liegt es nahe, auch das technische System mit Wissen über seine Benutzer in Form sogenannter Partnermodelle auszustatten. So kann man etwa dem System Strategien verfügbar machen, mit deren Hilfe ein Modell aufgebaut werden kann, das sich an Aspekten der Vertrautheit des Benutzers mit dem System, seines Wissensstandes und seiner Interessenlage orientiert.

Bei der Realisierung von Dialogsystemen mit diesen Eigenschaften können Konzepte, Methoden und Techniken aus der Künstlichen Intelligenz als Hilfsmittel eingesetzt werden. Daß die Mensch-Computer-Interaktion ein mögliches Anwendungsgebiet der Künstlichen Intelligenz ist, wurde in den letzten Jahren zunehmend klarer erkannt.

Die stark zunehmende Komplexität der Interaktion in kooperativen, multifunktionalen Computersystemen verursacht eine Reihe von Problemen, von denen einige mit Methoden der Künstlichen Intelligenz gelöst werden können. Während bislang in der Künstlichen Intelligenz die Repräsentation von Wissen über bestimmte Weltausschnitte im Vordergrund stand, welches zur Unterstützung der Lösung einer Sachaufgabe herangezogen wird, versucht man nun auch, den Dialog wissensbasiert zu gestalten, um die Lösung der vielgestaltigen Interaktionsaufgaben zu unterstützen. Das Ziel ist hier, den Dialogpartner Computer durch Einbeziehung allgemeinen dialogspezifischen Wissens in seine Entscheidungen kompetenter zu machen.

Auf der anderen Seite muß aber auch der Benutzer unterstützt werden, sich ein brauchbares Modell für den Umgang mit dem technischen System bilden zu können. Ein erster Schritt in dieser Richtung sind die bereits weit verbreiteten desk-top-Architekturen zur Gestaltung der

Mensch-Computer-Schnittstelle. Diese Technik nutzt die Fähigkeit des Menschen, Analogieschlüsse vollziehen zu können. Die in der realen Arbeitssituation auftretenden Objekte wie Schreibtisch, Aktenschrank und Papierkorb werden ikonisch auf dem Bildschirm dargestellt und mit einer analogen Bedeutung unterlegt. Dies soll es dem Benutzer ermöglichen, die aus der Alltagswelt bekannten Objekte auf dem Computer wiederzufinden und mit ihnen in der ihm vertrauten Weise umzugehen. Beim desk-top-Ansatz steht also nicht die Simulation kognitiver Fähigkeiten im Vordergrund, die bei komplexen Kommunikationsprozessen eine Rolle spielen, sondern die Unterstützung des Interaktionsvorgangs durch Analogien. Natürlich läßt sich mit dem desk-top-Ansatz nur ein kleiner Teil der Instruktionen ausdrücken, die in natürlicher Sprache oder in einer eingeschränkten Sprache für ein spezielles Aufgabengebiet formulierbar sind.

Aus diesen Hinweisen wird erkennbar, daß der Systementwurf eine Tätigkeit ist, bei der im allgemeinen anspruchsvolle Probleme in einem schwach strukturierten Umfeld gelöst werden müssen. Dies erfordert eine verstärkte Zusammenarbeit von Wissenschaftlern unterschiedlicher Disziplinen, die bereits im Entwurfsstadium neuer Schnittstellen ihre Erfahrungen und Lösungsansätze einbringen.

3 Interaktion mit Computern aus benutzerzentrierter Perspektive

Wir haben bisher die Interaktion von Mensch und Computer von einem Standort aus betrachtet, der dem des System-Designers entspricht. So haben wir dargestellt, welche Konzepte, Modelle und Metaphern die gegenwärtigen Entwicklungen der Interaktionsformen beeinflussen. Dies sind insbesondere desk-top-Formen für die Systemoberfläche, dialogähnliche Formen für den Interaktionsprozeß und die Metapher eines Teams von Spezialisten für die Modellierung und Verknüpfung der Systemfunktionen.

Wer gewohnt ist, systemzentriert zu denken, wird nicht ohne Schwierigkeit einer benutzerzentrierten Analyse der Interaktionsproblematik folgen können. Dabei müssen wir uns in den Benutzer hineinversetzen, der die Arbeit am Computer als einen Teilaspekt seiner beruflichen Tätigkeit erlebt, den er nach subjektiven Kriterien bewertet. Er vergleicht die Vorzüge und Nachteile, die durch die Zusammenarbeit mit einem Computersystem entstehen, mit anderen ihm vertrauten Formen der Arbeit. Insbesondere hat das Erlernen der neuartigen Tätigkeit ein zentrales Gewicht bei seiner subjektiven Bewertung.

Das Grundprinzip einer benutzerzentrierten Sichtweise ist die Berücksichtigung des jeweiligen Kontexts für ein isoliertes Problem: So kann und muß beispielsweise untersucht werden, welche Wahrnehmungsleistung eine graphikgestützte Form der Interaktion erfordert. Aber das Ergebnis kann nur sinnvoll interpretiert werden, wenn die Interaktion in ihrer Funktion als Mittel zum Zweck der Lösung einer vorgegebenen Sachaufgabe gesehen wird.

Analog können wir für das Dialogmodell der Interaktion argumentieren. Der im Umgang mit einer solchen Dialogform anfallende Denk- und Handlungsaufwand muß ermittelt werden. Aber auch hier gilt: der Dialog ist nur Mittel zum Zweck der Lösung einer Aufgabe. Es ist jedoch einleuchtend, daß gerade ein Dialog mit einem Computersystem, der starke Ähnlichkeit mit einem Dialog zwischen menschlichen Partnern aufweist, psychologische Effekte haben kann. Aber auch das desk-top-Modell für die Systemoberfläche bringt aus einer benutzerzentrierten Perspektive betrachtet gewisse Schwierigkeiten mit sich: eine zu deutliche Analogie kann es unter Umständen erschweren, neue außerhalb der Analogie liegende Gestaltungsformen in die Mensch-Computer-Schnittstelle einzubeziehen.

Forschung über Mensch-Computer-Interaktion kann von drei Ausgangspositionen her unternommen werden:

- Die Interaktion kann als solche mit den ihr zugrunde liegenden kognitiven Prozessen auf der Seite des Menschen und auf der Seite des Computersystems untersucht werden. Ein Beispiel dafür ist die Frage nach Vor- und Nachteilen einer Cursorsteuerung durch Maus oder Funktionstasten.

- Die Interaktion ist Mittel zum Zweck im Rahmen der Bearbeitung von Sachaufgaben mit Hilfe des Computersystems. Die Interaktion kann daher im Zusammenhang mit der Lösung bestimmter Sachaufgaben untersucht werden. Ein Beispiel dafür ist die Frage nach geeigneten Formen der Cursorsteuerung in einem Texteditor.

- Schließlich ist die Sachaufgabe im allgemeinen Teil eines größeren Aufgabenkontexts, in dem sich erst die Vor- und Nachteile bestimmter Interaktionsformen zeigen. Ein Beispiel dazu ist der Einsatz eines Computersystems für Zwecke der Werbegraphik, in dem ein Texteditor als Werkzeug eingesetzt werden kann.

Probleme dieser Art gehören zum Bereich der Psychologie, speziell der Wahrnehmungs- und Denkpsychologie, zum Bereich der Linguistik, Kommunikationsforschung und Sozialpsychologie und zum Bereich der Arbeitspsychologie.

Die schnelle Weiterentwicklung von Computer-Hardware und Systemkonzepten stellt eine große Herausforderung für diese Wissenschaften dar. Es gilt, die heute gegebenen technischen Möglichkeiten in Bezug auf ihre körperlichen, psychischen und sozialen Auswirkungen hin zu analysieren, um so steuernd zukünftige Entwicklungen beeinflussen zu können.

Es geht also um eine in erster Linie reaktive Auseinandersetzung der hier angesprochenen Wissenschaften mit der Mensch-Computer-Interaktion. Andererseits ist aber auch eine aktive, richtungsweisende Rolle der Humanwissenschaftler vorstellbar. Erwartungen von Systemdesignern richten sich auf die psychologische, linguistische und arbeitswissenschaftliche Forschung mit der Frage: ist es möglich, wissenschaftlich fundierte Modelle bestimmter Benutzergruppen zu formulieren, denen der Designer seine Systeme anpassen kann? Dies wäre eine Aktivität, die der Designer dann reagierend aufgreifen kann.

4 Der Workshop

Der Workshop wurde vom Münchener Arbeitskreis für Künstliche Intelligenz und Cognitive Science in Zusammenarbeit mit dem Arbeitskreis 'Kognition' im Fachausschuß 1.2 "Künstliche Intelligenz und Mustererkennung" der Gesellschaft für Informatik angekündigt und organisiert.

Aus etwa vierzig Themenvorschlägen wurden 14 ausgewählt, die in engerer Beziehung zur Thematik des Workshops standen.

Die Erfahrung, daß Diskussionen bei wissenschaftlichen Treffen häufig in die unterschiedlichsten Richtungen auseinanderstreben, wenn die Teilnehmer nicht von vornherein an den Beiträgen der anderen Teilnehmer unmittelbar interessiert sind, führte zu der Idee, der Diskussion bei diesem Workshop einen zentralen Orientierungspunkt bzw.

eine Leitlinie anzubieten: ein fiktives System zur Demonstration der Möglichkeiten und Probleme bei der Mensch-Computer-Interaktion.

Als Vorbereitung zu dem Workshop wurde den ausgewählten Referenten die Beschreibung dieses Systems, welches einige Funktionen eines Beraters in einem Reisebüro simuliert, vorgegeben mit der Bitte, die Beiträge, soweit möglich, auf dieses Beispiel hin zu orientieren. Damit sollte eine gute Diskussionsgrundlage erreicht werden.

Am ersten Tag wurden die in diesem Buch veröffentlichten Referate gehalten. Daraus wurden einige wesentliche Aspekte der derzeitigen Situation in der Forschung zur Gestaltung der Interaktion mit Computern deutlich:

- die einzelnen Gruppen wissen wenig über die Existenz und die Arbeit anderer Gruppen
- die bearbeiteten Probleme liegen weit auseinander, so daß sich nicht ohne weiteres Brücken schlagen lassen
- speziell haben die Sichtweisen und Methoden von Informatikern und Softwaredesignern nur wenige Berührungspunkte mit den Sichtweisen und Methoden von Psychologen und Arbeitswissenschaftlern.

Es ergaben sich aber auch eine Reihe positiver Aspekte, aus denen sich Impulse für die Zukunft ergeben könnten:

- die Form der Mensch-Computer-Interaktion ist als wesentlicher Faktor für die Akzeptanz von interaktiven Systemen zu betrachten
- menschengerechte Lösungen für die Form der Interaktion erfordern einen benutzerzentrierten Ansatz
- der benutzerzentrierte Ansatz sollte breit fundiert sein und Psychologie und Arbeitswissenschaften einbeziehen.

Am zweiten Tag des Workshops bildeten die Teilnehmer vier Arbeitskreise, in denen einzelne Aspekte der Interaktionsproblematik eingegrenzt und im Detail diskutiert wurden.

Es ergab sich als wesentliches Ziel für die zukünftige Arbeit, den mit dem Computer zusammenarbeitenden Menschen in umfassender Weise mit seinen sozialen, psychischen und körperlichen Eigenschaften in die Entscheidungen bei der Systemgestaltung einzubeziehen. Eine Erforschung der kognitiven Aspekte der Interaktion kann dazu ein nützlicher erster

Schritt sein.

5   Anordnung der Beiträge

Wir haben die 15 Beiträge zu diesem Buch in drei Gruppen aufgeteilt. Dieser Versuch, post-hoc eine Systematik aufzubauen, hat natürlich seine Schwächen. Dennoch glauben wir, durch die Gruppeneinteilung dem Leser eine zusätzliche Orientierungshilfe bieten zu können. Die ersten fünf Beiträge beschäftigen sich mit übergeordneten und theoretischen Fragen zur Mensch-Computer-Interaktion. Sie führen in die Problematik ein und verdeutlichen Sichtweisen von Psychologen und Arbeitswissenschaftlern auf der einen und Systementwerfern auf der anderen Seite. In der zweiten Gruppe sind fünf Beiträge zusammengefaßt, die sich mit speziellen Aspekten der Interaktionsproblematik befassen. Sie untersuchen die Interaktion mit Computern aus vorwiegend benutzerzentrierter Sicht. Die vier Beiträge in der dritten Gruppe behandeln spezielle Aspekte der Interaktionsproblematik aus einer eher systemzentrierten Sicht. Dabei spielen Konzepte und Methoden aus der Künstlichen Intelligenz eine zentrale Rolle.

6   Literaturhinweise

Eine Reihe von Tagungen markieren die Entstehung des neuen Forschungsgegenstandes Mensch-Computer Interaktion: In U.S.A. und England waren es die CHI'83 Conference on Human Factors in Computing Systems und die INTERACT '84: First Conference on Human-Computer Interaction. Im deutschsprachigen Raum fanden ebenfalls einige Tagungen zum Problemkreis der Gestaltung der Mensch-Computer Interaktion statt. Wir wollen hier einige Literaturhinweise geben, die einen detaillierten Einblick ermöglichen und das durch die Beiträge dieses Buches gezeichnete Bild vervollständigen.

Balzert, H. (Hrsg.) (1983) Software-Ergonomie, Berichte des German Chapter of the ACM, Bd. 14, Tagung I/1983 of the German Chapter of the ACM am 28. und 29.4. 1983 in Nürnberg. B.G. Teubner, Stuttgart.

Brauer, W. und Radig, B. (Hrsg.) (1985) Wissensbasierte Systeme, GI-Kongreß 1985. Springer, Berlin Heidelberg.

Bullinger, H.-J. (Hrsg.) (1985) Software-Ergonomie '85 Mensch-Computer-Interaktion, Berichte des German Chapter of the ACM, Bd. 24, Tagung III/1985 des German Chapter of the ACM am 24. und 25.9.1985 in Stuttgart. B.G. Teubner, Stuttgart.

Card, S.K., Moran, T., Newell, A. (1983) The Psychology of Human-Computer Interaction. Erlbaum, Hillsdale, NJ.

Dzida, W. (1983) Das IFIP-Modell für Benutzerschnittstellen. Office Management. Sonderheft 1983, 6-8.

Janda, A. (ed.) (1983) Proceedings of the CHI'83 Conference on Human Factors in Computing Systems. ACM, New York.

Mandl, H. und Fischer, P.M. (Hrsg.) (1985) Lernen im Dialog mit dem Computer. Urban & Schwarzenberg, München.

Nievergelt, J. (1983) Die Gestaltung der Mensch-Maschine Schnittstelle. In: Kupka, I. (Hrsg.) GI - 13. Jahrestagung. Informatik Fachberichte, Bd. 73, Springer, Berlin, Heidelberg.

Norman, D.A. and Draper, S. (eds.) (1986) User Centered Systems Design - New Perspectives in Human-Machine Interaction. Erlbaum, Hillsdale, NJ.

Oberquelle, H., Kupka, I., Maaß, S. (1983) A view of human machine communication and cooperation. Int. Journal on Man-Machine Studies 19, 4, 309-333.

Shackel, B. (1985) INTERACT '84: First Conference on Human Computer-Interaction. North-Holland, Amsterdam.

Shneiderman, B. (1983) The future of interactive systems and the emergence of direct manipulation. Behavior and Information Technology, Vol. 1, 3, 237-256.

Schauer, H., Tauber, M.J. (Hrsg.) (1982) Informatik und Psychologie. Schriftenreihe der Österreichischen Computergesellschaft, Bd. 18, Oldenbourg, München.

Spinas, P. Troy, N., Ulich, E. (1983) Leitfaden zur Einführung und Gestaltung von Arbeit mit Bildschirmsystemen. CW-Publikationen, München.

Veer, van der G.C., Tauber, M.J., Green, T.R.P., Gorny, P. (Hrsg.) (1984) Readings on cognitive ergonomics - mind and computers. Lecture notes in computer sciences, vol. 178, Springer Berlin, Heidelberg.

Wahlster, W. und Kobsa, A. (1986) Dialog-based user models. IEEE Proceedings, Special issue on natural language processing, June 1986.

1 EINFÜHRENDE BEITRÄGE

Übersicht

Hoyos (1.1) zeigt die Beziehung des Problemkreises der Mensch-Computer-Interaktion zur klassischen Ergonomie auf und untersucht, inwieweit eine Anwendung arbeitspsychologischer Methoden bei der Gestaltung von Mensch-Computer-Systemen möglich ist.

Dirlich et al. (1.2) stellen ein fiktives Computersystem vor, das die Planung und Buchung von Urlaubsreisen unterstützt. An diesem System werden typische Formen der Mensch-Computer-Interaktion aufgezeigt.

von Benda (1.3) diskutiert psychologische Aspekte des Arbeitens in Mensch-Computer-Systemen am Reisebuchungsbeispiel. Dabei stehen kognitive Vorgänge im Mittelpunkt. Es werden aber auch weitere, für die Akzeptanz wesentliche psychologische Faktoren, angesprochen. Möglichkeiten der Zusammenarbeit von Systemdesignern und Psychologen werden skizziert.

Wimmer (1.4) verdeutlicht aus der Sicht des Designers die Problematik der Funktionszuweisung und der Verhaltensmodellierung des Computers. Er verwendet die Metapher kooperierender Akteure, von denen einer der Benutzer ist. Überlegungen zu einem minimalen Modell für die Interaktion in einem solchen System werden in Form einer Liste von Anforderungen konkretisiert.

Wingert (1.5) gibt eine zusammenfassende Kritik des Modells der Mensch-Computer-Funktionszuweisung im Reisebürobeispiel (1.2). Die Rolle des Systems gegenüber dem Benutzer wird als zu dominant und daher als verbesserungsbedürftig gesehen, wobei soziale und psychologische Faktoren bei der Funktionszuweisung stärker zu berücksichtigen sind.

Schiff (1.6) schließt sich dieser Kritik an und skizziert ein alternatives Konzept für das System "Reiseberatung". Dabei wird auch die Zusammenarbeit von Psychologen und Informatikern beim Systemdesign betrachtet.

ANMERKUNGEN ZUR ERGONOMISCHEN GESTALTUNG VON MENSCH-MASCHINE-SYSTEMEN

C. Graf Hoyos
Lehrstuhl für Psychologie
Technische Universität München

Die Herausgeber haben mich gebeten, diese Beiträge mit einigen allgemeinen Bemerkungen über Ergonomie und Mensch-Maschine-Systeme einzuleiten. Ich komme dieser Bitte gerne nach, denn ein Arbeitspsychologe kann sich dieser Thematik kaum auf die Dauer entziehen, bestehen doch zwischen den ergonomischen Aspekten von Mensch-Maschine-Systemen und den kognitiven Aspekten von Mensch-Computer-Systemen Analogien, die eine Nutzung von Wissen aus einem klassischen Arbeitsgebiet in einem gerade in der Entstehung begriffenen neuen Gebiet ermöglichen.

1 Gestaltung von Mensch-Computer-Systemen: ein potentielles Betätigungsfeld für Psychologen?

Begegnungen mit dem unübersehbaren und unübersichtlichen Feld "Mensch und Informationstechnologie" sind für viele Psychologen beladen mit Ambivalenzen und Konflikten:

- In Anbetracht der technisch und wirtschaftlich orientierten Eigendynamik der Informationstechnologie erscheint es wie eine hilflose Gebärde, wenn auch Psychologen noch "mitmischen" wollen.

- Die beobachtbare Entwicklung in der Informationstechnologie und ihre vorhersehbaren Folgen lösen eher Furcht als Zuversicht aus, und es ist den teils sarkastischen, teils bitteren Bemerkungen W. Volperts (1983) zuzustimmen, wenn er sagt: "Dieser Umgang (mit Computern) droht, das Denken und Sprechen der Menschen auf jene Formen einzuschränken, die 'computergerecht' sind und uns unsere Möglichkeiten zu nehmen, mit neuartigen und offenen Problemen auf schöpferische Art fertig zu werden. Eine Verarmung unserer Lebenswelt ist die Folge." (a.a.O., S. 10).

- Aus Kongreßvorträgen, mancherlei Diskussionen und nicht zuletzt aus Volperts Anmerkungen liest man eine bestimmte Rollenzuweisung an den Psychologen heraus: er soll den neuen EDV-Systemen zu besserer Akzeptanz verhelfen. Dieses Argument belebt einen alten Vorwurf an die Psychologen und Ergonomen, tayloristisch zu denken und zu handeln. Gegen diesen Vorwurf muß man sich wehren, aber dieses "Sich-wehren" muß natürlich in zwei Richtungen erfolgen - in Richtung auf diejenigen, die dem Psychologen diese Rolle zuweisen wollen, und in Richtung auf diejenigen, die uns die (vermeintliche) Übernahme dieser Rolle ankreiden.

- Dieses Buch ist ein anschauliches Zeugnis für die Überzeugung, man müsse korrigierend in diese Entwicklung eingreifen. Dazu gibt es allerdings bisher mehr Absichtserklärungen als handfeste Befunde. Auch dies wäre ein Ansporn, mit "auf den Zug aufzuspringen". Auch dabei müssen zwei Ziele verfolgt werden: mit den Computer-Fachleuten muß man ins Gespräch kommen, und die Psychologen müssen aktiviert werden, die sich bisher wenig um das Problem der Gestaltung von Mensch-Computer-Systemen gekümmert haben.

2   Ergonomische Gestaltungsprinzipien

Aus klassischen Gestaltungsprinzipien der Ergonomie sei - nach Ansicht der Herausgeber - für die Gestaltung der Mensch-Computer-Beziehung manches zu lernen: Was man bei der Gestaltung von "Werkzeugen" gelernt hat, könnte auch für "Denkzeuge" nützlich sein. Diese Analogie erscheint mir in der Tat fruchtbar, und ich will dazu einige Bemerkungen machen.

"Ziel der Ergonomie ist es, durch eine rationale Betrachtung des Menschen im Wechselspiel mit seiner Arbeit, diese Arbeit und Arbeitsumgebung an die Eigenschaften des Menschen anzupassen." (Bubb & Schmidtke, 1981). Die Aufgabe wurde entscheidend gefördert durch eine Systembetrachtung im allgemeinen und das Modell des Mensch-Maschine-Systems im besonderen. Dazu sollen folgende Punkte angeschnitten werden:

1. Was sind die wichtigsten Funktionen und Ziele eines Mensch-Maschine-Systems?

2. Nach welchen Kriterien soll es gestaltet werden: z.B. Wirtschaftlichkeit, Störungsfreiheit, Zuverlässigkeit?

3. Welche Stellung nimmt der Mensch im Mensch-Maschine-System ein?

Zu 1) W. Hacker (1980): "Das Mensch-Maschine-System ist ein hierar-
chisches System, in dem der Werktätige entsprechend der gesellschaftli-
chen Zielstellung Entscheidungen fällt und mit Hilfe von Rückmeldungen
über den Systemzustand das technische System steuert." Mensch-Maschine-
Systeme dienen als menschliche Schöpfungen einem Zweck.

In der früheren Ergonomieliteratur (z.B. Schmidtke & Hoyos, 1970)
findet man folgende Spezifikationen:

- Mensch-Maschine-Systeme sammeln Erfahrungen über die Umgebung, z.B.
  Beobachtungen über bestimmte Vorgänge, z.B. Wirbelstürme, Flugsiche-
  rung

- Mensch-Maschine-Systeme verändern die Umgebung durch Herstellung von
  Gütern, z.B. Bau von Wohnungen

- Mensch-Maschine-Systeme dienen ihrem eigenen Erhalt und dem Erhalt
  bestimmter Teile der Umgebung durch Wartung und Instandsetzung, z.B.
  Fehlerdiagnose in technischen Systemen

- Mensch-Maschine-Systeme dienen der Beförderung von Objekten.

Neben diesen klassischen Mensch-Maschine-Systemen haben wir heute
als neuen Systemtyp Mensch-Computer-Systeme, die dazu dienen, symbo-
lisch repräsentierte Informationen automatisch zu verarbeiten. Insbesondere können solche Systeme eingesetzt werden, um Problemlösungen zu
erarbeiten.

An die Funktionsweise von Mensch-Maschine-Systemen wurden und werden
bestimmte Forderungen gestellt. Hier einige:

- Das Mensch-Maschine-System muß in der Lage sein, alle wesentlichen
  Signale zu erfassen, die von den Komponenten des Systems oder von
  außen kommen

- Das System muß über Speichermöglichkeiten für Informationen verfügen

- Zur Ausführung von Operationen muß es über Instruktionen verfügen

- Das Mensch-Maschine-System muß über einen internen Informationsfluß
  verfügen.

Mit diesen Funktionen kann man auch bestimmte Fähigkeiten eines
Menschen beschreiben. Es gilt aber festzuhalten: das System als Ganzes
soll über diese Funktionen verfügen. Daraus ergeben sich interessante
Fragen über die Rolle des Menschen im Mensch-Computer-System.

Zu 2): Nun ein Wort zu den Kriterien, nach denen das Mensch-Maschine-
System gestaltet sein soll. Mit Recht wird man eine zielführende wie
auch wirtschaftliche Arbeitsweise fordern. Speziell mit Bezug auf den
Menschen im System wurden und werden seit Jahren bestimmte Kriterien
für die Gestaltung des Systems, so von W. Rohmert (1973) die Kriterien
der Ausführbarkeit, der Erträglichkeit, der Zumutbarkeit und der Zu-
friedenheit, gefordert. Neuerdings wird die "Persönlichkeitsförderlichkeit" als Ziel herausgestellt (Ulich et al., 1980). Ein wichtiges
Diskussionsthema ist die "Zuverlässigkeit" von Systemen; das betrifft
maschinelle Komponenten wie auch den Menschen.

Zu 3): Welche Aufgaben soll nun der Mensch im System wahrnehmen? Diese
Frage wurde in der Ergonomie von Anfang an diskutiert und hat zu detaillierten Überlegungen geführt, was die Maschine besser könne und was
der Mensch. Noch vor 10 Jahren schätzte Lanc (1975) die unterschiedlichen Fähigkeiten wie folgt ein:

Der Mensch bewältigt folgende Funktionen besser als die Maschine:

- Detektion energetisch sehr schwacher Signale und deren Verstärkung

- Flexibilität und Improvisation (schnelles Finden einer Alternativ-
  lösung)

- Wechsel von einer bestimmten Strategie zu einer anderen (Übergang zu
  einer anderen Lösung)

- Langfristiges Behalten von großen Informationsmengen und schnelle
  Suchvorgänge

- Räumliche Wahrnehmung (Wahrnehmung von Raumtiefe und Formen)

- Interpolation (Bestimmung der Werte zwischen zwei fixen Punkten bzw.
  Werten)

- Prädiktion und Antizipation (Vorhersage weiterer Entwicklung in logisch schwer definierbaren Bedingungen)

- Induktive Urteilsprozesse (Verallgemeinerung) bzw. Bildung einer Ansicht

- Realisierung homöostatischer Prozesse (Beibehalten einer stabilen Lage bei Änderung der äußeren Bedingungen)

- Adaption und Lernen

- Durchführung komplexer Entscheidungen; Lösung komplizierter unvollkommen definierter Probleme, Entscheidungen in unvorhergesehenen Situationen.

Funktionen, die nach Lanc eine Maschine besser bewältigen kann als ein Mensch, sind:

- Lösung arithmetischer Aufgaben mit großer Geschwindigkeit, Fähigkeit zu sehr schnellen Reaktionen

- Differentiation und Integration, d.h. die Durchführung mathematischer Operationen

- Einsatz großer Kraft oder Leistung bei großer Präzision und genau definiertem Ablauf

- Exakte Wiederholung bestimmter Prozesse nach einem vorgegebenen Programm über einen beliebigen Zeitraum

- Langfristige Wachsamkeit, keine Ermüdungserscheinungen

- Kurzzeitiges Speichern von Informationen

- Durchführung von komplexen simultanen Funktionen mit großer Geschwindigkeit nach genauer zeitlicher Abfolge

- Deduktive Urteilsprozesse

- Einfache Entscheidungen von dem Typ ja-nein mit großer Geschwindigkeit (allerdings mit weniger Möglichkeit, die Ergebnisse zu korrigieren)

- Detektion von Signalen, deren Qualität mit den menschlichen Sinnesor-
  ganen nicht wahrgenommen werden kann, mit wesentlich größerer Genauigkeit, als dies der Mensch kann.

Heute würde eine Gegenüberstellung menschlicher und maschineller Fähigkeiten in einigen Punkten wesentlich anders aussehen, nachdem viele Anwendungsbereiche der symbolischen Informationsverarbeitung insbesondere durch Untersuchungen im Rahmen der Künstlichen Intelligenz exploriert worden sind.

Mit der wachsenden Leistungsfähigkeit der Maschinen verändern sich die Rollen von Mensch und Maschine und haben praktisch zu einer Entwicklung der Mensch-Maschine-Systeme von manuell gesteuerten Maschinen bis zu hoch automatisierten Systemen geführt, in denen der Mensch nur noch Überwachungsfunktionen hat, Regelungen und Steuerungen aber von Automaten geleistet werden.

Eine Funktionszuweisung und Arbeitsteilung in Mensch-Maschine-Systemen setzt genügend Wissen über die Fähigkeiten von Mensch und Maschine voraus. Bei den Mensch-Computer-Systemen ist Wissen über kognitive Fähigkeiten von zentraler Bedeutung. Hier haben wir erst wenige wissenschaftlich fundierte Erkenntnisse, die wir in die Konzeption von Mensch-Computer-Systemen einbringen können.

3   Schritte bei der Konzeption und Entwicklung von Mensch-Computer-Systemen

Der systemergonomische Ansatz (vgl. Bubb & Schmidtke, 1981; McCormick, seit 1957 zahlreiche Auflagen) fordert folgende Schritte zu Konzeption, Entwicklung und Inbetriebnahme von Systemen:

- eine Definition der Gesamtaufgabe des Systems

- eine sorgfältige Aufgabenanalyse

- eine Beschreibung der benötigten Systemfunktionen

- eine Schritt-für-Schritt-Zuweisung von Funktionen an den Menschen und
  an maschinelle Komponenten unter Beachtung der jeweiligen Leistungs-
  vorteile - oder nach Hacker (1980) eine optimale Funktionsverteilung.

Betrachten wir einmal eine konventionelle Anwendung der genannten Prinzipien: das Mensch-Maschine-System "Mensch-Automobil"; ein altes, ja veraltetes System - gut bekannt mit aufschlußreichen Gestaltungsversuchen.

- Zweck: Transport von Gütern und Personen

- Informationen: geographisches Ziel, Verlauf der Straße, Störgrößen - alle bisher vom Fahrer suboptimal erfaßt.
  Lösungen: spezielle Sensoren und Anzeigen, z.B. zu erwartender Bremsweg, Abstand

- Interner Informationsfluß: Über Anzeigen und Stellteile; suboptimal: Nutzlosigkeit digitaler Anzeigen und Stimmausgaben, Inkompatibilität der Stellteile.
  Lösungen: z.B. automatisches Getriebe mit eigenem Sensorium und eigener Regelung

- Gedächtnis: Fahrer; suboptimal: vergeßlich, kann sich Straßennetze schlecht vorstellen, schlecht orientieren, Geisterfahrer.
  Lösungen: z.B. Routeninformationen, Leitsysteme

- Instruktionen: bisher allein beim Fahrer angesiedelt (z.B. Verkehrsregeln, Bedienungs- und Wartungsvorschriften), suboptimal: Entscheidungen zu langsam, vergeßlich, demotiviert.
  Lösungen: das Fahrzeug meldet sich, wenn Wartung erforderlich; einige Instruktionen besser im Straßensystem verankern.

4 Ausblick, Gefahren

Können also Gestalter von "Denkzeugen" von den Werkzeuggestaltern lernen? Haben sie andere Probleme, andere Aufgaben? Meiner Meinung nach sind die genannten Gestaltungsprinzipien - von denen nur Beispiele genannt wurden - allgemein gültig. Aufgaben- und Funktionsanalyse, Zuweisung von Aufgaben an die Teilsysteme sind bei "Denkzeugen" und bei Werkzeugen erforderlich. Fehlentwicklungen in der Funktionsverteilung sind ein klarer Beleg für diese Behauptung.

Es geht also nach wie vor darum, eine optimale Zuordnung von Funktionen zum Menschen und zur Maschine zu versuchen. Das wäre aber noch eine vergleichsweise leichte Aufgabe, wenn wir nicht schon beim

Verständnis der menschlichen Leistungsfähigkeit auf dem Holzweg ange-
kommen wären. Noch einmal Volpert: "Da Computer Spezialmaschinen für
das Maschinendenken sind, wird dieses mit ihrem Siegeszug noch weit
mehr als bisher zum Wesensmerkmal unseres Lebens. Es begegnet uns
ständig und nötigt sich unserem eigenen Denken auf. Wir schaffen uns
eine künstliche Umgebung, in der unsere Fähigkeit, Probleme zu lösen,
auf solche Probleme reduziert wird, die ein Rechner besser löst, und in
der unsere Fähigkeit, mit anderen zu kommunizieren, auf solche 'Informationen' reduziert wird, die in die Struktur eines 'Mensch-Rechner-
Dialogs' passen." (a.a.O., S. 13).

Auch die Psychologie paßt sich bereits der Rechner-Architektur an.
Wird nicht seit Jahren auch für den Menschen ein Informationsverarbei-
tungssystem mit zentraler Verarbeitung, verschiedenen Subsystemen und
mehrfachen Ein- und Ausgabekanälen propagiert und zu belegen versucht?
Ich gehe noch einen Schritt weiter: es ist auch gar nicht das psychologische Denken, das die Szene beherrscht, sondern ingenieurwissenschaft-
liches Denken, das Denken der Softwarehersteller. Man braucht nur auf
Kongresse und Kolloquien zu gehen um festzustellen, daß die Psychologen
selbst solche Vorstellungen propagieren. Hier müssen wir einhaken.

Wie ich glaube, ist das im folgenden (1.2) dargestellte Beispiel
eines Mensch-Computer-Systems zur Reiseberatung gut geeignet, diese und
andere Fragen zu erörtern. Ich möchte dem auch nicht vorgreifen. Nur
eines: Als eine Station auf dem Wege zu einer Konkretisierung eines
Urlaubswunsches wird das "freie Stöbern" erwähnt, eine typisch menschliche Art der Informationssammlung. Wir nutzen sie täglich: beim Lesen
der Zeitung, von Katalogen, Durchschauen der laufenden Zeitschriften,
window shopping, u.a.m. Kann man so etwas jemals computerisieren? Soll
man es?

Literatur:

Benda, H. v., Gora, E., Hacker, S., Schwatlo, U. & Seeliger, H.
    (1985) Zur Gestaltung der Dialog-Schnittstelle für Bildschirm-
    Arbeitsplätze in der Verwaltung. Probleme und Ergebnisse einer
    empirischen Studie. Bericht Nr. 14, Lehrstuhl für Psychologie der
    Technischen Universität München

Bubb, H. & Schmidtke H. (1981) Analyse der Systemstruktur. In:
    H. Schmidtke (Ed.): Lehrstuhl der Ergonomie. München: Hanser, 263-
    285

Hacker, W. (Ed.) (1980) Spezielle Arbeits- und Ingenieurpsychologie in Einzeldarstellungen. Berlin: VEB Deutscher Verlag der Wissenschaften

Lanc, O. (1975) Ergonomie. Stuttgart: Kohlhammer

McCormick, E. J. & Sanders, U.S. (1982) Human factors in engineering and design. New York: McGraw-Hill

Rohmert, W. (1973) Psycho-physische Belastung und Beanspruchung von Fluglotsen. Berlin: Beuth-Vertrieb

Schmidtke, H. & Hoyos, C. Graf (1970) Psychologische Aspekte der Arbeitsgestaltung in Mensch-Maschine-Systemen. In: A. Mayer & B. Herwig (Eds.): Betriebspsychologie - Handbuch der Psychologie, Bd. 9 Göttingen: Hogrefe, 94-145

Ulich, E., Frei, F. & Baitsch, Ch. (1980) Zum Begriff der persönlichkeitsförderlichen Arbeitsgestaltung. Zeitschrift für Arbeitswissenschaft, 34 (6 NF), 210-213)

Volpert, W. (1983) Denkmaschinen und Maschinendenken: Computer programmieren Menschen. Psychosozial 18, 10-29

<u>COMPUTERUNTERSTÜTZTE PLANUNG VON FERIENREISEN</u>
<u>EIN FIKTIVES BEISPIEL</u>

G. Dirlich[1], H. von Benda[2], C. Freksa[3],
U. Furbach[4], A. Müller[5], K. Wimmer[6]

0 Vorbemerkung

Wer eine Ferienreise vor hat, kann sich an ein Reisebüro wenden. Dort berät man ihn über Reisemöglichkeiten und die notwendigen Schritte zur Reisevorbereitung. Einen Teil der notwendigen Arbeiten kann das Reisebüro für den Kunden durchführen, so daß ihm im wesentlichen die Aufgabe bleibt, Entscheidungen zu fällen.

Wir wollen in den Mittelpunkt dieses Beitrages ein fiktives Computersystem stellen, welches einen Teil der vielfältigen Dienstleistungen eines Reisebüros bereitstellen kann. Wir beschreiben ein solches mit den derzeitigen technischen Möglichkeiten im Prinzip realisierbares System in Bezug auf seine Funktionen und sein Erscheinungsbild in Bezug auf den Benutzer. Wir beschreiben jedoch keine technischen Einzelheiten des Systems. Damit beziehen wir eine benutzerzentrierte Perspektive, die sich von einer systemzentrierten Darstellung unterscheidet, die den meisten Informatikern besser vertraut sein dürfte.

Wir verfolgen hier zwei Ziele. (1) Das Beispiel soll in die Problematik der kognitiven Aspekte der Interaktion mit Computern einführen. Was ist damit gemeint? Die Interaktion von Mensch und Computer erscheint einem Beobachter als eine Sequenz von Handlungen des Benutzers, denen Reaktionen des Systems folgen. Diese Vorgänge werden auf

1) Max-Planck-Institut für Psychiatrie,
   Kraepelinstr. 2, 8000 München 40;
2) Institut für Psychologie, Universität Erlangen-Nürnberg,
   Bismarckstr. 6, 8520 Erlangen;
3) Institut für Informatik, Technische Universität München,
   Arcisstr. 21, 8000 München 2;
4) Institut für Programmiersprachen, Universität der Bundeswehr,
   Werner-Heisenberg-Weg 39, 8014 Neubiberg;
5) Rohde und Schwarz, Mühldorfstr. 15, 8000 München 80
6) Siemens AG, ZTI INF, Otto-Hahn-Ring 6, 8000 München 83

der Seite des Menschen von nicht direkt beobachtbaren Wahrnehmungs-, Verstehens-, Entscheidungs- und Planungsprozessen begleitet. Im Computer laufen Prozesse zur Analyse der Aktionen des Benutzers und Prozesse der Datenverarbeitung und Datenpräsentation ab. Die Gesamtheit dieser Prozesse, betrachtet unter dem Gesichtspunkt der Kognition, ist Gegenstand dieses Beitrags. Dabei soll sowohl die psychologische Sichtweise als auch die Sichtweise des Systemdesigners zur Sprache kommen. (2) Darüberhinaus soll das Beispiel eine Orientierungshilfe in Bezug auf die folgenden Beiträge in diesem Buch bieten. Viele der darin angesprochenen speziellen Probleme lassen sich auch im Beispiel des Reiseplanungssystems ausmachen. Dadurch soll der größere Kontext angedeutet werden, in den die dargestellten Probleme hineingehören.

0.1 Überblick

Im ersten Teil dieses Beitrags skizzieren wir eine mögliche Struktur für den Ablauf einer Beratung im Reisebüro. Im zweiten Teil beschreiben wir dann Ausschnitte aus einer Interaktion eines Benutzers mit dem fiktiven System zur Reiseberatung. Der dritte Teil enthält Ansätze zu einer Diskussion des Systems aus der Sicht des Designers. Im vierten Teil betrachten wir einige Aspekte der Interaktion zwischen Mensch und Computersystem aus psychologischer Perspektive.

1   Das Sachproblem: Planung einer Ferienreise

Die Planung und Vorbereitung einer Ferienreise ist für viele Menschen ein von Erwartungen und vielfältigen Gefühlen begleiteter Vorgang. Unter dem speziellen Blickwinkel der Kognition läßt er sich als Lösungsprozeß eines komplexen Problems charakterisieren, in dessen Verlauf vielfältige Informationen ausgewertet und zahlreiche z.T. verwickelte Überlegungen angestellt werden müssen.

Das hier betrachtete fiktive Computersystem soll den mit der Planung und Vorbereitung einer Reise verbundenen Problemlösungsprozeß wirksam unterstützen. Dies soll durch eine sinnvolle Aufteilung der im Verlauf des Lösungsprozesses zu leistenden kognitiven Arbeit zwischen Mensch und Computer erreicht werden. Das System soll insbesondere
- Informationsmaterial für den Benutzer bereitstellen
- sein Gedächtnis unterstützen
- weniger interessante automatisierbare Denkvorgänge übernehmen.

Vereinfachend stellen wir uns vor, daß die Planung und Vorbereitung einer Ferienreise in drei Phasen durchgeführt werden kann:

1. Phase: Konkretisierung von Urlaubswünschen
2. Phase: Suche nach passenden Angeboten
3. Phase: Buchung.

Ein Benutzer, der noch keine präzise Vorstellung von seiner Reise
hat, wird die Unterstützung des Systems bereits in der 1. Phase suchen.
Er möchte phantasievoll und umfassend beraten werden, um seinen Ferienwunsch konkretisieren und präzisieren zu können.

Die zweite Phase schließt sich sachlogisch an die erste an. Ein
Benutzer, der bereits einen konkreten Ferienwunsch hat, kann diesen dem
System mitteilen und wird dann bei der Suche nach passenden Möglichkeiten unterstützt. Er erwartet vom System informative Angebote, aus denen
er auswählen kann.

In der dritten Phase erfolgt die Buchung. Hier müssen alle Einzelheiten eines Angebots ausgearbeitet werden, so daß ein Vertrag zwischen
dem Kunden und dem Reisebüro abgeschlossen werden kann. Das System hat
hier die Aufgabe, alle notwendigen Informationen vom Benutzer und von
externen Informationsquellen (z.B. über Flugpläne) einzuholen, auf
Verträglichkeit und Vollständigkeit zu prüfen und das Reisevorhaben in
allen erforderlichen Einzelheiten zu planen.

In den drei Phasen geht es um die Lösung unterschiedlicher Teilprobleme, die unterschiedliche Anforderungen an die Funktionen des
Systems und an die Gestaltung der Mensch-Computer- Schnittstelle mit
sich bringen. Betrachten wir einmal die erste Phase, deren Ziel die
Konkretisierung des Urlaubswunsches ist. Hier können verschiedenartige
Modelle für den Beratungsvorgang ins Auge gefaßt werden, wie die drei
im folgenden skizzierten Möglichkeiten zeigen.

1.1 Modell "Freies Suchen"

Dieser Ansatz ist dem Herumstöbern in Reisekatalogen vergleichbar.
Stellen wir uns einen Katalog vor, der (1) Informationen zu einer Reihe
von Fragenkomplexen enthält (z.B. über Reisebedingungen, Verträge,
Versicherungen, Fluggesellschaften, Reiseziele, Sportarten, Urlaubsarten), und der (2) Angebote enthält, die nach mehreren Kriterien (z.B.

geographische Lage, Klima, Komfort, Sportmöglichkeiten) klassifiziert sind. Der Benutzer kann frei wählen, an welchen Stellen er in den Katalog hineinschauen möchte und welche Kriterien er für seinen Urlaubswunsch berücksichtigen möchte. Wenn er eine Wunschvorstellung entwickelt hat, kann er diese zum Ausgangspunkt einer Suche nach passenden Angeboten machen.

Das Modell des freien Suchens läßt dem Benutzer einen besonders großen Spielraum für eigene Entscheidungen. Darin unterscheidet es sich von den im folgenden skizzierten Modellen.

1.2 Modell "Systemgeführte Konkretisierung"

Dieses Modell ist analog zu einer Beratungssituation, in welcher der Berater den Kunden auf alle Aspekte aufmerksam macht, die bei der Planung einer Ferienreise zu bedenken sind (z.B. Zielort, Reisezeit, Kosten, Urlaubsart). Der Berater arbeitet dabei zielstrebig darauf hin, daß nach und nach alle erforderlichen Kriterien ausreichend präzisiert werden und miteinander verträglich sind. Bei dieser Vorgehensweise ergibt sich in jedem Fall eine Konkretisierung des Ferienwunsches, die zum Ausgangspunkt einer Suche nach konkreten Angeboten gemacht werden kann.

Bei Systemen, die sich an diesem Modell einer systemgeführten Konkretisierung des Urlaubswunsches orientieren, ist im Vergleich zur ersten Alternative der Entscheidungs- und Handlungsspielraum des Benutzers deutlich eingeengt.

1.3 Modell "Spezifikation durch Beispiel"

Die Analogie zu diesem Ansatz ist eine Situation, in der der Benutzer auf ein konkretes Angebot hinweist, dieses aber bezüglich bestimmter Aspekte modifiziert (z.B. "es muß nicht unbedingt Malta sein, aber es sollte eine größere Insel im Mittelmeer sein") und damit seinen Ferienwunsch umschreibt.

Der Einsatz eines Systems mit einer solchen Funktion setzt voraus, daß wesentliche Phasen des Planungsprozesses bereits erfolgreich durchgeführt worden sind. Es unterstützt also im Vergleich zu den beiden anderen Alternativen nur eine relativ spezielle Klasse von Anforderungen.

Jedes dieser drei recht verschiedenartigen Modelle kann zu einer Spezifikation des Urlaubswunsches führen, wodurch die Gesamtheit der in Frage kommenden Angebote auf eine für den Benutzer eher überschaubare Teilmenge eingeschränkt wird. Damit ist dann die Voraussetzung für den Eintritt in die zweite Phase des Planungsprozesses, der Suche nach passenden Angeboten, hergestellt. Diese Phase soll hier jedoch nicht weiter analysiert werden, da sich schon in der ersten Phase, der Konkretisierung des Urlaubswunsches, interessante Probleme im Bereich der kognitiven Aspekte der Mensch-Computer-Interaktion ergeben, von denen einige im folgenden aufgezeigt werden sollen.

2   Skizze eines Beratungsdialogs mit dem System

Wir wollen nun einige kurze Szenen beobachten, in denen ein Kunde unser fiktives System benutzt, um eine Ferienreise zu planen. Das System sei auf einer Workstation mit hochauflösender Pixelgraphik, Fenstertechnik und Maussteuerung verfügbar.

Der Benutzer nimmt Kontakt mit dem System auf. Nach dem Austausch einiger Informationen zur Eröffnung des Dialogs beginnt der Beratungsprozeß mit dem in Abb. 1a gezeigten Menü, das in einem Fenster auf dem Bildschirms erscheint. Dem Benutzer wird hier die Möglichkeit angeboten, in jeder der drei oben erwähnten Phasen des Planungsprozesses eine Beratung zu beginnen.

Er muß dazu mit Hilfe der "Maus" den der gewünschten Alternative zugeordneten Text aktivieren. Nehmen wir an, der Benutzer entscheidet sich für die erste Phase, die Konkretisierung seiner Urlaubswünsche.

Nun erscheint ein weiteres Fenster mit dem in Abb. 1b gezeigten Menü. Der Benutzer kann sich hier entscheiden, welche Form der Beratung er bei der Konkretisierung seiner Wünsche in Anspruch nehmen will. Bei dieser Entscheidung werden seine Denk- und Handlungsgewohnheiten und seine Reiseerfahrung eine wesentliche Rolle spielen. Nehmen wir einmal an, er entscheidet sich für den zweiten Ansatz, die systemgeführte Konkretisierung.

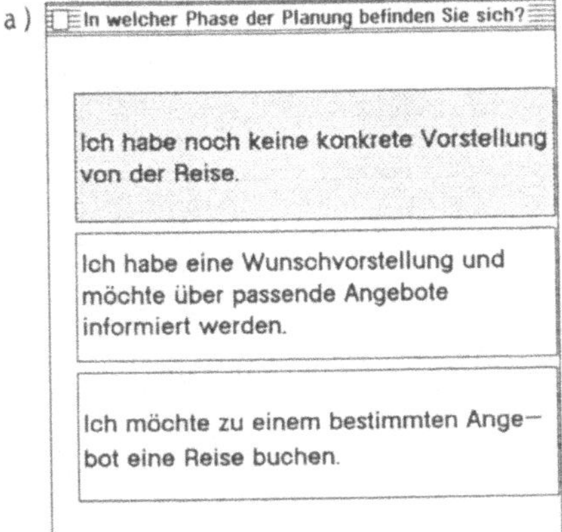

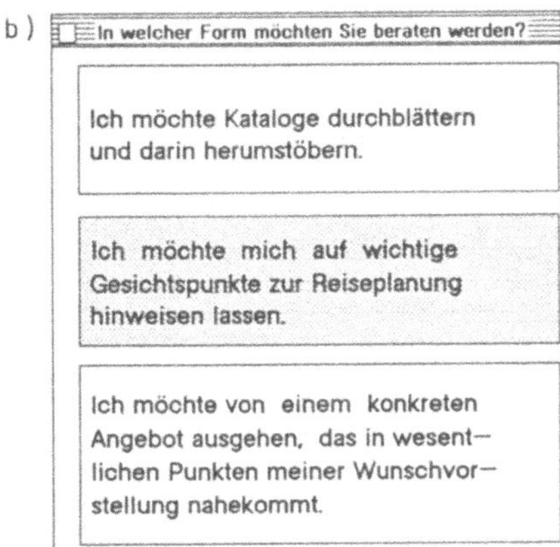

Abb. 1: Menü-basierte Interaktion am Beginn des Beratungsprozesses. Die gewählte Alternative wird mit der Maus aktiviert, das System reagiert mit einer Schraffierung des entsprechenden Fenster-elements.

2.1 Systemgeführte Konkretisierung

Daraufhin erscheint ein weiteres Fenster, das einige bei der Planung von Urlaubsreisen wesentliche Gesichtspunkte veranschaulicht (Abb. 2a). In diesem Fenster wird der Benutzer auf mehrere Gesichtspunkte durch Text und ikonische Darstellungen aufmerksam gemacht. Während die beiden Fenster in Abb. 1a und b Entscheidungen über Ziel und Form des Beratungsvorgangs betrafen, wird dem Kunden hier Information zum Sachproblem, der Planung seiner Ferienreise, in Form eines Schemas mit wichtigen Planungsgesichtspunkten für Urlaubsreisen angeboten. Der Benutzer kann nun damit beginnen, die einzelnen Dimensionen des Schemas in beliebiger Reihenfolge und bis zu einer beliebigen Feinheit seinen Wünschen entsprechend bzw. diese präzisierend zu bearbeiten.

Nehmen wir an, er befaßt sich zunächst mit der Reisezeit. Dazu aktiviert er die entsprechende Position, worauf das System einen Kalen-der graphisch darstellt. Der Benutzer kann darin bestimmte Monate, Wochen oder Tage aktivieren. So kann er die Reisezeit mehr oder weni-ger stark präzisieren.

Danach wendet er sich der Frage nach der gewünschten Urlaubsart zu und aktiviert die entsprechende Position. Nun erscheint ein Fenster

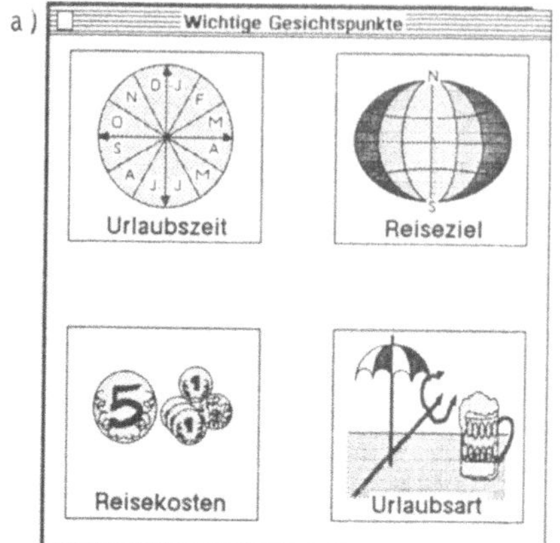

Abb. 2: Menüs mit einer Kombination von Texten und Piktogrammen im systemgeführten Beratungsmodus.

mit Piktogrammen und Stichwörtern, die einzelne Urlaubsarten symbolisieren. Der Kunde kann hier eine Urlaubsart auswählen, die seinen Wünschen entspricht bzw. diese konkretisiert. Es wird sich aber nicht in jedem Fall mit der Wahl einer der angebotenen Alternativen zufriedenstellen lassen. Vielleicht möchte er sich mehrere Möglichkeiten offenhalten, z.B. 'Bildung' oder 'Gesellschaft' oder mehrere Urlaubsarten kombinieren, z.B. 'Bildung' und 'Sport'. In diesen Fällen läßt sich der Urlaubswunsch durch eine logische Verknüpfung mehrerer Kategorien beschreiben.

Bei den Überlegungen des Benutzers kann darüberhinaus auch die Reihenfolge der Nennungen eine Bedeutung im Sinne von Prioritäten haben, z.B. (Bildung, Gruppe) versus (Gruppe, Sport). Diese Andeutungen mögen genügen, um auf das Problem möglicher Diskrepanzen zwischen den Vorstellungen und kognitiven Schemata des Benutzers und den im System realisierten Datenstrukturen und Verarbeitungsmöglichkeiten aufmerksam zu machen.

2.2 Freies Suchen

Wir wollen nun eine der oben genannten Alternativen zum systemgeführten Dialog für die Konkretisierung von Urlaubswünschen näher betrachten: das freie Suchen (vgl. Abb. 1b). Hier kann der Benutzer ein umfangreiches, komplex strukturiertes Informationsmaterial nach Gesichtspunkten seiner Wahl durchsuchen. Wir wollen annehmen, der Benutzer habe zunächst im systemgeführten Beratungsmodus die Urlaubsart Sport gewählt und seinen Wunsch dann in einem weiteren Schritt zu 'Sportart: Ski' präzisiert. Nun aber entscheidet er sich, die systemgeführte Form der Beratung zu verlassen, denn er möchte frei in dem relevanten Informationsmaterial herumstöbern.

Dies bringt einige interessante und schwierige Probleme mit sich: Der Kunde möchte natürlich nicht wieder einen neuen Beratungsprozeß von vorn beginnen (vgl. Abb. 1a), sondern das System soll möglichst alle im Verlauf der bisherigen Beratung aufgetauchten Informationen zur Eingrenzung des nun relevanten Materials verwenden, um dem Kunden ein maßgeschneidertes, seinen Vorstellungen und Denkgewohnheiten in Gliederung und Organisation angepaßtes Informationsmaterial zu präsentieren. Ein anderes Problem besteht darin, wie sich der für viele Menschen attraktive Vorgang des Herumstöberns in Katalogen, Prospekten, Fahrplänen und Reiseführern so im Computer nachbilden läßt, daß er vergleichbar viel Spaß macht.

2.3 Spezifikation durch Beispiel

Wir wollen nun die dritte oben genannte Alternative zur Konkretisierung von Urlaubswünschen, die Spezifikation durch ein Beispiel, kurz ansprechen (vgl. Abb. 1b). Eine Situation dieser Art könnte sich z.B. im Verlauf eines Beratungsprozesses ergeben, wenn sich der Kunde an ein bereits früher betrachtetes konkretes Angebot erinnert. Betrachten wir als Beispiel ein Angebot, das die folgenden Angaben enthält:

        Ort: ZERMATT
        Hotel: PRIMAVERA
        Zimmertyp: EZ / Du / WC / Bk / Süd
        Zeit: 21.12. - 4.1.
        Preis: 930.- DM

Dieses Angebot entspricht seiner Wunschvorstellung, jedoch möchte er sich nicht von vornherein auf ein bestimmtes Hotel festlegen. Daher modifiziert er das Kriterium Ort durch die Angabe 'Zermatt oder Saas-Fee'. Das System sollte nun wissen, daß der Kunde seine Suche auf alle vergleichbaren Hotels in Zermatt und Saas-Fee ausdehnt.

2.4 Die Phase der Buchung

Folgende Situation kann sich am Abschluß einer Beratung ergeben. Der Kunde hat einige Angebote in die engere Wahl gezogen und als Kandidaten für eine Buchung gekennzeichnet. Nun erscheint in einem neuen Fenster ein Buchungsformular. Das System hat alle im Verlauf des Beratungsprozesses gemachten Angaben gespeichert und kann nun eine Reihe von Informationen automatisch in das Buchungsformular übernehmen. Der Kunde muß alle Angaben kontrollieren und noch offene Punkte in weiteren Dialogschritten abklären. Das System übernimmt hier auch die Aufgabe, Informationen aus externen Quellen zu beschaffen (z.B. über die Belegungssituation der Hotels in Zermatt).

2.5 Komplexe Situationen

In einem fortgeschrittenen Stadium des Beratungsprozesses, wenn die Phasen der Konkretisierung des Urlaubswunsches und die Suche nach passenden Angeboten ein- oder auch mehrmals durchlaufen worden sind, ist der Bildschirm von zahlreichen, einander überlappenden Fenstern ausgefüllt, ähnlich wie der mit zahlreichen Papieren bedeckte Schreibtisch eines Reiseberaters (Abb. 3). Wie bereits erwähnt, muß das System Daten aus den verschiedenen Abschnitten des Dialogs verwalten und in spätere Abschnitte einbringen können. So muß das System in der Phase des freien Suchens bereits die Urlaubszeit und die Sportart 'Ski' kennen, um dem Kunden Wintersportkataloge vorlegen zu können. Ein anderes Beispiel für die Datenflußbeziehungen zwischen verschiedenen Abschnitten des Beratungsdialogs findet sich in der Preistabelle (Abb. 3, rechts unten): Während der gewählten Reisezeit erheben zwei der aufgelisteten Hotels einen Saisonzuschlag. In solchen komplexen Situationen in fortgeschrittenen Stadien des Dialogs können schwierige Probleme auftreten: So kann beispielsweise der Kunde seine Wünsche ändern und plötzlich einen früher verworfenen Plan favorisieren, welcher vom System in diesem Augenblick gar nicht als aktuell betrachtet wird.

2.6 Anmerkungen zur Wahl des Beispiels

Unser fiktives Computersystem zur Planung von Ferienreisen hat interessante und problematische Aspekte. Auf drei Eigenschaften sei hier besonders hingewiesen:

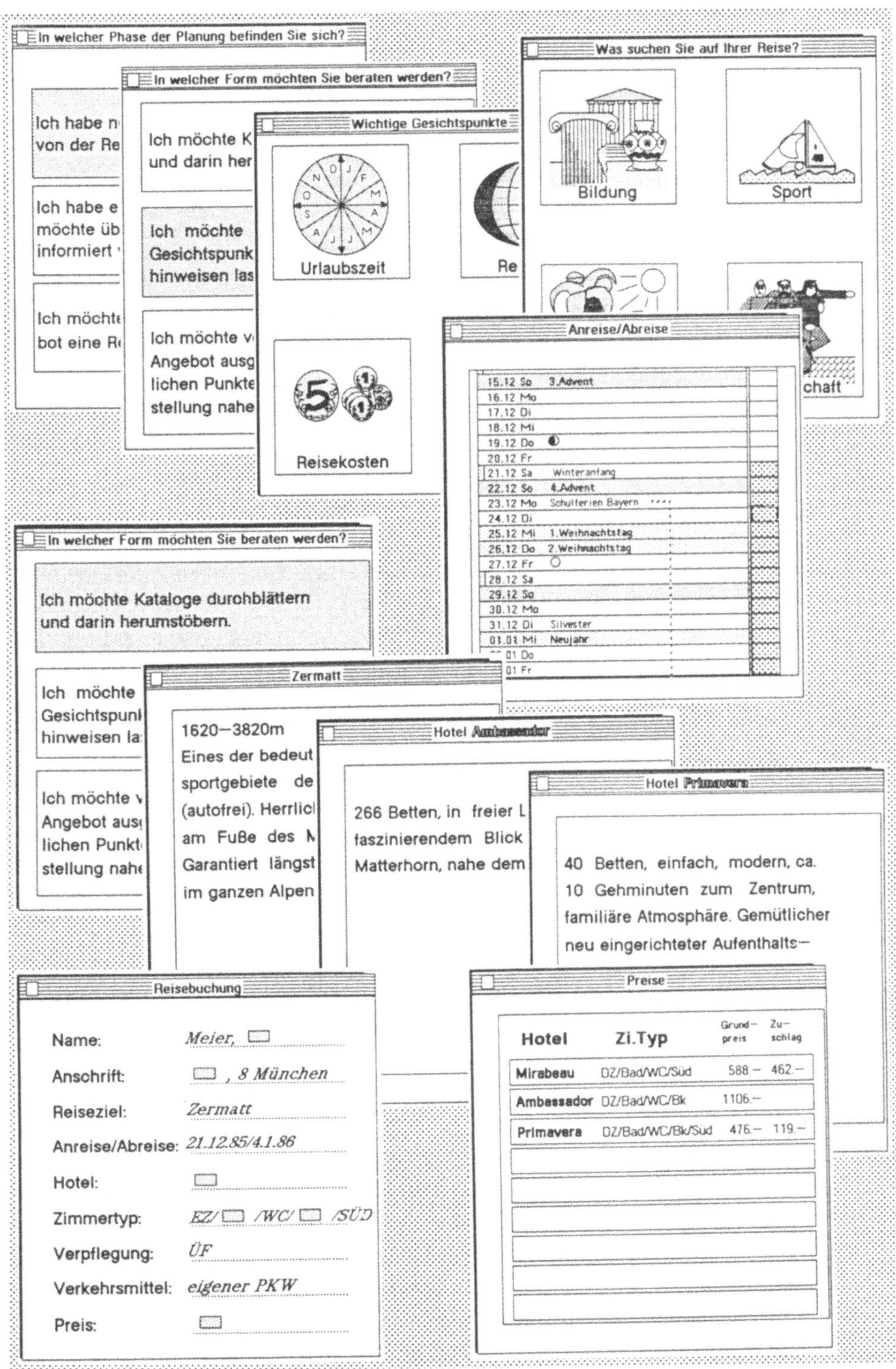
In welcher Phase der Planung befinden Sie sich?
Ich habe n
von der Re
Ich habe e
möchte üb
informiert
Ich möchte
bot eine Re
In welcher Form möchten Sie beraten werden?
Ich möchte K
und darin her
Ich möchte
Gesichtspunk
hinweisen las
Ich möchte v
Angebot ausg
lichen Punkte
stellung nahe
Wichtige Gesichtspunkte
N D J F
O M
S A
A J
J M
Urlaubszeit
Reisekosten
Re
Was suchen Sie auf Ihrer Reise?
Bildung
Sport
chaft
Anreise/Abreise
15.12 So   3.Advent
16.12 Mo
17.12 Di
18.12 Mi
19.12 Do
20.12 Fr
21.12 Sa   Winteranfang
22.12 So   4.Advent
23.12 Mo   Schulferien Bayern
24.12 Di
25.12 Mi   1.Weihnachtstag
26.12 Do   2.Weihnachtstag
27.12 Fr
28.12 Sa
29.12 So
30.12 Mo
31.12 Di   Silvester
01.01 Mi   Neujahr
01 Do
01 Fr
In welcher Form möchten Sie beraten werden?
Ich möchte Kataloge durchblättern
und darin herumstöbern.
Ich möchte
Gesichtspunl
hinweisen la
Ich möchte v
Angebot ausg
lichen Punkte
stellung nahe
Zermatt
1620—3820m
Eines der bedeut
sportgebiete de
(autofrei). Herrlic
am Fuße des N
Garantiert längst
im ganzen Alpen
Hotel Ambassador
266 Betten, in freier L
faszinierendem Blick
Matterhorn, nahe dem
Hotel Primavera
40 Betten, einfach, modern, ca.
10 Gehminuten zum Zentrum,
familiäre Atmosphäre. Gemütlicher
neu eingerichteter Aufenthalts—
Reisebuchung
Name: Meier,
Anschrift: , 8 München
Reiseziel: Zermatt
Anreise/Abreise: 21.12.85/4.1.86
Hotel:
Zimmertyp: EZ/   /WC/   /SÜD
Verpflegung: ÜF
Verkehrsmittel: eigener PKW
Preis:
Preise
Hotel   Zi.Typ   Grund- Zu-
                                preis   schlag
Mirabeau   DZ/Bad/WC/Süd   588.—   462.—
Ambassador DZ/Bad/WC/Bk   1106.—
Primavera   DZ/Bad/WC/Bk/Süd   476.—   119.—

- Der Benutzer ist Kunde eines Reisebüros. Wir müssen also davon ausgehen, daß er über wenig oder keine Erfahrung im Umgang mit Computern verfügt. Dieser Sachverhalt bedingt besondere didaktische Anforderungen an das System.

- Das Sachproblem, d.h. die Planung von Ferienreisen, ist kein typisches Computerproblem wie etwa das Programmieren oder das Verwalten großer Datenbestände. Ein Computersystem, das einem attraktiv ausgestatteten und kompetenten Reisebüro Konkurrenz machen könnte, wäre eine äußerst aufwendige Entwicklung, in deren Verlauf für zahlreiche Teilprobleme erst prototypische Lösungen entwickelt werden müßten.

- Die Planung einer Ferienreise ist ein Prozeß, den mannigfaltige psychische Prozesse begleiten. Wenn man, wie hier angenommen, die kognitiven Aspekte in den Vordergrund stellt, besteht die Gefahr einer zu groben Vereinfachung der Problematik.

Unser Beispiel ist im Vergleich zu anderen Bereichen, für die zur Zeit integrierte Computerarbeitsplätze entwickelt werden, besonders schwierig. Es enthält einerseits Teilprobleme, die schon gut gelöst sind und verdeutlicht andererseits eine Reihe fundamentaler Probleme, die bisher noch wenig Beachtung gefunden haben.

Im folgenden skizzieren wir einige Überlegungen, die sich bei unserer gemeinsamen Arbeit an dem fiktiven Reiseberatungssystem als wichtig herausgestellt haben. Als besonders förderlich erwies sich die Gegenüberstellung der unterschiedlichen Sichtweisen der Probleme aus der Perspektive des Systemdesigners und des Psychologen. Die im folgenden dargestellten Gedanken können und sollen die Standpunkte des Designers und des Psychologen nicht vollständig wiedergeben, sondern sie sollen vielmehr einen Eindruck von typischen Argumentationsweisen in beiden Bereichen vermitteln.

Abb. 3: Schematische Darstellung des Bildschirminhalts in einem fortgeschrittenen Stadium der Beratung mit mehreren Fenstern. Von oben links zur Mitte rechts sind Fenster aus dem systemgeführten Abschnitt des Beratungsdialogs zu sehen. Von Mitte links nach unten rechts sind einige Fenster aus dem im Modus des freien Suchens geführten Abschnitt des Dialogs abgebildet. Unten links befindet sich das Buchungsformular.

3 Diskussion aus der Sicht des Designers

Die Ausgangsposition des Designers ist im wesentlichen durch drei Faktenkomplexe festgelegt: (1) die funktionellen Anforderungen an das zu entwickelnde System, (2) den Spielraum und die Grenzen der menschlichen Fähigkeiten zur Interaktion mit Maschinen, (3) den bei der Systementwicklung verfügbaren Stand der Computer- und Informationstechnologie.

Bei der Konzeption des Systems müssen vom Designer insbesondere folgende speziellen Faktoren berücksichtigt werden:

- Bei der Gestaltung der Systemoberfläche: die Leistungsfähigkeit des visuellen Systems, die Leistungsfähigkeit des Gedächtnisses und die Aktionsmöglichkeiten des Benutzers.

- Bei der Zuweisung von Funktionen an Benutzer und Computersystem im Sinne einer zweckmäßigen Funktions- und Arbeitsteilung: die Schwierigkeit und die psychologische Attraktivität der einzelnen Aufgaben.

- Bei der Konzeption des grundlegenden Erscheinungsbildes des Systems gegenüber dem Benutzer: soll es eher den Charakter eines Werkzeugs oder den Charakter eines Partners oder Assistenten haben?

3.1 Systemoberfläche

Ein großer Bildschirm mit Pixelgraphik, Fenstertechnik und Maussteuerung kennzeichnen den heutigen Stand der Technik. Mit ihrer Hilfe soll der Benutzer zu jedem Zeitpunkt des Dialogs mit dem System möglichst umfassend über den Stand der Beratung und alle damit verbundenen Vorgänge informiert werden. Der Bildschirm soll daher im Regelfall Informationen zu folgenden Sachverhalten zeigen:

- Erläuterung der gerade im System ablaufenden Vorgänge, ihre Bedeutung im Rahmen der Lösung des Sachproblems

- Informationen zur Dialoggeschichte, die es dem Benutzer ermöglichen, Zwischenergebnisse aus früheren Abschnitten des Dialogs zu aktualisieren, auf früher durchlaufene Situationen zurückzuspringen und von dort an den Dialog in eine andere Richtung fortzusetzen

- Information über die Distanz zum Ziel bzw. zu einem Teilziel

- Arbeitsinformation zur Unterstützung der gerade bearbeiteten Aufgabe

- Informationen über die gerade möglichen Aktionen des Benutzers.

3.2 Funktionszuweisung

Der Benutzer ist zu jedem Zeitpunkt der Interaktion mit dem System mit zwei Problemen konfrontiert:

- dem anstehenden Sachproblem, hier der Planung einer Ferienreise

- dem Problem der Interaktion mit einem technischen System.

Die beiden Problemkreise müssen möglichst klar voneinander getrennt werden.

Bei manchen Aufgaben ist das System dem Benutzer überlegen, z.B. bei der Suche nach passenden Angeboten zu einer präzisen Angabe des Urlaubswunsches. Bei anderen Aufgaben ist der Mensch überlegen, z.B. beim Vergleich des zu zwei konkurrierenden Angeboten gehörenden erläuternden Textes. Für jede der im Zuge der Lösung des Sachproblems auftretenden Teilaufgabe ist abzuklären, ob eine Übernahme durch das System sinnvoll erscheint.

Insbesondere sollten dem System folgende Arten von Aufgaben übertragen werden:

- Anbieten von Informationen als Material für die Überlegungen des Benutzers

- Unterstützung des Gedächtnisses des Benutzers

- Ausführung von wenig attraktiven, häufig vorkommenden Aufgaben.

3.3 Das System: Werkzeug oder Partner?

Mit der in den letzten Jahren gewachsenen Popularität der Künstlichen Intelligenz ist das Paradigma des Computers als Partner bzw.

Assistent des Benutzers in den Blickpunkt des Interesses getreten und hat das Werkzeug-Paradigma in den Hintergrund gedrängt. Die bereits erwähnte Sichtweise einer Beratung zur Reiseplanung als Problemlösungsprozeß, an dem Kunde und Computersystem interaktiv arbeiten, impliziert das Partner-Paradigma. Der Dialog zwischen Benutzer und Computer erscheint dann als eine Sequenz von Hypothesenformulierungen und Überprüfungen. Sowohl der Benutzer als auch das System können Hypothesen bilden, der jeweilige Partner hat die Aufgabe der Prüfung.

4 Diskussion aus der Sicht des Psychologen

Für den Psychologen steht nicht das System, sondern der Mensch in seiner Rolle als Benutzer im Zentrum der Betrachtung. Der Psychologe kann jedoch meist nicht selbständig Lösungsmöglichkeiten für Probleme im Zuge der Systemkonzeption entwickeln. Vielmehr kann er in erster Linie Vorschläge des Designers auf ihre psychologische Eignung hin untersuchen.

4.1 Eingeschränkte Kommunikationsmöglichkeiten

Eine wesentliche Problematik der Mensch-Computer-Schnittstelle auf der Stufe der gegenwärtigen Technologie liegt in der drastischen Beschränkung der Artikulations- und Wahrnehmungsmöglichkeiten des Benutzers auf einige motorische und visuelle Funktionen. Im Vergleich mit zwischenmenschlicher Kommunikation ist hier nur ein sehr enger Kanal vorhanden.

Betrachten wir aus dieser Perspektive die Möglichkeiten der Kommunikation über sprachliche Texte, so ist auch hier die drastische Reduzierung im Vergleich zu natürlicher Sprache offensichtlich. Dies gilt sowohl für die Perzeption (Ausgabe von vorgefertigten Texten) als auch für die Artikulation (vorwiegend Auswählen). Selbst eine natürlichsprachliche Schnittstelle im Sinne der Künstlichen Intelligenz bietet im Vergleich zu zwischenmenschlicher sprachlicher Kommunikation nur sehr eingeschränkte Möglichkeiten.

4.2 Wissen über den Umgang mit Computern

Der Einsatz eines Computersystems erfordert Wissen über die Bedienungsmöglichkeiten und die Reaktionen des Systems: Selbsterklärende Systeme sollen den Benutzer motivieren, die erforderliche Lernleistung zu erbringen, bevor ein zielorientierter Einsatz des Systems möglich wird. Für einen Benutzer ist ein System der hier diskutierten Art nur dann attraktiv, wenn der Nutzen aufgrund einer Verwendung des Systems den Aufwand für die Interaktion mit dem System deutlich übersteigt. Eine entsprechende Analyse muß für jeden im Dialog möglichen Vorgang durchgeführt werden.

4.3 Plastizität der Dialogstruktur

Ein Dialog zwischen menschlichen Partnern ist durch äußerste Flexibilität gekennzeichnet. Welche Form etwa ein Beratungsvorgang annimmt, entscheidet sich oft in Sekundenschnelle durch ein gelungenes Zusammenspiel eines erfahrenen Beraters mit einem sensiblen Kunden.

Da ein Computersystem nicht alle Randbedingungen kennen kann, die der Benutzer bei seinen Überlegungen berücksichtigen muß, sollte ihm das System keinen bestimmten Ablauf der Problemlösung vorschreiben, sondern flexibel auf den vom Benutzer eingeschlagenen Lösungsweg reagieren können. Dies ist in der Tat eine schwierig zu erfüllende Forderung: je stärker nämlich der Ablauf des Dialogs durch das System strukturiert wird, umso mehr Information kann es aus einem konkreten Interaktionsprozeß über die Intentionen des Benutzers sammeln. Dies befähigt das System dann zu einer gezielten Unterstützung des Benutzers. Umgekehrt lassen sich aus einem wenig durch das System strukturierten Dialog nur indirekt Hypothesen über die Intentionen des Benutzers ableiten. Die Aufgabe, ein Computersystem zu entwickeln, das einen menschlichen Partner in wesentlichen Funktionen ersetzen kann, wird umso schwieriger, je mehr das System in seinem Interaktionsverhalten menschlichem Verhalten in Dialog- und Problemlösesituationen angepaßt wird.

SACHPROBLEM, INTERAKTIONSPROBLEM UND DIE ROLLE DES BENUTZERS

H. v. Benda
Institut für Psychologie
Universität Erlangen-Nürnberg

Charakteristisch für die Probleme, die sich aus dem Beispiel ergeben,
ist, daß sie sich nicht an einem Punkt festmachen lassen - z.B. bei
der vielzitierten Benutzerfreundlichkeit - sondern an fast allen Komponenten und deren Beziehungen im Mensch-Computer-Umwelt-System aufzufinden sind. In diesem Beitrag wird versucht, aus der Sicht eines
an arbeits- und kognitionspsychologischen Fragen interessierten Psychologen diese Aspekte aufzuzeigen, nicht so sehr, konkrete Lösungen
und Rezepte anzubieten.

Die Zusammenhänge sollen anhand des Schemas (Abb.1) erläutert werden.
Hat eine Person ein Problem, das mit einer Reise zu tun hat, so kann
und wird sie sich in vielen Fällen selbst helfen, indem sie zu frei
verfügbaren Informationsquellen (Datenbasis) wie Verzeichnissen, Reiseführern, Fahrplänen, Landkarten greift. Nur ein kleinerer Teil der
Reisenden tritt als Kunde eines Reisebüros auf, das ihm zur Lösung
seines Sachproblems seine Dienste anbietet.

Das skizzierte Beratungs- und Buchungssystem wäre als dritter Weg anzusehen. Um ihn aber beschreiten zu können, muß der Benutzer zunächst
das Interaktionsproblem (STREITZ, 1983) lösen: Wie teile ich dem System mit, was ich möchte? Was bedeutet die Antwort des Systems?
Schließlich ist noch zu erwähnen, daß die Planung einer Urlaubsreise
ein längerer Prozeß ist, in dem die Interessen und Wünsche des sozialen Umfelds (Partner, Kinder, Freunde etc.) eine Rolle spielen. Nach
diesem Überblick wenden wir uns den wichtigsten Blöcken genauer zu.

1. Der Benutzer

Der Kreis der potentiellen Benutzer umfaßt nahezu die gesamte Bevölkerung. Das System muß - anders als bei der Mehrzahl der in der Arbeitswelt eingesetzten - in der Lage sein, mit Personen zu interagieren,
die
- geringe Bereitschaft und Fähigkeit zum Lernen besitzen,

- kaum lesen und schreiben können,
- keine Erfahrung mit Computern haben,
- in verschiedener Weise behindert sein können,
- ein derartiges System nur selten in Anspruch nehmen werden.

Andererseits besitzen fast alle
- umfangreiche Reise-Erfahrungen,
- Kenntnis der Beratungssituation im Reisebüro.

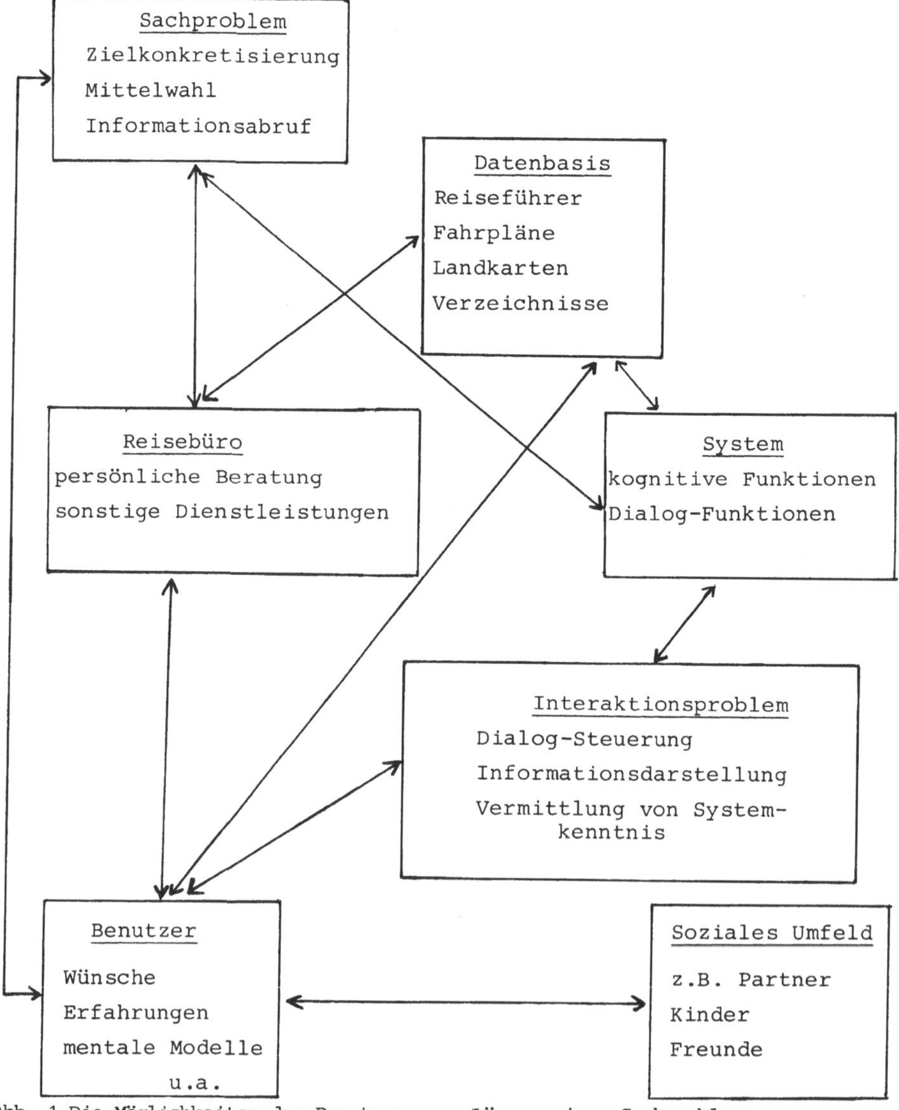

Abb. 1 Die Möglichkeiten des Benutzers zur Lösung eines Sachproblems

Für die Gestaltung des Systems ergeben sich daraus erste allgemeine
Folgerungen: Das Erlernen der Interaktion darf nur minimale Anforderungen stellen. Der Übungseffekt ist bei der geringen Nutzung niedrig
einzuschätzen. Soweit wie möglich sind gewohnte Handlungsformen, In-
formationsdarstellungen, Codes etc., die den Benutzern vom Reisebüro,
von Katalogen her vertraut sind, zu übernehmen.

Die von den Benutzern an das System weiterzugebenden Informationen
werden häufig ungenau, fehlerhaft, bildhaft und mehrdeutig sein. Das
System muß daher in der Lage sein - ähnlich wie ein geschulter menschlicher Reiseberater - in Kenntnis des Kontexts in einem kurzen Dialog
das Gemeinte zu erschließen.

Die Antwortzeit des Systems darf nicht mehr als drei Sekunden betragen.
Von einem "elektronischen Dialog-Partner" erwarten die meisten Benutzer eine zumindestens so rasche Reaktion wie von einem Reisebürofach-
mann. Sie haben kaum eine realistische Vorstellung davon, welche ge-
waltigen Datenmengen vom System z.B. auf eine Anfrage hin durchsucht,
verglichen etc. werden muß.

Das Gedächtnis des Benutzers darf nicht belastet werden. Zwischenergebnisse und beliebige Informationen müssen als Hardcopy ausgegeben
werden können. Da ein kompletter Planungsprozeß sich in der Regel über
längere Zeit hinziehen wird, muß das System in der Lage sein, frühere
"Verhandlungen" wiederaufzunehmen und weiterzuführen.

2. Das Sachproblem

Das System wird sicherlich in vielfältiger Form genutzt werden, wobei
die vollständige Sequenz von der Suche nach einem Reiseziel bis hin
zur abschließenden Buchung eher die Ausnahme darstellen wird. Neben
sachorientierten Fragen ist auch ein mehr emotional bestimmter Umgang
wahrscheinlich: als Spiel- und Unterhaltungsgerät, bei dem es etwas
Hübsches und Anregendes zu sehen gibt, als Apparat, den man erforschen
und in Verlegenheit bringen möchte, als unverbindliche, mehr oder weniger ziellose Suche analog dem Blättern in Katalogen oder dem Stöbern
in einer Bibliothek.

Die einfachen Auskünfte (z.B. Zugverbindung, Telefon-Nummer eines Hotels etc.) erscheinen relativ unproblematisch, da diese Art der Suche

fast allen Benützern vertraut ist. Psychologisch interessant ist die
Findung des Urlaubsziels, bei dem das System Hilfestellung leisten
soll. Dieser Prozeß läßt sich beschreiben als sukzessive Ziel-Konkretisierung in einem schwer überschaubaren, sich ständig ändernden und
durch vielfache Verknüpfung der Sachverhalte gekennzeichneten Sachbe-
reich. Aus der Psychologie des Problemlösens (DÖRNER, 1976) ist bekannt, daß dieser Vorgang dialektisch verläuft, d.h. es gibt keine von
vornherein feststehende "richtige" Lösung, sondern es werden vom Benutzer mögliche Alternativen anhand von Kriterien bewertet und miteinander verglichen. Diese Gesichtspunkte für eine Entscheidung können in
verschiedenen Dimensionen variieren:

- Eindeutigkeit ("Süden" kann viele Bedeutungen annehmen)
- Subjektives Gewicht (Auf bestimmte Dinge kann der Kunde nicht verzichten z.B. als Rollstuhlfahrer, aus Gesundheitsgründen)
- Soziale Erwünschtheit (Bestimmte Wünsche können von der Gesellschaft
  tabuisiert sein)
- Bewußtsein (Manche Kriterien werden erst durch einen konkreten Vorschlag aktualisiert und bewußt, vielfach wird auch nur gefühlsmäßig
  etwas "gut" oder "schlecht" gefunden, ohne daß die Gründe klar bewußt werden)

Die Entscheidung über ein bestimmtes Angebot fällt in erster Linie
komparativ (besser als, schlechter als).

Wie kann das System dazu beitragen, diesen dialektischen Prozeß der
Zielfindung zu unterstützen?

Denkbar sind folgende Möglichkeiten:

- Es bietet allgemeine Kriterien (z.B. Sonne, August, Baden, kinder-
  freundlich) an. Aus dem damit abgesteckten Suchraum bietet es dem
  Benutzer mehr oder weniger konkrete Vorschläge (z.B. Hotel mit be-
  schreibenden Angaben) an, die vom Kunden subjektiv bewertet und miteinander verglichen werden.

- Es klärt durch Rückmeldung und Rückfragen die Bedeutung und Gewichtung der vom Benutzer angegebenen Gesichtspunkte, die zwar logisch,
  nicht aber psychologisch unvereinbar sein können.

- Es abstrahiert aus vom Benutzer angegebenen Beispielen ("Uns hat es gut auf Sylt gefallen, wir möchten Ähnliches in Dänemark") die vermutlich relevanten Merkmale und verwendet sie für die weitere Suche.

- Es bietet Informationen in Abhängigkeit vom Stand der Suche an (Am Beginn interessiert z.B. nur das relative Preisniveau von Regionen, erst am Schluß interessiert z.B. der Zimmerpreis eines bestimmten Hotels).

- Es übernimmt auf Wunsch bestimmte kognitive Funktionen, insbesondere beim Vergleich von Angeboten (Ausrechnen von vergleichbaren Effektivpreisen, Optimieren von Reisewegen, Rangfolgen von Angeboten nach multiplen Kriterien etc.).

- Es dokumentiert in geeigneter Weise den bisherigen Dialog, entlastet damit das Gedächtnis des Benutzers und erlaubt ihm, zu früheren Stadien zurückzukehren.

Die weitere Ausarbeitung dieser Liste von Denkoperationen (Abstraktionen, Analogie, Komplexbildung, Beseitigung von Widersprüchen etc.) sollte nur aufgrund einer Erhebung der in Beratungssituationen vorkommenden kognitiven Prozesse vorgenommen werden, da sonst die Gefahr besteht, daß eine Reihe von theoretisch interessanten Prozeduren entwickelt wird, die vom Ratsuchenden aber nicht benutzt werden und die die Komplexität des Beratungssystems unnötig in die Höhe treiben.

Die Problemstellung ist deswegen so interessant, weil sie mit der Ziel-Konkretisierung einen Aufgaben-Typ enthält, der in der Arbeitswelt weitgehend fehlt. Normalerweise ist der Sollzustand einer Arbeitsaufgabe klar definiert, auch die Mittel der Erledigung sind meist bekannt. Empfehlungen zur Gestaltung von Arbeit mit Bildschirmsystemen (SPINAS u.a. 1983) lassen sich daher nur bedingt übertragen. Es ist offensichtlich, daß gerade in diesem Bereich nicht ohne Verfahren der künstlichen Intelligenz auszukommen sein wird.

3. Das Interaktionsproblem

Um ein Sachproblem angehen zu können, muß der Benutzer wissen, wie er sich das System dienstbar machen kann. Grundsätzlich darf die Verständigung mit dem Beratungs-Computer das Sachproblem nicht zusätzlich erschweren, z.B. durch Umständlichkeit, hohen Zeitaufwand, belastende

Ungewißheit. Diese Forderung nach sehr einfacher, schneller und ohne
Lernen verlaufender Interaktion führt sofort in ein schwerwiegendes
Dilemma: das gedachte System ist so komplex, bietet so viele Informationen und zum Teil neue Funktionen an, daß ein Mindestmaß an Wissen
über seine Funktionsweise und Möglichkeiten vermittelt werden muß. Die
Schwierigkeiten, die viele Personen schon mit vergleichsweise einfachen Fahrschein-Automaten haben, zeigen deutlich, daß dieses Dilemma
nicht nur in der Theorie besteht. Abgesehen von Einzelaspekten der Dialoggestaltung, auf die noch zurückzukommen ist, kann die Lösung - sofern überhaupt eine existiert - vermutlich nur in einem adaptiven System liegen, das aus dem "Verhalten" des Benutzers diagnostische
Schlüsse zieht und diese für die weitere Steuerung des Dialogs und der
angebotenen Informationen nutzt. Jedenfalls besteht die Gefahr, daß
sich - wie bei manchen Management-Informationssystemen zu beachten -
zwischen den Benutzer und das Beratungssystem "Experten" schieben, die
die Hin- und Rückübersetzung übernehmen.

Ein weiteres Dilemma besteht in der Idealvorstellung vom aktiven, mün-
digen (Reise-)Bürger, dem ein vom Ratsuchenden durch Kommandos gesteuerter Dialog entsprechen würde und der Notwendigkeit, dem Neuling am
System zunächst über stark systemgesteuerte Menüs, Masken etc. beizu-
bringen, was er wollen könnte.

Hier werden Zielkonflikte auf verschiedenen Ebenen deutlich, für die
es rational begründbare Lösungen (trade off; NORMAN, 1983) zu finden
gilt. Unter dem Stichwort "Benutzerfreundlichkeit" werden eine Reihe
von Kriterien wie Verläßlichkeit, Selbsterklärungsfähigkeit, Fehlerto-
leranz u.a. diskutiert, die zum Teil Eingang in einen Normentwurf zur
Dialoggestaltung (DIN 66234) gefunden haben. Aus verschiedenen Gründen
wird der Wert solcher allgemeinen Aspekte für den System-Designer be-
zweifelt (STEVENS, 1983). Die dringend notwendige empirische Forschung
auf dem Gebiet der kognitiven bzw. Software-Ergonomie hat im deutschsprachigen Raum gerade erst begonnen (DZIDA u.a., 1984).

Im Einzelnen können noch folgende Punkte genannt werden: Schon um dem
Vergleich mit den Werbemedien der Tourismusindustrie standzuhalten,
sollte die Informationsvermittlung attraktiv sein, z.B. durch Farbe,
Bewegung und die Verwendung von Bildern und Grafiken.

Soweit wie möglich sind Darstellungsformen zu übernehmen, die allgemein bekannt sind, z.B. die in Katalogen verwendeten Piktogramme zur

Beschreibung des Leistungsangebots, die Gliederungsschemata, z.B. der touristisch interessanten Regionen oder Reisearten. Topographische Informationen sind vielfach bildhaft in Form von kognitiven Karten und/oder als Handlungsanweisungen gespeichert, anders als die meisten übrigen Gedächtnisinhalte, die eher semantisch-begrifflich kodiert werden. Zwingt das System den Benutzer, zur Beschreibung topografischer Sachverhalte ausschließlich Begriffe zu verwenden, so wird ein mühsamer Umkodierungsprozeß in Gang gesetzt. Die in dem Beispiel vorgesehenen Landkarten mit Zoom-Effekt sind daher ein Schritt in die richtige Richtung. Leider verfügt die Mehrheit der Bevölkerung (noch) nicht über zureichende Vorstellungen darüber, nach welchen Prinzipien eine Interaktion mit den (derzeitigen) Computern abläuft. Brauchbare Vorbilder gibt es nicht: einfache Maschinen-Analogien wie die der Schreibmaschine führen ebenso in die Irre wie die intuitive Übertragung des aus normalen Gesprächssituationen gewohnten Verhaltens. Hier schnell und mit geringem Aufwand beim Benutzer ein angemessenes mentales Modell vom System und seiner Funktionsweise aufzubauen, ist sicherlich eine Schlüsselfrage. Der Bildschirm als Ausgabe-Medium wird bei einem schwierigen Sachproblem sichtbar zum Flaschenhals des Systems: nach einer längeren Interaktion ist er so überfüllt mit Angaben zur Historie, zum Zustand des Systems, zu Aktionsmöglichkeiten, mit Arbeitsinformationen und gegebenenfalls mit Hilfe- und Fehlertexten, daß auch eine gute Fenstertechnik diese Überfrachtung nicht bewältigen kann. Hier müssen Wege gefunden werden, die verschiedenen Informationsarten kontext- und prozeßabhängig zu unterdrücken oder zu verdichten.

4. Akzeptanz

Sich mit einem System zu beschäftigen, das aus im Prinzip vorhersehbaren Gründen bei einer Realisierung nicht oder kaum genutzt wird, mag zwar ein reizvolles Gedankenspiel darstellen, jedoch können Überlegungen zur Akzeptanz zu sinnvollen zusätzlichen Anforderungen an die Auslegung eines Beratungssystems führen.

Der Nutzen, den sich ein Kunde von der Inanspruchnahme des Systems verspricht, hängt in erster Linie von dem Aufwand ab, der im Vergleich zu traditionellen "Arbeitsverfahren" wie der Beratung im Reisebüro zur Gewinnung von gesuchten Informationen und Dienstleistungen notwendig ist. Diese "Meßlatte" kann individuell sehr verschieden sein, doch kann versucht werden, empirisch über Durchschnittswerte Anhaltspunkte

zu gewinnen. Der Aufwand kann mit den üblichen Maßstäben (Zeit/Geld)
bestimmt werden, doch ist denkbar, daß eine Art psychischer Aufwand
miteinbezogen werden muß, wenn die Interaktion - wie manche Tätigkei-
tem am Bildschirm - als anstrengend erlebt werden.

Neben dem Aufwand wird die Vertrauenswürdigkeit der in dem System enthaltenen Informationen eine entscheidende Rolle spielen. Auch sie läßt
sich nicht auf einen Aspekt reduzieren. Naheliegende Punkte sind die
Vollständigkeit des Angebots, realitätsnahe, auch negative Momente
(z.B. Umweltbelastung) enthaltende Beschreibungen, Verläßlichkeit und
Stabilität von Angaben wie Preisen, Terminen etc. Schon diese Gesichtspunkte werfen schwierige wirtschaftliche und rechtliche Fragen auf,
auf die hier allerdings nicht einzugehen ist.

Aus diesen Überlegungen können folgende generelle Anforderungen abgeleitet werden:
- Bei gleicher Aufgabenstellung muß der Aufwand vor allem an Zeit geringer sein als bei der traditionellen Beratung.

- Die Interaktion mit dem System darf nicht als belastend empfunden
  werden.

Eine gut gestaltete Dialog-Schnittstelle allein wird somit nur eine
und vermutlich nicht die wichtigste Voraussetzung für die Annahme des
Systems sein.

5. Die Rolle der Psychologie

Entsprechend der Vielschichtigkeit der hier angeschnittenen Probleme
kann die wissenschaftliche Psychologie in vielfältiger Weise zur Lösung beitragen. Mit ihren methodischen Mitteln läßt sich zunächst Verhalten und Erleben von Personen beschreiben und analysieren, z.B. das
tatsächliche Vorgehen bei der Planung einer Reise.

In den Überlegungen auch der informationstechnisch ausgerichteten Teilnehmer des Workshops stecken eine Fülle von expliziten und impliziten,
mehr oder minder spekulativen Annahmen über Wissen und Können, Bedürfnisse und Empfindungen möglicher Benutzer.

Die Qualität dieser Hypothesen könnte teilweise durch Rückgriff auf bekanntes empirisches Wissen und theoretische Konzepte der Psychologie angehoben und differenziert werden. Besteht in wichtigen Fragen noch große Unsicherheit, so können empirische Untersuchungen zu ihrer Reduktion beitragen.

So haben CARD u.a. (1983) versucht, aus Untersuchungen zur Informationsaufnahme und -verarbeitung quantitative Richtlinien für das Design abzuleiten.

Weiterhin ist so gut wie nichts über das Ausmaß und die Art der Variabilität von Merkmalen der Benutzer bekannt. Wie werden z.B. topografische Informationen von Benutzern gespeichert? Geschieht dies nach e i n e m Prinzip oder lassen sich mehrere nachweisen, wie nach der Literatur (DOWNS and STEA, 1982) zu vermuten ist? Die Antwort auf diese - im Ernstfall noch differenzierter zu stellenden - Fragen ist unmittelbar relevant für die u.U.personabhängig zu gestaltende Darstellungsweise und Gliederung topografischer Informationen im System.

Eine weitere Aufgabe kann der Psychologe in der Evaluation übernehmen, indem er den Umgang von Benutzern mit dem konkreten Beratungssystem beschreibt, analysiert und anhand vorher festgelegter Kriterien bewertet. Diese Phase - die in der Praxis der Systementwicklung meist zu kurz kommt - kann wertvolle Hinweise auf Schwachstellen und Verbesserungsmöglichkeiten liefern.

6. Literatur

Card, S.K., Moran, T.P. and Newell, A. 1983. The psychology of human-computer interaction. Hillsdale, N.Y.: Erlbaum.

DIN 66 234, Teil 8: (Entwurf) 1984 Bildschirmarbeitsplätze - Grundsätze der Dialoggestaltung. Berlin: Beuth.

Dörner, D. 1976. Problemlösen als Informationsverarbeitung. Stuttgart: Kohlhammer.

Downs, R.M. and Stea, D. 1982. Kognitive Karten. Die Welt in unseren Köpfen. UTB Uni-Taschenbuch 1126.

Dzida, M. Langenheder, W., Cornelius, D. und Schardt, L.P. 1984. Auswertungen des EDV-Einsatzes auf die Arbeitssituation und Möglichkeiten seiner arbeitsorientierten Gestaltung. GMD-Studien Nr. 82 St. Augustin: GMD.

Norman, D.A. 1983. Design rules based on analyses of human error. In: Ledgard, H.F. (Ed.) 1983. Human aspects of computing. Communications of the ACM, Vol. 26, p. 254-258.

Spinas, P. Troy, N. u. Ulich E., 1983. Leitfaden zur Einführung und

Gestaltung von Arbeit mit Bildschirm-Systemen. Zürich: Verlag Industrielle Organisation.

Stevens, G.C. 1983. User - friendly computer systems? A critical examination of the comcept. Behaviour and Information Technology 2, 3-16.

Streitz, N.A. 1983. Die Mensch-Maschine-Schnittstelle unter dem Blickwinkel der Kommunikation. Positionspapier zur 3. Arbeitstagung 'Mensch-Maschine-Kommunikation', organisiert von der Gesellschaft für Mathematik und Datenverarbeitung (GMD), Bad Honnef.

ÜBERLEGUNGEN ZUM DESIGN VON DIALOGSYSTEMEN

Klaus Wimmer

Zentralbereich Forschung und Technik
Siemens AG
Otto-Hahn-Ring 6
8ooo München 83

1. Zum Stand und Trend

Es ist vornehmlich die Breite der Entscheidungen, die den Designer eines
Dialogsystems herausfordert. Sie entspricht dem Spektrum an Problemen, die dieser
Band behandelt. Das Design aus einem Guß setzt Geschick und Erfahrung im
Ausbalancieren aller Entscheidungen voraus vor allem, wenn einige unscharfe
Designziele miteinander im Konflikt stehen. Wie innovativ darf das Design sein, wenn
es sich mit bestehenden Lösungen beim Kunden vertragen soll? Und wieviel darf es
kosten, damit es der Markt honoriert? Normalerweise entspricht der Designprozess
einer Gratwanderung, für die die Theorie nur wenige Orientierungspunkte gesetzt hat.

Doch, langjährige Praxis liefert dem Designer bewährte Vorbilder. Sogenannte
Arbeitsplatzsysteme gibt es seit über acht Jahren und damit Erfahrungen mit
hochauflösenden Bildschirmen, Fenstertechnik, ikonischen Menüs, etc. Bahnbrechende
Arbeit an Bürosystemen, ihren Funktionen und ihrer Bedienung wurde bereits vor über
fünfzehn Jahren geleistet, so im Augmentation Research Center von SRI International.
Interaktion wird in den meisten modernen Arbeitsplatzsystemen auf ähnliche Weise
praktiziert. Die Technik scheint heute einem breiten Spektrum an Benutzern und
Aufgaben gerecht zu werden.

Trotz aller Empirie bleibt eine lange Reihe von Designfragen offen. Können wir, zum
Beispiel, die Vielfalt der Kommandos auf wenige, leicht erlernbare reduzieren?
Lassen sie sich abhängig vom Arbeitskontext interpretieren? Wie sind die
Interaktionsformen des Deutens, Tastens und Sprechens besser zu integrieren? Können
wir dem Benutzer Information nach Form und Inhalt gerade so präsentieren, daß sie dem
Verwendungszweck entspricht?

Viele solcher Fragen fallen nicht mehr nur in das Gebiet der 'klassischen'
Ergonomie. Der Schwerpunkt der Designproblematik verschiebt sich offensichtlich,

doch in welche Richtung? Hier ist ein Versuch, den Trend zu deuten. Wir glauben, daß sich dem Designer in zunehmendem Maße die Aufgabe stellt, Verhaltensweisen zu modellieren, d.h. das Verhalten eines Computersystems gegenüber den Benutzer.

2. Neue Herausforderungen für den Designer

Um die Problematik der Verhaltensmodellierung zu verdeutlichen, greifen wir das Beispiel der 'Reiseberatung' wieder auf - allerdings in einer etwas verfremdeten Form, die die Phantasie des Lesers voraussetzt. Der Leser folge uns in ein fiktives 'computerisiertes' Reisebüro, um eine Handlung zu beobachten, an der mehrere Akteure beteiligt sind. Diese Akteure zeigen ein Verhalten, das wir in Computersystemen wiederfinden wollen, wenn auch in einer um vieles weniger spektakulären und überzeichneten Form.

Thema der Handlung: Die nächste Ferienreise

Die Beteiligten: ein Organisator

                  ein Butler

                  ein Pädagoge

                  ein Animateur

                  ein Sachverständiger

                  ein Detektiv

                  ein Unbekannter

Alle Akteure bis auf den Unbekannten werden von einem Computersystem realisiert. Sie können einzeln und zu mehreren auftreten. Der Unbekannte ist ein Mensch; er will sich beraten lassen. Die Szene ist auf einem Bildschirm dargestellt. Jeder Akteur spricht durch ein 'Fenster' und drückt sich in grafischen Symbolen aus.

Der Designer legt einerseits die Sprache, Symbole und Gegenstände der Szene fest. Dies ist seine traditionelle Aufgabe. Die Gestaltung der 'Oberfläche des Systems' ist von großer Bedeutung für die Effizienz der Kommunikation mit dem Unbekannten, wird aber hier nicht weiter betrachtet. Der Designer legt anderseits das Verhalten fest. Dieser großenteils neuen Aufgabe gilt unser Interesse. In unserem Fall verhalten sich die Akteure dem Unbekannten gegenüber folgendermaßen:

Der Organisator

Er zerlegt die schwierige oder umfangreiche Aufgabe der Beratung und Vertrags-gestaltung in Teilaufgaben; bestimmt die Reihenfolge ihrer Bearbeitung oder macht zumindest Vorschläge dafür; verlangt Meldungen über Beginn und Abschluß der Bearbeitung von Teilaufgaben und führt Buch darüber; macht den aktuellen Stand der Arbeit transparent, nennt Erledigtes und was noch zu erledigen ist.

Der Sachverständige

Er weiß Antwort auf alle Sachfragen, gibt Auskunft im angemessenen Umfang und in angemessener Genauigkeit; er zeigt an, wo seine Kompetenz nicht mehr ausreicht; versucht unscharf formulierte Anfragen sinnvoll zu interpretieren; weist auf falsche Annahmen seines Gesprächspartners hin; kann seine Aussagen rechtfertigen.

Der Detektiv

Er betrachtet die Beratung des Unbekannten als Problemlösungsprozess; widmet sich der Auflösung von Widersprüchen, die in den Vorschlägen und Gegenvorschlägen von Berater und Beratenem stecken. Neue Vorschläge werden zu diesem Zweck erzeugt, alte präzisiert, verallgemeinert oder eliminiert. Der Detektiv hat Erfahrungen über geschicktes Vorgehen.

Der Pädagoge

Er weiß um die üblichen Verständnisschwierigkeiten, die mit Begriffen, Symbolen und Verfahrensweisen des Sachgebietes zusammenhängen; weist zur Vorsicht auf Schwierigkeiten hin; erklärt auf Anfrage; berücksichtigt die kognitiven Schwächen des Menschen (z.B. Vergeßlichkeit) und weist auf Spielregeln des Dialogs hin. Er kann einen Problemfall am Beispiel erklären und wiederkehrende Probleme trainieren.

Der Animateur

Er motiviert und unterhält, kritisiert, ermuntert, belohnt und bringt Bewegung ins Spiel (Animation); er wählt die geeignete Form der Präsentation und bemüht sich um Anschaulichkeit, nicht zuletzt durch Metaphern wie in diesem Beispiel.

Der Butler

Ist der gute Geist hinter den Kulissen; bereitet anfangs die Szene vor mit passenden Objekten; bringt während des Dialogs Wichtiges in den Vordergrund und richtet die Scheinwerfer darauf; räumt Unwichtiges in den Hintergrund; 'räumt ab' bei Unterbrechungen, 'deckt neu' bei Fortsetzungen. Er merkt sich die Vorlieben und Gewohnheiten des Unbekannten. Seine Dienste sind darum besonders von Stammkunden zu schätzen: der Butler nimmt Routinearbeiten ab.

Bevor wir die Szene verlassen zugunsten einer mehr technisch orientierten Modellvorstellung, noch ein Caveat.

Die Rollen sind nur soweit ausgeführt, daß die Problematik des Designs von 'Systemverhalten' deutlich wird. Die Rollen sind weder prototypisch noch frei von Überlappungen. Eine andere Rollenaufteilung läßt sich denken, Rollen können entfallen und weitere hinzukommen (z.B. ein Übersetzer). Von den einzelnen Rollen kann insbesondere nicht auf einen entsprechenden Aufbau eines technischen Systems geschlossen werden.

Obwohl Techniken wie sie etwa für Computerspiele oder Expertensysteme eingesetzt werden, erste Abschätzungen zulassen mögen, kann über Realisierbarkeit, Wirtschaftlichkeit und Akzeptanz an dieser Stelle nichts ausgesagt werden. Zweifellos wäre ein Designer gegenwärtig schlecht beraten, wollte er ein System realisieren, das das Verhalten aller genannten Akteure umfaßt.

3. Ansätze zu einem Verhaltensmodell

In diesem Ansatz zu einem Modell werden wir ausschließlich Verhaltenseigenschaften betrachten, d.h. Eigenschaften, die sich während der Interaktion beobachten lassen. Die Skizze des Modells bietet nur grobe Umrisse; wir sind weit davon entfernt, das Modell unter Aspekten der Vollständigkeit und Konsistenz zu diskutieren. Wenn es gelingt, die Designproblematik besser zu verstehen, hat die Skizze ihren Zweck erfüllt.

3.1 Idealisierungen

Wir gehen zunächst davon aus, daß immer nur zwei Systeme an einer Interaktion beteiligt sind. Die Systeme bezeichnen wir als Agents. Wir abstrahieren von der Art ihrer Implementierung und differenzieren nicht zwischen Mensch-Computer- und Computer-Computer-Interaktion. Damit bleiben viele Randbedingungen außer Betracht: die Leistungsfähigkeit von Übertragungskanälen, Effektoren und Sensoren (z.B. Auge, Ohr), das Fassungsvermögen von Speichern (Kurzzeitgedächtnis), und die Speicherqualität (Vergessen). Diese und weitere Idealisierungen sind später zu korrigieren.

Interaktion basiert hier auf dem Austausch von Botschaften; ihre Übertragung funktioniert zuverlässig. Wir abstrahieren von der Sprache, in der eine Botschaft ausgedrückt ist. Sie kann in Deutsch, einer anderen natürlichen oder künstlichen Sprache formuliert sein. Die Agents, mit denen wir es zu tun haben, gehören zu einer Gemeinschaft, in der eine Sprache verbindlich und akzeptabel ist.

In unserem Modell spielen sozial geprägtes Individualverhalten und somit Alter, Geschlecht oder persönliche Überzeugung keine Rolle. Innerhalb einer Gemeinschaft gilt jedoch eine wichtige soziale Norm: die Vorschrift kooperativen Verhaltens. Das Modell kennt darüberhinaus weder Anfänger noch Fortgeschrittene und unterscheidet keine Abstufungen der Kompetenz.

Zwei Agents interagieren immer in einer klar definierten Rollenbeziehung. Im Beispiel der Reiseberatung gibt es etwa die Beziehungen Auftraggeber - Auftragnehmer, Berater und Beratener. Damit seien die Themen (Universes of Discourse (UoD)) festgelegt, über die gesprochen werden kann, so z.B. die Kataloginformation während der Beratung und der Vertragsgegenstand während der Buchung. Die Art, wie über ein Thema geredet wird, folgt einer Diskursvorschrift. Beginn, Ende und Verlauf der Diskurse und damit der Interaktion sind darin definiert.

3.2 Anforderungen an das Verhalten von Agents

Eine Botschaft wird von einem Agent als Sprechakt und damit als Handlung bzw. Verhalten interpretiert. Er kennt einige Typen von Sprechakten, z.B. Vorschlagen, Festsetzen, Auffordern, Versprechen. Wenn er einen Sprechakt durchführt, gibt er explizit dessen Typ an sowie was als Referenz bzw. Prädikation der Proposition zu interpretieren ist. Gemäß den Spielregeln kooperativen Verhaltens werden Sprechakte wörtlich und nicht im übertragenen Sinne gemeint. 'Ich will nach Honolulu' bedeutet damit nicht 'ich will an einen fernen, exotischen Ort'.

Agents verhalten sich immer entsprechend ihrer Rolle wobei einige generische Rollenbeziehungen jedem Agent bekannt sind, wie Auftraggeber - Auftragnehmer. Innerhalb seiner Rolle erfüllt er Verpflichtungen gemäß seiner Expertise, z.B. Beraten, Vertragschließen, Buchen. Dabei bewegt er sich innerhalb des zugehörigen UoD.

Jeder Agent beherrscht einige generische UoDs, etwa zur Synchronisation der Rollen, zum Erteilen eines Auftrags, zum Bericht über ein Ergebnis, zum Beschreiben seiner Expertise. Innerhalb eines UoD kennt der Agent die Bedeutung eines Sprechakttyps. So bedeutet 'Vorschlagen' im Kontext einer Vertragsverhandlung, daß ein Gegenvorschlag zulässig ist, was bei 'Festlegen' nicht der Fall ist. Innerhalb der Rolle verhalten sich Agents kooperativ: eine Information, beispielsweise, fordert er nur an, wenn er sie braucht und glaubt, daß sein Partner die Information hat.

Innerhalb eines UoD halten sich Agents an das Protokoll der Interaktion, an die Diskursvorschrift. Auf eine Anfrage hin seien nur folgende Reaktionen zulässig: die Antwort ist wie folgt ...; die Frage kann in der gegenwärtigen Situation nicht gestellt werden; die Frage kann nicht beantwortet werden, weil ... Kooperatives

Verhalten verpflichtet. Geht ein Agent bei einer Frage oder Aufforderung erkennbar von falschen Voraussetzungen aus, muß ein Partner diesen Sachverhalt anzeigen. Ist eine Anfrage mehrdeutig, jedoch interpretierbar, muß der Befragte eventuelle Annahmen explizit machen. Wünsche eines Partners, in einen anderen UoD zu wechseln, werden nach Möglichkeit erfüllt.

Alle Agents kennen einige generische Diskurse, so den Diskurs des Erklärens, des Begründens, des Sich-Identifizierens, des Wechselns von UoDs und des Redens über den Dialogverlauf.

Ein Agent kann nach bestimmten Konventionen Begriffe erklären, ausgehend etwa von den Symbolen, die in Sprechakten verwendet werden. Mittel der intensionalen, extensionalen und ostensiven Beschreibung stehen zur Verfügung. Insbesondere werden Begriffe durch andere Begriffe und Relationen zwischen Begriffen erklärt. Dazu sind generische Relationen zwischen Begriffen bekannt, z.B. Abstraktions-, Bestands-, Instrumental-, Temporalrelation.

Gleichermaßen zählen einige kategoriale, kontextunabhängige Konzepte zum allgemeinen Vorwissen: Agent, Ereignis, Relation, Plan, Akt sind Beispiele dafür. Dazu kommen generische Begriffe, wie Vertrag, Vertragsnehmer und Unterschrift, deren Bedeutung vom UoD abhängen kann. Welches Vorwissen ein Agent bei einem Partner voraussetzen kann, ist damit weitgehend festgelegt.

Weiterhin gibt es Konventionen, nach denen ein Agent geplante oder durchgeführte Handlungen begründen kann. Pläne können durch die Rolle und Verpflichtung eines Agents wie auch durch die sachlichen Voraussetzungen für Handlungen begründet werden. Annahmen werden durch die Art der Herleitung aus anderen Annahmen plausibel gemacht. (Der Beitrag von Danzer-Kahan und Suda in diesem Band enthält dazu einen Vorschlag zu einem Argumentationsschema.)

4. Abschließende Bemerkungen

Mit diesen wenigen Beispielen ist die Thematik, die von Verhaltenspflichten und Verhaltensweisen handelt, nicht erschöpft. Nicht nur Details sind offengelassen. Es ist noch unklar, ob wir die richtigen Begriffe gefunden haben, um die Probleme darzustellen. Über die Gewichtigkeit der Probleme ist nichts ausgesagt. Selbstverständlich sind uns auch bezüglich der genannten Anforderungen praktische Grenzen gezogen. So wird ein Agent einen Handlungsplan einem Kunden anders als seinem Vorgesetzten offenlegen. Pläne können nicht bis zu einer beliebigen Detailstufe erklärt werden. Die Möglichkeiten, über Handlungen aller Art buchzuführen, sind begrenzt.

Wir hoffen, daß es trotz der skizzenhaften Ausführungen gelungen ist, die Problematik der neuen Designaufgaben zu verdeutlichen. Viele Konstituenten eines zukünftigen Modells, wie z.B. Sprechakt, Diskurs, Rolle, Kooperation, Erklärung, Begründung müssen in ihrem Zusammenhang noch genauer untersucht werden. Wegen des überwiegend spekulativen Charakters dieses Beitrags erscheint es uns nicht gerechtfertigt, Bezüge zur Fachliteratur anzugeben.

REISE NACH IRGENDWO

ANMERKUNGEN ZU EINEM REISE-BUCHUNGS-SYSTEM

Bernd Wingert
Kernforschungszentrum Karlsruhe GmbH
Abteilung für Angewandte Systemanalyse
Postfach 36 40, 7500 Karlsruhe

1. Vorbemerkung

Im Rahmen eines Projektes zum CAD-Einsatz im Maschinenbau [1]) entstand die
Notwendigkeit, sich mit Techniken der "Künstlichen Intelligenz" auseinanderzusetzen, da
in Zukunft solche Systeme auch im Konstruktionsbereich zum Einsatz kommen könnten.
Im nachfolgenden Beitrag wird der von der Vorbereitungsgruppe erarbeitete Systemvorschlag als Argumentationsfolie herangezogen, um einige grundsätzliche Argumente zu entwickeln. Dabei wird der Standpunkt eines Laien-Psychologen bezogen, der sich in eine - im
Falle des Autors allerdings künstliche - Situation der Naivität begibt, damit auch voraussetzt, er müsse, als Laie, das vorgeschlagene System benutzen können. [2]) Diese Annahme
könnte sich gerade als die nicht zukunftsweisende herausstellen, denn die Nutzung eines
computerunterstützten Reise-Buchungs-Systems wäre für den professionellen Fall (Reise-
kaufmann) vermutlich ergiebiger und sinnvoller (vgl. den Beitrag von Bösser zu einigen zu
diesem Vergleich wichtigen Fragen der Lerngeschichte der beiden Benutzerkategorien).

2. Nutzungsvorteile über eine Kontext-Bereinigung?

Jedes computerunterstützte Planungssystem muß es sich gefallen lassen, mit herkömm-
lichen Praktiken verglichen zu werden. Nutzungsvorteile wird ein solches System erst dann
zugesprochen bekommen, wenn nicht nur die Verluste zu den konventionellen Prozessen
wettgemacht werden, sondern darüber hinaus zusätzliche Vorteile entstehen.

Der normale Prozeß der Buchung einer Reise besteht heute noch darin, in ein Reisebüro zu
gehen. Man betritt als Reisewilliger einen meist gut ausgestatteten Raum. Am Tresen halten sich je nach Tageszeit einige Kunden auf. Man nimmt die nicht umsonst grafisch sehr
professionell gemachten Plakate wahr, tritt also insgesamt durch Räumlichkeit, Bilder, ge-
schäftigen Lärm und Leute in eine bestimmte Atmosphäre ein, die stimulierend wirken
kann und sich, durchaus legitim, bedürfniserweckend und geschäftsfördernd auswirken
soll. Wird dieser Prozeß zum Gegenstand einer computerunterstützten Planung gemacht,
der wohl - für den Laienbenutzer - über Fernsehapparat und Btx-Anschluß im heimischen

Wohnzimmer abläuft, dann wird notwendig eine Bereinigung des sozialen Kontextes vorgenommen:

- Es entfällt die soziale Darstellung von Bedürfnissen und Wünschen, die sich recht grob äußern kann, etwa wenn der Kunde längere Zeit darauf warten muß, bis ein Angestellter frei wird, die aber auch eine schwingungsempfindliche Dynamik auszulösen vermag. So muß bei einer Bestellung per Bildschirm die Sehnsucht nach ganz fernen, esoterischen Urlaubszielen nicht mehr verheimlicht werden, die sich in einem zaghaften Erkundigen äußern kann, wie man von Chile aus nach Feuerland gelangen könnte. Eine Frage an den Angestellten, ob er denn selbst schon dort gewesen sei und ob es ihm gefallen habe, wird dem Reiselustigen am Bildschirm gewiß nicht mehr einfallen. Selbstverständlich hat der soziale Kontext auch restriktive Züge. Momente der sozialen Behauptung werden dem Reisewilligen etwa dann abverlangt, wenn er sich nach Möglichkeiten zum Radfahren in der Lüneburger Heide erkundigt, während der Kunde neben ihm eine Tigges-Südamerika-Rundreise bestellt. Oder wenn unser Kunde eben dies selbst tut und er dem Mienenspiel des Angestellten entnehmen kann, daß dieser angesichts der nachlässigen Kleidung und des wenig förmlichen Habitus seines Kunden leichte Zweifel an der Bonität hegt und die Bedienung in der kaum verborgenen Einstellung vornimmt, dieses Mal wohl eine Beratung ohne die Chance einer Buchung leisten zu müssen.

- Es entfällt in der computerunterstützten Version auch die Diversität und Fülle der Informationsmöglichkeiten; sie werden bestenfalls auf eine lange Reihe von Alternativen in einem menügesteuerten Dialog zurückgeschnitten. Die Präsentation von Bildern steht zwar in Aussicht, dürfte sich aber zumindest solange verbieten, wie ein über Btx angebotenes Straßennetz kaum anders wie ein U-Bahn-Streckennetz gelesen werden kann. Freilich ist auch zu diesem Punkt zu ergänzen, daß die Reichhaltigkeit der Information in sozialen Situationen nicht nur stimulierend, sondern gleichzeitig desorientierend wirken kann. So wird einem, der ohne festen Vorsatz das Reisebüro betritt, angesichts der unzähligen Möglichkeiten, Urlaub zu machen, u.U. leicht abhanden kommen, wohin er denn wollte.

- Die computerunterstützte Buchung enthält schließlich noch ein interessantes soziales und rechtliches Problem: Das Commitment, das der Kunde im konventionellen Falle mit seiner Unterschrift unter einen Vertrag dem Angestellten (und sich selbst) dokumentiert, reduziert sich im Computersystem auf einen neutralen Wahlakt zwischen verschiedenen Alternativen, etwa: "Bitte um Unterlagen"; "Im Moment keine Buchung"; "Bitte um Buchung". Die ehemals unter den Vertrag gesetzte Unterschrift, die die Rechtsgültigkeit sicherte, wandelt sich zu einer punktuellen Eingabe, deren Ernsthaftigkeit - Bedienungsfehler ausgeschlossen? - aus der Perspektive des Systems nie mehr als eine Unterstellung wird sein können.

Selbstverständlich ließe sich diese Beschreibung noch bunter ausmalen, ließe sich vielleicht sogar die Ausblendung des sozialen Kontextes zu einem kulturpessimistisch getönten Wehklagen über den Verlust von Sozialität in unserer computerbetonten Zeit stilisieren. Die

Frage, die man sich als Programmentwickler stellen muß, lautet aber recht prosaisch: Bringt ein solches System dem - hier angenommenen - Laien-Benutzer wirklich Vorteile? Soll dem Trend eines Zurückdrängens sinnlicher Erfahrungen, der mit der zunehmenden Durchdringung auch alltäglicher Geschäfte mit allerlei Computerleistungen verbunden ist, mit einem solchen System ein weiterer Impuls aufgesetzt werden?

3. Kriterien-Konkretisierung oder Schema-Fitting?

Wer wollte den Systementwickler in seinem Geschäft beneiden? Wie soll er sich die fast endlose Vielfalt möglicher Urlaubsziele, -wünsche und -modalitäten verfügbar machen und benutzergerecht aufbereiten? Man kann sich dieses Problem so zurechtlegen, daß es darauf ankomme, durch ein System vielfältig geordneter Kategorien einen Weg derart zu definieren, daß einer, der über sein Urlaubsziel noch nichts weiß, nach Möglichkeit in eine Situation gelangt, in der er zu einem konkreten Angebot Ja oder Nein sagen kann.

Eine solche Modellvorstellung ist aus der Systemperspektive durchaus konsequent. Selbstverständlich handelt es sich für das System bei dem Übergang von einem Zustand "noch keine Festlegung" zu "Alternative ausgewählt" um einen Vorgang der Konkretisierung, der durch Kriterien gesteuert werden soll. Dieser Logik der schrittweisen Einengung und Festlegung folgt das System. Die Frage ist, ob dies dem Muster entspricht, wie Ferienziele ausgewählt werden, oder ob auch im computerunterstützten Falle andere Varianten denkbar sind.

Nun handelt es sich selbstverständlich bei dem Versuch, den Prozeß der Urlaubsplanung zu beschreiben, um einen Vorgriff auf die Empirie, also eine Hypothese. Dennoch halte ich vor allem zwei Modalitäten für ausschlaggebend, die beide als eine Art schematischer Orientierung aufgefaßt werden können. Die erste Variante könnte man als ein geographisches Schema bezeichnen, z.B. mit folgenden Fällen:

- Mein Reiseziel ist mir relativ konkret bekannt (Kann ich in der Nähe von Schonach auf einem Bauernhof Urlaub machen?).

- Mein Reiseziel ist nur regional umrissen (Welche Möglichkeiten gibt es an der Nordwest-Küste von Seeland (Dänemark), Ferienhäuser zu mieten?).

- Mein Reiseziel ist nur ganz grob umrissen (Stellen Sie mir doch bitte mal eine Frankreich-Rundreise für zwei Wochen zusammen!).

Analysiert man diese Beispiele, dann zeigt sich, daß jeweils ein Ortswunsch, der mehr oder wenig fest umrissen ist, mit weiteren Optionen gepaart ist, so hinsichtlich der Art des Urlaubs und implizit der Zeit. Ort, Modalität und Zeit scheinen also die übergeordneten Komponenten zu sein, die ein Urlaubs-Schema konstituieren. Insofern könnte man folgende Varianten annehmen:

- Der Urlauber weiß, <u>wohin</u> er will. Es soll z.B. Frankreich sein. Aber da er dort schon fast alles gesehen hat, sucht er nach einem ausgefallenen Angebot (Wandern im Zentralmassiv mit Übernachtung bei alternativen Projekten, nebst einer Woche Spinn- und Webkurs?).

- Der Urlauber weiß, <u>wie</u> er Urlaub machen will (z.B. Bergsteigen, Surfen, Skifahren, Wandern etc.), hält sich aber den Rest an Randbedingungen offen.

- Der Urlauber weiß, <u>wann</u> er Urlaub machen kann, ist aber sonst, da touristisch beschlagen, für jedes Abenteuer offen. Er sucht lediglich für die Osterwoche noch eine "passende" Gelegenheit.

Nun könnte man diese Fragen, die im vorgeschlagenen System übrigens in den Menüs 3 und 4 auftauchen, auch als Einstieg verwenden, um dann den Benutzer durch die Aufreihung der anderen Gesichtspunkte schrittweise zu jener Konkretisierung zu führen, die das System als Antwort benötigt. Damit wäre aber wiederum das Muster der Handlungsplanung zerstört. [3]) Denn es wurde die Hypothese aufgestellt, daß Reiseplanung nicht als eine Konkretisierung mittels Kriterien vorzustellen sei, sondern als ein Einpassen von Angeboten in ein (Urlaubs-) Schema. Der Systemvorschlag enthält nun tatsächlich eine Möglichkeit, die der alltäglichen Handlungsplanung abgeguckt ist, nämlich die "Beispielkonstruktion". Als Einstieg wählt der Benutzer ein mehr oder weniger komplexes Beispiel (z.B. die o.g. Fragen), zu dem er sich mehr oder weniger ähnliche Beispiele vom System geben lassen kann. Diese Variante ist von den derzeitigen Möglichkeiten her die beste Näherung an den hier hypostasierten Planungsprozeß. Allerdings muß ein Unterschied gesehen werden.

Bei der computerunterstützten Beispielkonstruktion erhält der Vorgang starke Momente der Selbstdiagnose (vgl. die Eingangsfrage in der vorgelegten Fassung des Systems), die im "natürlichen" Prozeß zwar keineswegs gänzlich fremd wären, doch nicht in dieser Aufdringlichkeit zum Vorschein kommen. Diese Eigentümlichkeit hängt mit zwei Umständen zusammen: Zwar weiß der Benutzer einiges über seinen Urlaub, doch muß dies dem System erst mitgeteilt werden. Diese Wechselwirkung zwischen eigenem, u.U. implizitem Wissen und - für das System - zu explizierendem Wissen teilt diese Anwendung mit anderen Computeranwendungen. Zum anderen rührt die Tendenz zu einer Selbst-Diagnostik von der beschränkten Kanalkapazität des Systems her, die die Möglichkeiten des Benutzers zur Simultanverarbeitung einschränkt. Den Reisekatalog kann man in schneller Folge und an beliebigen Stellen aufschlagen, um die Angebote auf ihr "fitting" durchzumustern. Bei einer Computerbenutzung muß dies in eine konsekutive Ordnung gebracht werden, übrigens auch beim sog. "freien Stöbern", bei dem ich zumindest darin nicht frei bin, als angegeben werden muß, wohin ich will (sc. im Informationssystem).

4. Problemlösung oder Bedürfnisartikulation?

Wenn nun die Reiseplanung nur in einem eingeschränkten Sinne als ein Konkretisierungs-
prozeß vorgestellt werden kann, ist sie dann wenigstens ein Problemlösungsprozeß? In der
theoretischen Begründung des Systemvorschlages wird dieser Standpunkt des "Problemlö-
sungs-Paradigmas" ausdrücklich bezogen. So wird angenommen, daß der Dialog (vgl. unten) zwischen Benutzer und System "... eine Sequenz von Hypothesenformulierungen und
-überprüfungen" sei. Nun liegt die Schwierigkeit dieses Paradigmas zum einen im Problem-
begriff, zum anderen im Hypothesenbegriff. Hypothese ist häufig nicht mehr als das, was
der externe Beobachter (hier der Systementwickler) glaubt, dem Benutzer berechtigterwei-
se als Handlungsannahme unterschieben zu dürfen. Der Nachweis der Berechtigung kann
schwierig und langatmig werden. Deshalb sei an dieser Stelle ohne weitere Erläuterung eine gegenteilige Modellvorstellung vorgeschlagen: Urlaubsplanung richtet sich zunächst
einmal nach dem Paradigma der Bedürfnisexplikation und -artikulation. [4] Im Sinne der
Problemlösungstheorie gibt es gar keine beste Lösung; es gibt vielmehr mehr oder weniger
befriedigende Fälle der Befriedigung oder der Instantiierung einer Bedürfnisorientierung.
Auch stellt sich die Frage, inwiefern überhaupt von einer "Lösung" gesprochen werden
kann. Der bedürfnisorientierte Sachgehalt muß wohl bei einer aus dem sozialen Kontext ge-
lösten Urlaubsplanung unberücksichtigt bleiben. Führt mithin die Computerunterstützung
von Planungsprozessen (der vorgestellten Art) nicht notwendig zu einer "Kognitivierung",
die mit dem ursprünglichen Prozeß nichts oder nur wenig zu tun hat?

Selbstverständlich gibt es <u>im Rahmen</u> von Urlaubsplanungen auch Probleme zu lösen, etwa
der folgenden Art: Kann man heute in Nordthailand noch einen Ausflug zu den Karen machen, ohne zwischen die Guerilla-Fronten zu geraten? Ist es sinnvoll, für Java eine Reso-
chin-Prophylaxe durchzuführen? Gibt es in Acapulco noch kleine Hotels mit Patio und Pal-
mengarten oder muß man in jenen Hotelburgen mit den unausweichlichen schnupfenför-
dernden Klimaanlagen nächtigen?

5. Dialog oder Monolog?

Es ist heute üblich geworden, auch den nur bescheidenen Ansprüchen genügenden Informationsaustausch zwischen einem Benutzer und einem Computersystem als "Dialog" zu bezeichnen, sofern nur nach einem bestimmten Schematismus Fragen und Antworten ge-
wechselt werden. Stellt man sich auf den Boden eines konsequenten Informationsverarbei-
tungsansatzes, dann ist dieser Sprachgebrauch zwar folgerichtig, wenngleich nicht gerade
erkenntnisfördernd. Denn wenn schon Kommunikation - so möchte man einwenden - dann
doch bitte zwischen demjenigen, der bestimmte Reaktions- und Antwortmöglichkeiten im
System plant und festlegt (Entwickler) und demjenigen, der diese Möglichkeiten - mehr
oder weniger planentsprechend - nutzt. Macht man sich einen Gedanken von Kupka, Maaß
und Oberquelle [5] zu eigen, nach dem die von einem Computersystem abgewickelten Routi-
nen als im vorhinein geplante und delegierte Aufgabenbearbeitungen zu verstehen sind,

dann gibt es <u>mit</u> dem System keine Kommunikation, weil das Worüber und Wie der Kommunikation - wenn auch in zuweilen weiten Grenzen - festgelegt ist. [6])

Damit sind bereits zwei Dialog-Konzepte umrissen, nämlich einerseits Dialog als - im Extrem unzusammenhängende - Abfolge von Informationseinheiten, andererseits als Informationsaustausch nach einem übergeordneten und festgelegten Plan (Programm als Rollenskript). Als Laienpsychologe würde man gerne eine dritte Variante ergänzen. Sprechen wir in einem alltäglichen Zusammenhang von "Dialog", dann zeichnen wir damit eine besondere kommunikative Situation aus, die sich von dem normalerweise geübten Hin und Her von Informationen, die wir freilich auch austauschen müssen, abhebt und durch Momente des Neuen, des Unerwarteten und der Überraschung gekennzeichnet ist. Dialog bedeutet damit immer auch eine Offenheit und ein Sich-Einlassen gegenüber Unerwartetem, somit untrennbar mit der Gefahr der Enttäuschung verknüpft. Fehlt solche Offenheit, fehlt ein wesentliches Merkmal von "Dialog".

Nun kompliziert sich die Sachlage insofern, daß man dem Informationsaustausch den "Dialog" (im hier verstandenen Sinne) nicht ansehen kann. "Dialog" ist - ähnlich wie Handlung - ein Interpretationskonstrukt. Man ist geneigt zu argumentieren, daß damit Dialog kein objektiver Tatbestand sei und insoweit den Systementwickler als "Informationsaustausch-Planer" nicht zu interessieren braucht. Dieses Argument wäre aber verkürzt, weil schon die Planungsziele, die sich der Entwickler selbst vorgibt, und die Benutzerannahmen, die er für zutreffend hält, keinen anderen Status haben, eben auch nur Benutzer-Interpretationskonstrukte sind.

Der Dialogcharakter braucht selbstverständlich nicht auf beiden Seiten erfüllt zu sein, ja es scheint gerade ein Beleg für die Anfälligkeit und Zerbrechlichkeit dieser besonderen kommunikativen Situation, daß "Dialog" eine primär einseitig vorgenommene Interpretation ist, deren angenommene Entsprechung beim Gegenüber nur durch sehr verwickelte Rückkopplungen (wenn überhaupt) zustandekommt. Folgt man diesem Ansatz, dann kann nicht verwundern, daß zwar ein Benutzer in die Annahme verfallen kann, "der Computer" führe einen Dialog mit ihm (vgl. Weizenbaums Beispiel). Nie und nimmer ist aber denkbar, daß ein Computersystem zu der Annahme gelangen könnte, der Benutzer führe "jetzt" im Unterschied zu vorausgegangenen Sequenzen des Informationsaustausches plötzlich einen "Dialog" mit ihm.

Wenn aber die Analyse richtig ist, daß <u>mit</u> einem Computersystem (qua Programm) Dialog (im hier verstandenen Sinne) nicht möglich ist, dann ist es vernünftig, nicht so zu tun, als ob es sich um einen Dialog handele. Das kommunikationstheoretische Paradigma für die Interaktionsplanung wäre also nicht der Dialog (als Informationsaustausch), sondern der Monolog. Weniger pointiert formuliert: Der Benutzer soll mit Hilfe des Computersystems eine <u>ihm</u> gestellte Aufgabe auf <u>seine</u> Weise lösen. Folgt man einem solchen "Monolog-Paradigma", dann ergeben sich Konsequenzen für den Systemplaner und -entwickler. Er hat nicht mehr die Aufgabe, dem Benutzer mit allerlei Tricks ein Partnerbild vorzugaukeln, das letztlich über die Responsivität eines Spiegelbildes nicht hinausgelangen kann. Er soll sich nicht anheischig machen, den alltags- und natürlich-sprachlichen Tonfall des Benutzers mit Wendungen wie "ich glaube ..." und "meinen Sie, daß ..." zu imitieren, die doch nur auf der Grundlage verwegener Subjektivitätskonstruktionen denkbar sind. Der Entwickler muß vielmehr davon ausgehen, daß der Benutzer - nachdem der Entwickler seine Finger aus dem Interaktionsplanspiel genommen hat - mit dem Computersystem alleine ist, und daß dieser, allein mit sich selbst, eine Lösung für seine Aufgabe, mit Hilfe des Systems, sucht. Obwohl damit noch keine Liste konkreter Aufgaben für den Systementwickler bereitsteht, auch keine Technik parat ist, wie es denn der Entwickler schaffen könnte, sich adäquat in die Perspektive des Benutzers und seinen Aufgabenkontext zu versetzen, so ergibt sich daraus zumindest eine Akzentverschiebung von der Selbsterklärung (des Systems) zur Schulung (des Benutzers). Die Vermittlung von Wissen darüber, was ein System leistet und für welche Aufgaben es eine Hilfe sein könnte, wäre damit der allererste Schritt jeder Computer-Benutzung. Eine solche Forderung liegt in der Erkenntnis begründet, daß das Ende der Rekonstruktionszyklen immer der Benutzer des Systems ist, nicht das System. Er nimmt die letzte Interpretation, die letzte Zurechnung, auch die letzte Meta-Kommunikation vor, und sei es in noch so haarsträubenden Anthropomorphismen - für den Computer-"Partner". [7])

6. Entwicklungsansätze

Der vorgelegte Systemvorschlag für das Reise-Buchungs-System enthält Merkmale, die es verdienen, auf dem Hintergrund der gewählten Perspektive des Laien-Psychologen und -Benutzers hervorgehoben zu werden:

- Das System erscheint in der dem Benutzer zugewandten Präsentation auch als System. Es tritt nicht im Gewande einer verqueren Subjektivität auf.

- Die bereitgestellten Alternativen im Vorgehen ("freies Stöbern", "Beispielkonstruktion") werden klar als Analogien zu tatsächlichen Situationen verstanden, ohne den Anspruch, diese ersetzen zu können.

- Der Interaktionsaufwand wird als wirklicher Aufwand gesehen, d.h. das Problem wird sichtbar gemacht, daß Handhabungsfertigkeiten zuerst erworben werden müssen, bevor der Benutzer seinen Nutzen aus dem System ziehen kann.

- Es wird schließlich ein Dialog-Protokoll angelegt, das dem Benutzer erlaubt, an alten Verzweigungen wieder anzusetzen, einen eingeschlagenen Konkretisierungsweg wieder zu verlassen, von einem Modus in den anderen zu springen. Doch sei hierzu eine letzte Frage erlaubt, weil sie eine unbeabsichtigte Folgewirkung einer Systembenutzung darstellen könnte: Muß man mir mit schonungsloser Offenheit zeigen, auf welch verschlungenen Pfaden ich schlußendlich an einem Reiseziel ankomme? Es könnte mir - wer hätte dies gewollt - das Reisen verderben.

<u>Anmerkungen und Literaturhinweise</u>

[1] Ergebnisse zu diesem Projekt finden sich in Wingert u.a.: CAD im Maschinenbau, Springer-Verlag 1984

[2] Der Beitrag wurde ursprünglich als Diskussionsbeitrag abgefaßt - und war auch so gemeint. Die nachträgliche Überarbeitung für eine Publikation sollte m.E. nicht soweit gehen, um die Diskussionsatmosphäre auf dem Workshop völlig herauszufiltern. Der Leser möge deshalb den gelegentlich ironischen Tonfall und den persönlichen Argumentationsstil nachsehen.

[3] Vgl. zu einem Paradigma der Analyse von Handlungsplanungen den Beitrag von Ackermann.

[4] Vgl. zu einem ähnlichen Argument den Beitrag von H. v. Benda.

[5] Vgl. Kupka, I., Maaß, S. und Oberquelle, H.: Kommunikation - ein Grundbegriff für die Informatik. Mitteilung Nr. 91 des Fachbereiches Informatik, Universität Hamburg, August 1981. Eine Weiterentwicklung dieses Kommunikationsmodells findet sich in Maaß, Susanne: Mensch-Rechner-Kommunikation - Herkunft und Chancen eines neuen Paradigmas. Bericht Nr. 104 des Fachbereichs Informatik, Universität Hamburg, Juli 1984

[6] Letztlich geht es bei dieser Frage um das Problem des Kontextes; vgl. das amüsante Beispiel einer Kontextverletzung nach dem Modell des ELIZA-Programms von Weizenbaum (in Bammé, A. u.a.: Maschinen-Menschen, Mensch-Maschinen. Reinbeck b. Hamburg: Rowohlt Taschenbuch 1983, S. 33): System: Hallo, ich bin Eliza, wo liegt dein Problem? - Benutzer: Der Rhabarber pokert leise. - Bist du gekommen, weil der Rhabarber leise pokert? - Ja und weil ich nicht Napoleon bin, usw.

[7] Vgl. zu diesem Aspekt der Perspektiven-Verschränkung den Beitrag von Staufer. In der Sprache der dort dargestellten Modelle lautet unser Argument, daß trotz der Vorplanung des Interaktionsverhaltens des Benutzers im "konzeptuellen Modell" des Systementwicklers das "mentale Modell" des Benutzers (vom System) jenes umfassen können muß.

FUNKTIONSVERTEILUNG IN MENSCH-COMPUTER-SYSTEMEN AM BEISPIEL REISEBERATUNG

J. Schiff
European Computer-Industry
Research Centre
Arabellapark, 8000 München 80

1.   Einführung

Dieser Beitrag entstand als spontane Reaktion von fünf Workshop-Teilnehmern auf das von Dirlich et al. entwickelte Reiseberatungs-Szenario (1.2). Nach unserer Auffassung wird dort das klassische ergonomische Prinzip einer adäquaten Funktionsverteilung in Mensch-Maschine-Systemen zu wenig berücksichtigt. Dies äußert sich in der versuchten Verlagerung zu vieler Berater-Funktionen auf den Computer. Insbesondere die Hilfe bei der Konkretisierung des Reisewunsches sollte dem psychologischen Verständnis eines menschlichen Beraters vorbehalten bleiben.

Unsere Gruppe hat versucht, eine Konzeption für ein Beratungssystem mit ausgewogener Funktionsverteilung zu entwerfen. Gleichzeitig haben wir überlegt, wie die Zusammenarbeit eines interdisziplinären Teams von Psychologen und Informatikern beim Design eines solchen Systems aussehen könnte. Da unser Beitrag spontan entstand, mußten wir uns dabei aus Zeitgründen auf eine Skizze beschränken.

Der Autor hat die Notizen der Gruppe nach Ende des Workshops überarbeitet und bemüht sich, sie in ihrer Form an die anderen Beiträge dieses Bandes anzugleichen. Der Inhalt ist das Ergebnis unserer gemeinsamen Diskussion. (K. Bickert, R. Günther, A. Müller, J. Schiff, B. Ulrich).

2.   Entwurf des Reiseberatungs-Systems

2.1 Grobstrukturen des Gesamtsystems

Wir strukturieren das System "Reiseberatung" in funktionale Phasen und Interakteure in diesen Phasen. Als funktionale Phasen sehen wir hier eine grobe Dreiteilung in "Vorplanung", "Konkretisierung" und

"Buchung". Nun analysieren wir die Funktionalität dieser Phasen und gründen darauf die Entscheidung, welche Interakteure überhaupt daran teilnehmen; dies ist die erste, grobkörnigste Anwendung unseres Prinzips einer möglichst angemessenen Aufgabenverteilung zwischen den Interakteuren. In den folgenden Absätzen werden jetzt vier Interakteure eingeführt.

Im Mittelpunkt unserer Überlegungen steht der "Kunde". Während der Vorplanung hat der Kunde nur ganz vage Vorstellungen von seinem Reisewunsch und will sich zu weiteren Ideen anregen lassen. Bei der Konkretisierung geht es darum, aus diesen Ideen eine grobe Reiseplanung zusammenzustellen, die dann bei der Buchung mit genauen Einzelheiten (Wahl des Hotels, des Reisedatums ...) ausgefüllt wird. Dabei können eine oder zwei dieser Phasen auch entfallen; der Einstieg in das System soll an beliebiger Stelle möglich sein, ebenso wie beliebige Sprünge innnerhalb oder zwischen den einzelnen Phasen.

Die Vorplanung kann man grob als freies Stöbern in einem Katalog sehen, die Buchung als Datenbank-Zugriff (z.B. Abfrage von Flugplänen, Eintrag einer Reservierung). Am diffizilsten ist offenbar die Zielkonkretisierung. Hier ist oft das psychologische Verständnis eines Beraters gefragt. Wir führen daher an dieser Stelle einen zweiten menschlichen Akteur ein, den "Berater". Jeder menschliche Berater hat aber nur ein begrenztes Domänen- (hier: Reise-) Wissen. In der heutigen Praxis gibt es daher z.B. Länder- oder Kreuzfahrt-Spezialisten. Hier bietet sich eine computerisierte Unterstützung durch Expertensysteme und/oder "intelligente" Datenbanken an. Als dritter Interakteur in unserem System erscheint also ein Computer als "Berater-Assistent".

Man könnte einwenden, daß wir uns mit der Einführung eines menschlichen Beraters in das System um die wirklich schwierigen technischen Probleme herummogeln, anstatt Ansätze zu ihrer Lösung aufzuzeigen. Demgegenüber glauben wir, daß wir mit dem daraus folgenden, technisch relativ maßvollen Forderungskatalog in einer Politik der kleinen Schritte eher die Grenzen des heute Machbaren erweitern können, als wenn unser System z.B. Dialoge mit dem Computer in gesprochener natürlicher Sprache erfordern würde.

Nun ist natürlich auch ein direkter Zugriff des Kunden auf den Berater-Assistenten denkbar. Das größte Hindernis dabei ist der Aufwand, der zum Erlernen der Bedienung eines leistungsfähigen und damit diffizilen Assistenten nötig ist. Eine einmalige Lernphase von viel-

leicht 14 Tagen erscheint hier noch zumutbar für den Berater, dessen
tägliches Werkzeug der Assistent dann sein wird. Anders beim Kunden,
der nur dann freiwillig einen Computer benützen wird, wenn er auf
Anhieb damit umgehen kann. Als "Kunden-Assistenten" nehmen wir daher
eine entsprechend stark abgemagerte Version des Berater-Assistenten.

In einer ersten Anwendung unseres Gestaltungsprinzips "Adäquate
Funktionsverteilung" haben wir somit unser System "Reiseberatung" in
drei funktionale Phasen mit insgesamt vier Interakteuren strukturiert.
Nun folgt eine erste Detaillierung dieser Grobstruktur, indem wir die
einzelnen Phasen genauer betrachten: wir legen fest, welche Interakteure jeweils daran beteiligt sind und weisen den Akteuren ihre Funktion innerhalb der Phasen zu; daraus ergeben sich dann Detailprobleme,
die von den System-Designern gelöst werden müssen.

2.2 Grobstrukturierung der einzelnen funktionalen Phasen

2.2.1 Vorplanung

<u>Beteiligte Interakteure</u>: Kunde / Kunden-Assistent

<u>Funktionsverteilung</u>:

Kunde
   Passivität bezüglich der Domäne (Reiseplanung), d.h. der Kunde will
   sich zunächst nur anregen lassen. Bedienungsnaivität bezüglich des
   Kunden-Assistenten.

Kunden-Assistent
   Eingeschränktes Leistungsangebot, nämlich nur "elektronisches
   Stöbern" ("browsing"). Dabei Benutzungsanreize für den Kunden durch
   Integration verschiedener Medien (z.B. Computer und Laser-Bild-
   platte). Möglichst weitgehende Anpassung an die Vorstellungswelt des
   Kunden, z.B durch den Rückgriff auf vertraute Orientierungshilfen,
   analog der "ikonenhaften" Darstellung eines Schreibtisches bei moder-
   nen Bürosystmen.

<u>Problemzuweisung innerhalb des Entwurfsteams</u>:

Psychologen
   Feststellen und Modellieren der vertrauten Begriffsvorstellung des

("typischen") Kunden, Bestimmung wirksamer Medien-Kombinationen unter
kognitiven Gesichtspunkten.

Informatiker
Formalisierung der von den Psychologen erarbeiteten Modelle zu einer
für den Computer geeigneten Repräsentation.

2.2.2 Konkretisierung

<u>Beteiligte Interakteure:</u> Kunde / Berater / Berater-Assistent

<u>Funktionsverteilung:</u>

Kunde
Unvollständige, nicht-explizite Bedürfnisartikulation in der (Reise-)
Domäne.

Berater
Einfühlungsvermögen in den Kunden, unvollständige Kenntnis von
Detailinformationen in der Domäne (z.B. Flugpläne, etc.) Erweiterte
Bedienungskenntnisse, aber dennoch unvollständige, nicht-explizite
Bedürfnisartikulation in der (Assistenten-) Bedienung (d.h., der
Berater kann sich darauf verlassen, daß sein Assistent "mitdenkt".)

Berater-Assistent
Detailkenntnis in der Domäne, Kooperativität in der Bedienung (intelligente Datenbank-Inferenzen, unaufgeforderte Hinweise auf interessante Alternativen). Vielfältige Präsentationstechniken.

<u>Problemzuweisung innerhalb des Entwurfsteams:</u>

Psychologen
Entwurf einer domänen-spezifischen Kommandosprache (z.B. mit geeigneten graphischen Symbolen und mnemonischen Abkürzungen) für den
Assistenten, um die Lernanforderungen an den Berater möglichst gering
zu halten.

Informatiker
Entwicklung einer domänen-spezifischen Wissensbasis mit einer Repräsentation, die für die angestrebte Kooperativität des Assistenten
geeignet ist.

2.2.3 Buchung

<u>Beteiligte Interakteure</u>: Kunde / Kunden-Assistent oder Kunde / Berater
/ Berater-Assistent

<u>Funktionsverteilung</u>:

Kunde
  Beinahe vollständige Bedürfnisartikulation in der Domäne (Trans-
  portmittel, Reiseziel und -termin sind bis auf kleine mögliche Änderungen gewählt), Bedienungsnaivität.

Kunden-Assistent
  Kooperativität (z.B. unaufgeforderter Vorschlag, einen Flugtermin
  wegen günstiger Tarife geringfügig zu verschieben), eingeschränkter
  Leistungsumfang und Bedienmöglichkeit (z.B. Dialogführung mit Menü).

Berater-Assistent
  Kooperativität, erweiterter Leistungsumfang und Bedienmöglichkeit
  (z.B. freie Eingabe-Reihenfolge, selbstgewählte Abkürzungen).

Berater
  Erweiterte Bedienkenntnisse.

<u>Problemzuweisung</u> innerhalb des Entwurfsteams: wie bei "Konkretisie-
rung".

2.3 Kooperation von Psychologen und Designern

Im vorangehenden Abschnitt haben wir den Entwurf eines exem-
plarischen Systems "Reiseberatung" nach dem Prinzip "Funktionsverteilung" skizziert. Da wir dabei das gesamte System betrachtet haben,
mußte diese Skizze im Rahmen des Workshops notgedrungen sehr oberflächlich bleiben. Es schien uns dabei aber sehr wichtig, daß eine weitere
Detaillierung und Konkretisierung mit mehr Zeit und Arbeitsaufwand auch
wirklich möglich schien: wir hatten das Gefühl, einen erfolgverspre-
chenden Weg eingeschlagen zu haben und nicht etwa in einem Morast zu
landen, wo jedes neue Detailproblem auf tiefer liegende Schwierigkeiten
deutet und neue, umfangreiche Grundlagenforschungen erfordert.

Während wir am Reiseberater-Beispiel arbeiteten und uns dabei selber beobachteten, fiel uns noch etwas auf: nicht nur das Beispiel-System, sondern auch unsere eigene Zusammenarbeit konnte man aus dem Blickwinkel der Funktionsverteilung betrachten! Nichts anderes war ja unsere "Problemzuweisung innerhalb des Designteams" - und den "funktionalen Phasen" bei der Reiseberatung entsprechen funktionale Phasen beim Systementwurf! Auch hier gibt es ja eine Vorplanung mit anschließender Konkretisierung (System-Implementation) und schließlich eine "Routine-Phase" nach Ende der eigentlichen Planung (man denke dabei auch an das "lifecycle" Konzept beim Software Engineering).

Das Rohkonzept, das wir gerade erarbeitet hatten, konnte man dabei der Vorplanung zurechnen, und unsere eigene Arbeitsweise war ein "freies Stöbern", ein lockeres Sammeln themenrelevanter Ideen. Als nächstes wäre dann eine Phase der Implementation erfolgt, in der Psychologen und Designer einander abwechselnd Anregungen und konkrete Aufgaben geben. Es wäre reizvoll gewesen, auch eine Analogie zum "Kunden-Assistenten" und "Berater-Assistenten" zu versuchen, nämlich wenn Psychologen und Designer jeweils mit verschiedenen Ansprüchen den Computer als Hilfsmittel bei ihrer Arbeit einsetzen.

Wir konnten all diese Ideen aus Zeitmangel nicht weiter verfolgen. Unter dem Strich blieb jedoch das Gefühl, daß das Prinzip "Funktionsverteilung" eine sehr mächtige Metapher ist, die geeignet ist, den Systementwurf in eine fruchtbare und erfolgversprechende Richtung zu lenken.

3. Schlußbemerkung

Wäre ein auf diese Weise entwickeltes System zur Reiseberatung wirklich menschengerecht? Das ist das Kriterium, das letzlich über den Wert unseres Ansatzes entscheidet. Wir können hier natürlich nur spekulieren; zumindest haben wir uns bemüht, dieses Ziel immmer im Auge zu behalten. Eines können wir aber sagen: unsere Zusammenarbeit hat uns Spaß gemacht - und das läßt uns hoffen, daß es auch anderen Spaß machen würde, mit dem Ergebnis unserer Arbeit umzugehen.

2 BENUTZERZENTRIERTE BEITRÄGE ZUR INTERAKTIONSPROBLEMATIK

Übersicht

Bösser (2.1) behandelt die Lernfähigkeit des Benutzers. Unterschiedliche Phasen des Lernprozesses erfordern unterschiedliche Formen der Systemunterstützung. Wesentlich für den Verlauf des Lernfortschrittes ist der situative Kontext der jeweiligen Computeranwendung, d.h., die Art der Arbeitsaufgabe, der Umfang des Vorwissens des Benutzers und das zu erwartende Ausmaß an Übung.

Niegemann (2.2) diskutiert Anwendungsmöglichkeiten für computerunterstützte Instruktionssysteme. Mit wachsender Verbreitung interaktiver Systeme steigt der Bedarf an selbsterklärenden Systemen bzw. Komponenten integrierter computerbasierter Instruktionssysteme. Eine zentrale Anforderung bei solchen Systemen ist ihre Adaptivität an die mit dem Lernfortschritt eintretenden Veränderungen der Leistungsfähigkeit des Benutzers.

Ackermann (2.3) untersucht interindividuelle Unterschiede beim Problemlösen. Die eingeschlagenen Lösungswege unterscheiden sich jedoch nicht unbedingt hinsichtlich ihrer Effizienz. Unterschiedliche Lösungswege entstehen durch unterschiedliche mentale Modelle des Benutzers.

Staufer (2.4) diskutiert den Einfluß mentaler Modelle des Benutzers auf das Interaktionsverhalten. Die Relationen der mentalen Modelle des Benutzers zu den konzeptuellen Modellen des Systemdesigners werden untersucht. Es wird dafür plädiert, die Systemgestaltung auf bereits bestehende Benutzermodelle auszudehnen. Außerdem werden Möglichkeiten aufgezeigt, einen Zugang zu den mentalen Modellen des Benutzers zu finden.

Schwatlo (2.5) stellt Probleme der empirischen Forschung zum Thema "mentale Modelle des Benutzers" vor. Dabei geht es vor allem um die methodischen Schwierigkeiten empirischer Forschung bei der Entwicklung von Gestaltungsanforderungen für die Mensch-Computer-Schnittstelle.

LERNANFORDERUNGEN ALS GESTALTUNGSGRUNDLAGE FÜR DIE MENSCH-MASCHINE SCHNITTSTELLE VON RECHNERN

Tom Bösser
Psychologisches Institut 2
- Allgemeine & Angewandte Psychologie -
Westfälische Wilhelms-Universität
Schlaunstr. 2   D-4400 Münster

ZUSAMMENFASSUNG

Wir befassen uns mit einem ausgewählten, unserer Ansicht nach jedoch wesentlichen Aspekt der 'Benutzerfreundlichkeit', den Lernanforderungen als Eigenschaft eines Rechner-Systems. Wir legen dar, daß die Beziehung zwischen der Leistung und den Eigenschaften des Systems nicht statisch ist, sondern vom Verlauf des Lernprozesses beim Benutzer abhängt. Das für die Aufgabenerfüllung beim Benutzer vorausgesetzte Wissen umfaßt aufgaben- und werkzeugspezifische Elemente. Sowohl der Umfang wie der Erwerb dieses Wissens kann durch Gestaltung der Mensch-Maschine-Schnittstelle (MMS) optimiert werden. Theoretische Ansätze und empirische Ergebnisse werden hinsichtlich dieser Fragestellung ausgehend von einer 'kognitiven' Sichtweise diskutiert.

DER BEGRIFF 'BENUTZERFREUNDLICHKEIT'

Der vage Begriff 'Benutzerfreundlichkeit' steht im Mittelpunkt der Diskussion um die Gestaltung der MMS bei Rechnern und rechnergestützten Systemen, ist jedoch eher als programmatische Aussage denn als wohldefinierte Eigenschaft der hard- und software von Rechnersystemen zu betrachten. Die grundlegende Voraussetzung für eine wissenschaftliche Diskussion des Problembereichs und für die Erarbeitung effizienter Methoden für Anwendungsfragen ist eine Explikation dieses Begriffs und damit eine Definition der Zielsetzung der wissenschaftlichen Bemühungen um die 'Benutzerfreundlichkeit'.

Was meint 'Benutzerfreundlichkeit? Ungefähr wohl, daß aufgrund von Merkmalen der Maschine der Benutzer nicht physisch geschädigt und ermüdet wird. Auf psychische Prozesse läßt sich diese Betrachtungsweise nicht leicht übertragen, da kognitive Leistungen nicht durch ein begrenztes Leistungspotential gekennzeichnet sind, das durch Ermüdung vermindert oder aufgebraucht wird. Als relevante Merkmale zur Charakterisierung der kognitiven Leistung des Benutzers in einem Mensch-Maschine System stehen im wesentlichen Fehlerhäufigkeit und die Leistung (pro Zeiteinheit) zur Verfügung. Mittelbar und über längere Frist wirksam sind weitere Prozesse, insbesondere die Motivation und die Entwicklung der Qualifikation betreffend, die mittelbar auf die direkt beobachtbaren Verhaltensmerkmale einwirken.

Die kognitiven Leistungen sind, wie zum Beispiel im 'model human processor' von CARD, MORAN & NEWELL (1983) zusammengefaßt, durch die Kapazität des Gedächtnisses und durch die Zykluszeit des kognitiven Systems begrenzt, sie sind weiterhin abhängig vom Verlauf von Lernprozessen. Von diesen 'resource-limited processes' grenzen wir 'data-limited processes' (NORMAN & BOBROW 1975) ab, die aufgrund des Umfangs der verfügbaren Information die Leistung einschränken, also nicht die vollständige Nutzung der kognitiven Fähigkeiten des Menschen ermöglichen.

Ein benutzerfreundliches System, das die Gesamtleistung des MMS hinsichtlich der aufgabenspezifischen Leistungskriterien (Mengenleistung, Fehlerrate) optimiert, minimiert also die Anforderungen an die kognitiven Leistungen des Benutzers durch Verminderung der Anforderungen an die Informationsverarbeitungsleistungen des Benutzers. Der Systemdesigner braucht Angaben darüber, wie mit dieser Zielsetzung dem Benutzer angemessene Information in geeigneter Anordnung und zeitlichem Ablauf anzubieten ist. Die Beschreibung eines benutzerfreundlichen Systems und die Identifizierung der kognitiven Leistungsgrenzen des Menschen sind also komplementär zueinander (SIMON 1981, HAUGELAND 1981).

DZIDA et al. (1978) haben durch Expertenbefragung eine Explikation des Begriffs 'Benutzerfreundlichkeit' versucht. Die Befragten verfügten jedoch nicht über eine begriffliche Grundlage, um die geforderten kognitiven Leistungen in angemessenen, also kognitionstheoretischen Begriffen beschreiben zu können. DZIDA et al. ermittelten sieben 'Faktoren der Benutzerfreundlichkeit' (Eigenschaften von Systemen) die zusammen allerdings nur 44% der Varianz beschreiben:

- self-descriptiveness
- user control
- ease of learning
- problem-adequate useability
- correspondence with user-expectations
- flexibility in task handling
- fault tolerance

Die angeführten Faktoren sind weitgehend komplementär zu Fähigkeiten des Benutzers, die durch Lernprozesse ausgebildet werden - der erfahrene und geübte Benutzer kann auch mit einem inflexiblen System seine Aufgaben lösen. Systemeigenschaften und Lernanforderungen an den Benutzer stehen also in einem komplementären Verhältnis zueinander: Auch ein ungünstig gestaltetes System ist benutzbar, setzt jedoch einen umfangreicheren Lernprozeß voraus.

Die Lernfähigkeit der Systemkomponente 'Mensch' im MMS hat zur Folge, daß die Gesamtleistung des MMS nicht statisch ist, sondern in Abhängigkeit von der Übung variiert - üblicherweise wird eine Leistungssteigerung erwartet. Diese Leistungsverbesserung verläuft kontinuierlich (Abb. 1), weil in einem komplexen System zahlreiche Teilaufgaben gelernt werden und sich die Leistungsverbesserungen beim Erlernen der Teilaufgaben kumulieren.

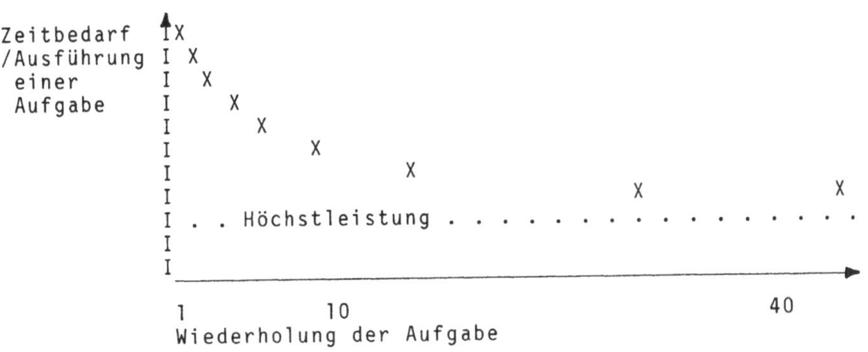

Abb. 1: Leistung bei der Ausführung einer komplexen Aufgabe in Abhängigkeit von der Zahl der Durchführungen (Lernkurve)

Die Darstellung mit logarithmischen Koordinaten ergibt annähernd eine Gerade für den Verlauf des Lernprozesses. Einige beispielhafte Lernkurven von kognitiven Leistungen in realitätsnahen Situationen sind in Abb. 2 dargestellt. Die Lernkurven sind jeweils durch zwei Parameter spezifiziert: Die Ausgangs- (oder End-)leistung und den Lernfortschritt (Steigung).

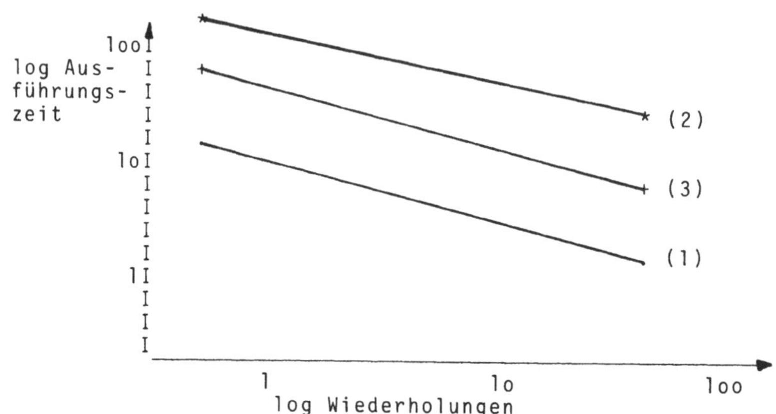

Abb. 2: Lernkurven nach
    (1) KOLERS (1975): Lesen invertierten Textes
    (2) NEVES & ANDERSON (1981): Begründung mathematischer
        Ableitungen
    (3) MITCHELL (1983): Fehler des Bedieners bei einer
        Prozeßkontrollaufgabe

Die unterschiedliche Gestaltung der MMS eines DV-Systems führt zu Gestaltungsalternativen, bei denen unterschiedliche Leistungsverläufe zu beobachten sind (Abb. 3): In den Fällen (a) und (b) ist eindeutig, daß der Fall·mit günstigerer Ausgangsleistung bzw größerem Lernfortschritt vorzuziehen ist. Es ist jedoch auch der Fall (c) denkbar, wo bei einem System gute Ausgangsleistung, aber geringer Lernfortschritt auftritt, bei der anderen Alternative geringe Anfangsleistung, aber größerer Leistungsgewinn im Verlauf des Lernprozesses.

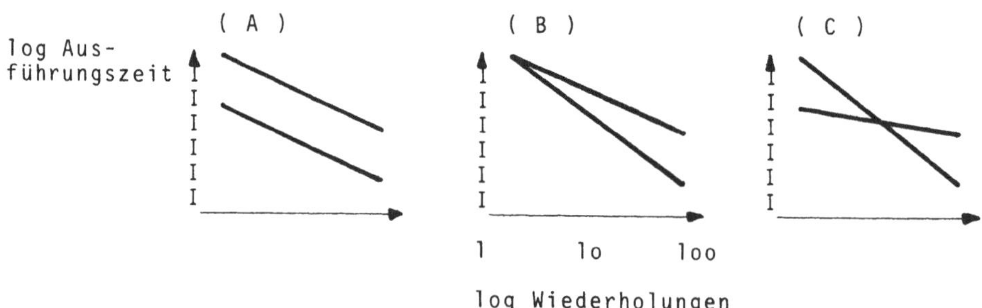

Abb. 3: Unterschiedliche Verläufe von Lernprozessen (Lernkurven)
      bei jeweils zwei unterschiedlich gestalteten Aufgaben

Außerdem ist ein gewisser Umfang von Einweisung zu berücksichtigen, der die Voraussetzung für den Beginn der Übungsphase darstellt. Wir stellen also fest, daß nicht der statische Wert der Anfangs- oder Höchstleistung zur Bestimmung des günstigen Leistungsniveaus bei einer gewählten Aufgabengestaltung geeignet ist, sondern das Verhältnis zwischen dem gesamten Arbeitsaufwand (einschließlich Lernaufwand für den Erwerb des notwendigen Vorwissens) und der erzielten Leistung über die gesamte Nutzungsdauer eines Mensch-Maschine Systems zu optimieren ist. Spezifische Systeme und Aufgaben stellen aufgabenspezifische Randbedingungen, die zB beim Autofahren ein bestimmtes Leistungsniveau als Voraussetzung für den Eintritt in die Übungsphase voraussetzen.

Insbesondere diese Auswirkungen der Adaptivität des Menschen in Langzeit-Lernvorgängen täuscht den System-Designer häufig, da auch ungünstig gestaltete Systeme nach einem umfangreichen Lernprozeß oder bei Vorhandensein umfangreichen Vorwissens gute Leistung ermöglichen können. Der Lernaufwand und seine Kosten stellen ein wesentliches Merkmal der Optimierung der benutzer-relevanten Eigenschaften von MMS dar. Die Schreibmaschinen-Tastatur oder die Kontrollelemente im Kraftfahrzeug sind Beispiele für technische Systeme, für die zwar Vorschläge für bessere Gestaltung vorliegen, wo jedoch der durch die Innovation entstehende Nutzen den mit dem Umlernen verbundenen Aufwand und die Vorteile einer bestehenden Standardisierung nicht aufwiegt.

Für die Optimierung der MMS hinsichtlich der Lernanforderungen besteht die Strategie darin, die Wissensvoraussetzungen und die für den Erwerb dieses Wissens notwendigen Lernprozesse zu bestimmen und diese durch geeignete Funktionen des Systems zu unterstützten, insbesondere
- Entwurf eines leicht erlernbaren und aufgabenangemessenen Befehlssatzes, auch mit der Möglichkeit der Adaptation an sich veränderndes Benutzerwissen
- Verwendung leistungsfähiger Tutoren- und Lehrsysteme
- Selbsterklärung des Systems auf Anfrage des Benutzers (zB durch Hilfsmenüs) oder spontan (zB durch verständliche Fehlermeldungen).

WELCHES WISSEN WIRD VOM BENUTZER EINES RECHNERS GEFORDERT?

Umfang und Inhalt des erforderlichen Wissens sind zunächst aufgabenspezifisch. Wir unterscheiden pragmatisch zwei inhaltliche Dimensionen des Wissens:

Aufgabenbezogenes SACHWISSEN, das allgemeines Vorwissen (Common Sense, Fähigkeit zu logischem Schließen usw) umfaßt und FACHWISSEN, das sich auf den zu bearbeitenden Aufgabenbereich bezieht.

INSTRUMENTELLES WISSEN, das den Gebrauch von Werkzeugen im allgemeinen (hier betrachten wir den Rechner als Werkzeug) umfaßt und WERKZEUGSPE-ZIFISCHE PROZEDUREN, die sich nur auf ein bestimmtes System beziehen.

Das vorhandene Wissen kann in der REPRÄSENTATIONSFORM deklarativen (Fakten-) oder prozeduralen (Handlungs-)Wissens vorliegen.

Das Sachwissen beinhaltet auch die Zielstruktur des Verhaltens, also die Festlegung von Ober- und Unterzielen, was auch Bewertungskriterien für die angestrebten bzw erreichbaren Zustände voraussetzt (Motiva-tion). Instrumentelles Wissen (Verfahren zum Erreichen eines gegebenen Zieles mit einem verfügbaren Werkzeug) umfaßt ein Modell des Werkzeugs und die werkzeug-spezifischen Prozeduren zum Erreichen von Arbeits-zielen.

In welcher Form ist das Wissen kognitiv repräsentiert und welche Art der Repräsentation ist unter Leistungsgesichtspunkten vorzuziehen? Je allgemeiner ein Wissensbereich ist, desto eher ist eine deklarative Repräsentation angemessen. Diese Form von Wissen entspricht dem, was wir als theoretisches Wissen und in der Umgangssprache als 'Verstehen' umschreiben. Sie setzt auch die Kenntnis allgemeiner Zusammenhänge und Prinzipien (world-knowledge) voraus. Prozeduren (Handlungen) können daraus abgeleitet werden. Im Zusammenhang mit Arbeitstätigkeiten wird der Umfang dieses allgemeinen Wissens als 'Qualifikation' bezeichnet. Diese Frage wurde zwar diskutiert (GOLDSTEIN 1982), jedoch liegen keine Methoden vor zur inhaltlichen Spezifizierung dieses insbesondere für den Entwurf effizienterer Ausbildungsverfahren benötigten Wissens.

Prozedurales Wissen, das aus Bedingungs-Aktions-Verknüpfungen besteht, setzt nicht notwendigerweise Allgemeinwissen und 'Verstehen' voraus. Es bietet den Vorteil, daß durch Übung schnell ausführbare und zuver-lässige Handlungen ausgebildet werden können, was allerdings einen großen aufgabenspezifischen Lernaufwand voraussetzt und meist zu nicht verallgemeinerbarem Wissen führt.

Prinzipiell kann Wissen gleichwertig in deklarativer oder prozeduraler Form repräsentiert sein, unter unterschiedlichen Aufgabenbedingungen (Problemlösen versus geschwindigkeitsoptimale Skills) benötigt der

Mensch jedoch in geeigneter Form repräsentiertes und erlerntes Wissen. Die Transformation von Wissen in eine andere Darstellungsform ist eine bedeutsame und qualifizierte Leistung des Menschen. Es ist daher wesentlich, daß Wissen in der Form erworben wird, in der es zur Ausführung von Arbeitsaufgaben benötigt wird: Je nach Qualifikationsniveau und Aufgaben sind Kenntnisse der Prozeduren oder der Funktionsprinzipien erforderlich.

Der Repräsentationsform von Wissen entsprechen Methoden zur Vermittlung dieses Wissens: Deklaratives Wissen (Bildung eines internen Modells) wird durch Definitionen, Erläuterung von Zusammenhängen, Funktionsbeschreibungen, Schaubilder vermittelt. Prozedurales Wissen wird durch Auswendiglernen und Üben von Prozeduren (Bedingungs-Aktions-Verknüpfungen) aufgebaut, es bedarf im Prinzip nicht eines 'mentalen' Modells des kontrollierten Systems, obwohl das Vorhandensein eines Modells (MAYER 1975, KIERAS & BOVAIR 1983) die Leistung und den Lernfortschritt steigern kann. Theoretische Grundlagen der Beziehung zwischen 'internem Modell' beim Benutzer bzw prozeduralem Wissen und den Dimensionen der Leistung (Fehler, Zeitbedarf) bei der Kontrolle von komplexen Systemen (Kraftwerke, Prozeßsteuerung, Rechnerbenutzung) sind bisher erst in Umrissen erkennbar. Bei der Arbeitsplanung ist es jedoch üblich, von einem angemessenen Wissensniveau auszugehen und sowohl Über- wie Unterqualifikation zu vermeiden. Diese Betrachtungsweise ist kostenorientiert, weil Anforderungen an das Wissen des Benutzers Kosten für Lernaufwand hervorrufen.

Umfangreiches Allgemeinwissen ist nur durch hohen Lernaufwand zu erwerben und amortisiert sich nur langfristig, daher sind Arbeitstätigkeiten von dieser Anforderung nach Möglichkeit freizuhalten. Insbesondere die Vermittlung theoretischen Wissens über das benutzte Werkzeug ist unwirtschaftlich: Kenntnisse von Betriebssystemen und Programmiersprachen fördern eine sach- (und nicht werkzeugbezogene) Arbeitstätigkeit nicht, und können zu negativem Transfer bei Aufgabenänderung führen. Auch unter dem Gesichtspunkt der beruflichen Weiterbildung muß das Interesse des Arbeitnehmers sein, nicht Wissen zu erwerben, das beim Einsatz anderer Werkzeuge (zB eines anderen Rechnersystems) obsolet wird.

Die Randbedingungen der Aufgabe (Häufigkeit der Ausführung, Kriterien bezüglich Geschwindigkeit versus Fehlern) bestimmen, welche Aufgabengestaltung - mit spezifischen Lernanforderungen - optimal ist.

LERNEN DER KONTROLLE KOMPLEXER SYSTEME

Komplexe Systeme bestehen aus einer Vielzahl von Elementen und Verbindungen zwischen diesen. Menschen vermögen komplexe Systeme zu kontrollieren, indem sie von einem eingeschränkten, abstrakten Modell ausgehen, in dem nur die für das Verhalten bedeutsamen Größen und Funktionen repräsentiert sind. Der Beitrag der vernachlässigten Variablen wird zur Fehlervarianz gezählt, die Datenbasis bei der Kontrolle komplexer Systeme besteht also aus gestörten Daten, die in der Form von Zeitreihen vorliegen. Im Gegensatz zu deterministischen Systemen, wie sie häufig in Experimenten zum Lernen kognitiver Skills benutzt werden, besteht die Aufgabe beim Lernen eines komplexen, realitätsnahen Systems darin, ein heuristisches Regelsystem zu entwickeln, das auf einem 'internen Modell' basieren kann, aber nicht muß, und das bei zunehmender Zahl und Qualität der Regeln zu besserer Leistung führt, aber auch mit einer beschränkten Menge von Regeln die Kontrolle des Systems erlaubt.

Zunächst, bei nicht bekanntem Lösungsweg, handelt es sich um eine Problemlöse-Aufgabe. Mit zunehmender Übung nimmt das Regelsystem, das zB in der Form eines Produktionssystems dargestellt werden kann, an Umfang und Leistung zu (Abb. 4). In diesem Stadium hängt die Leistung wesentlich von der Fähigkeit des Benutzers zur Klassifikation des Systemzustandes und damit der Auswahl der geeigneten Produktionsregel ab.

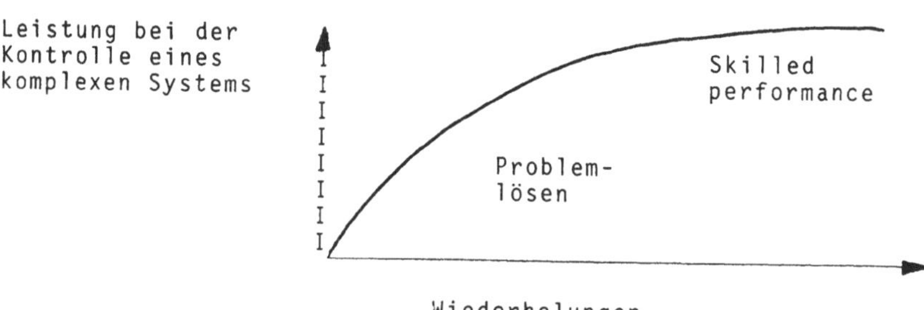

Abb. 4: Phasen beim Lernen der kognitiven Fertigkeiten (Skills)
zur Kontrolle eines komplexen Systems

Sofern der Zielzustand eindeutig definiert ist, besteht die Problemlösestrategie in 'backtracking': Unter den verfügbaren Prozeduren werden diejenigen ausgewählt und auf ihre Anwendbarkeit überprüft, die zum gewünschten Ziel führen. Jedoch tritt auch der Fall auf, daß der

Zielzustand nicht explizit bekannt ist. In diesem Fall wendet der
Operateur naheliegende Prozeduren an und bewertet das Ergebnis hinsichtlich seiner Erwünschtheit anhand implizit gegebener Bewertungsmaßstäbe. Die Möglichkeit, Schritte rückgängig zu machen (undo) und
Beispiele unterstützen diesen Prozeß.

Unterschiedliche Phasen des Lernvorgangs verlangen unterschiedliche
Unterstützung durch ein DV-System: In der Lernphase erleichtern umfangreiche Meldungen und Anzeigen der verfügbaren Kommandos die Aufgabe, im ausgelernten Zustand ist dies nicht erforderlich, sondern die
verfügbare Anzeigefläche kann besser für eine umfangreichere Darstellung des Arbeitsobjektes genutzt werden.

Die Analyse der Lernprozesse bei komplexen Systemen sollte eine Grundlage schaffen für eine optimale Zuordnung geeigneter Formen der Wis-
sensvermittlung zu den Lernanforderungen des Benutzers in unterschiedlichen Phasen des Lernprozesses. Der hier erläuterte begriffliche Rahmen bedarf dazu jedoch der Ergänzung durch empirische Daten.

OPTIMIERUNG DER SYSTEMEIGENSCHAFTEN HINSICHTLICH DER LERNANFORDERUNGEN

Die aus den angeführten Überlegungen abgeleiteten Prinzipien zur Optimierung von MMS hinsichtlich der Lernanforderungen sollen durch einige
Beispiele verdeutlicht werden: Die Beispiele beziehen sich auf ein
hypothetisches Buchungssystem im Reisebüro, das den Kunden durch ein
'intelligentes' Programm in die Lage versetzt, selbständig die ge-
wünschte Reise auszuwählen und zu buchen.

Anforderungen an das Vorwissen des Benutzers:

* Das System muß aufgabenspezifisch und unter Berücksichtigung des
Benutzerwissens verwendbar sein, eine für alle in Frage kommenden Anwendungsbedingungen günstige Lösung ist nicht denkbar.

Beispiel: Die Nutzung des Informationssystems im Reisebüro setzt die
Kenntnis des Bereichs 'Reisen', also Buchungen, Hotels, Fahrpläne usw
voraus.

* Das Vorwissen des Benutzers, sowohl das Allgemeinwissen wie die
werkzeug-spezifischen Kenntnisse, müssen in den meisten Fällen als im
wesentlichen unveränderbar betrachtet werden, da die damit verbundenen

Lernprozesse zu langwierig sind. Vom typischen Benutzer einer Rechenanlage mit komplexen Programmsystemen erwartet man Kenntnisse im Umfang etwa eines Hochschulstudiums.

Beispiel: Die Inanspruchnahme der 3eratung durch das Informationssystem über die kulturellen Besichtigungsmöglichkeiten am Urlaubsort ist nur auf der Grundlage von kulturhistorischem Allgemeinwissen möglich.

Der Systemdesigner muß das System an das Wissensniveau des Benutzers anpassen. Dies ist jedoch eine Frage des Einsatzes des Systems und weniger ein Entwurfsproblem, denn es ist kaum denkbar, daß ein System in einer Umgebung benutzt werden soll, in der ausreichendes Wissen über den Gegenstandsbereich nicht vorhanden ist.

Während der Benutzung des Systems findet ein Lernprozeß statt:

* Der Bereich der Lernkurve, der während des 'Lebenszyklus' einer kognitiven Fertigkeit (Skill) durchmessen wird, ist ein quantitatives Merkmal der Arbeitsaufgabe. Abzuschätzen ist die zu erwartende Häufigkeit der Ausführung einer Handlung und die erwartete Leistungsverbesserung im Lernprozeß. Während im Reisebüro einige tausend Anfragen pro Jahr an das System gerichtet werden, wird die Installation des Programms nur wenige Male durchgeführt. Das Erlernen dieser Funktion lohnt allenfalls für einen Teil des Personals, oft ist es effizienter, für diese Aufgabe externe Fachkräfte heranzuziehen.

NUTZUNGSHÄUFIGKEIT: Während der Buchungscomputer im Reisebüro vom Personal über Jahre hinweg täglich mehrmals benutzt wird, ist bei der Benutzung durch den Kunden von einer Verwendung von ca. 5 mal pro Jahr auszugehen. Das Personal erlernt die Verwendung der gegenwärtig verbreiteten Buchungssysteme durch ein Lernprogramm von etwa 15 Minuten Dauer, nach einer geschätzten Lernphase von etwa drei Tagen (die sich nur auf die kognitiven Funktionen, nicht zB auf die motorischen Prozesse beim Tippen bezieht) wird ein annähernd asymptotischer Bereich der Lernkurve erreicht. Dieser Lernaufwand ist für einen gelegentlichen Benutzer unzumutbar hoch.

Die Lernanforderungen und deren optimale Unterstützung durch das System ergeben sich aus der Betrachtung des Vorwissens (Allgemeinwissen und werkzeugspezifisches Vorwissen) und aus der zu erwartenden Übung. Ausreichendes Vorwissen ist eine Voraussetzung für Lernfortschritt durch Übung, es kann nicht durch Übung ausgeglichen werden, zumindest ist ein sehr ungünstiger Übungsverlauf zu erwarten: Ohne jegliche technischen Vorkenntnisse und Erfahrung zB mit Schreibmaschinen, ist die selbständige Führung eines Dialogs mit einem Buchungscomputer kaum vorstellbar.

Die FORM DER VERMITTLUNG erforderlichen Wissens bestimmt Lerngeschwindigkeit und Fehlerhäufigkeit (STEVENS, ROBERTS & STEAD 1983). Dies bezieht sich sowohl auf das Medium (Druck oder Display), wie auf die Darstellungsform und den logischen Status der vermittelten Information (Kategorien der Wahrnehmung, Beispiele, abstrakte Begriffe oder Modelle). Während Grafiken, Übersichten, Blockschaltbilder usw eher deklaratives Wissen in geeigneter Weise darstellen, unterstützt eine Menu-Technik das Lernen prozeduralen Wissens.

Neben der Vermittlung durch Diagramme, Ablaufpläne, Bilder und Animation kommt als Methode insbesondere Drill an einer simulierten Aufgabe oder die Unterstützung der Lernprozesse bei der Ausführung der realen Arbeit am System durch ein Tutoring-System, das den menschlichen Lehrer nachbildet, in Frage.

Üblicherweise findet jedoch der Lernprozeß während der Erfüllung realer Aufgaben statt. Komplexe Tätigkeiten (wie zB CAD oder Programmerstellung) umfassen Lernphasen mit einer Dauer von Monaten bis Jahren. Auch die Beherrschung eines so komplexen Betriebssystems wie CMS erfordert eine Übungszeit von mehreren Jahren.

Quantitative Daten für den Erwerb insbesondere deklarativen Wissens sind schwer anzugeben. Das Erlernen des für Bürotätigkeiten erforderlichen aufgabenspezifischen Allgemeinwissens dauert auch für einfache Aufgaben mehrere Monate. Als werkzeugspezifisches Wissen ist dabei das Erlernen eines Textverarbeitungssystems wie 'wordstar' zu betrachten. Untersuchungen von ROBERTS & MORAN (1983) beziehen sich auf einfache Editoren und lediglich die Anfangsphase des Erlernens, sie ermittelten eine Lernzeit von 5-10 Minuten pro Befehl (Wordstar verfügt über 100 bis 150 Kommandos). Die von EMBLY & NAGY (1981) dargestellten Lernkurven zeigen nach 2 bis 3 Stunden noch keine Annäherung an einen asymptotischen Verlauf.

In eigenen Untersuchungen (MELCHIOR 1985) stellten wir fest, daß eine Teilmenge der Befehle eines Textverarbeitungssystems, die eine angemessene Aufgabenerfüllung erlaubt, in etwa 10 Stunden von Studenten gelernt werden kann. Nach etwa 40 Stunden fühlt sich der Benutzer in

der Lage, selbständig weiter zu lernen. Da diese Daten sich auf ver-
teilte Übung beziehen, ergibt eine grobe Schätzung der Einführungszeit
für ein Textverarbeitungssystem für Bürotätigkeiten eine Lernphase von
ein bis mehreren Monaten, bis die erzielbare Leistung angenähert erreicht wird.

Während Textverarbeitung als Aufgabe durch das Erlernen der Kommandos
beschrieben werden kann, stellen andere Aufgaben, die typischerweise
mit Arbeitsplatzrechnern ausgeführt werden, weitergehende Anforderungen. Arbeitsplatzrechner bieten besondere Möglichkeiten zur Gestaltung
der Benutzer-Schnittstelle und erfordern dies auch, da sie häufig in
isolierten Arbeitsvorgängen benutzt werden. Tabellenkalkulationspro-
gramme, neben der Textverarbeitung eine der wichtigsten Anwendungen
für Arbeitsplatzrechner, stellen eine Programmiersprache höheren Ab-
straktionsgrades dar. Daher ist anzunehmen, daß zu deren effizienter
Nutzung umfangreicheres aufgabenbezogenes Vorwissen und längere
Übungszeit erforderlich sind.

DAS 'IDEALE' BENUTZERFREUNDLICHE SYSTEM

Ist das ideale benutzerfreundliche System durch minimale Lernanforderungen gekennzeichnet?

Zwei Gesichtspunkte sprechen dagegen: Zunächst der Umstand, daß als
Auswirkung eines Lernprozesses die Leistung des Benutzers ansteigt
(#Automatisierung').

Der Benutzers eines Systems, das diese Lernmöglichkeiten ausschließt,
würde also bei einer wiederholt durchzuführenden Aufgabe nicht zu
einer Steigerung der Leistung gelangen. Dies bezieht sich insbesondere
auf Skills, also Prozeduren, die zB durch Menus unterstützt werden
können, aber auch weitergehende Führungshilfen und exploratives Verhalten.

Beispiel: Der Mitarbeiter des Reisebüros wird durch Menus unterstützt.
Die Nutzung dieser Unterstützung kostet ihn Lesezeit, das System Zeit
zum Aufbau der Menus. Durch Übung wird diese Unterstützung überflüs-
sig, was die Leistung des MMS verbessert.

Der zweite Gesichtspunkt bezieht sich auf die Vorstellung, daß ein
'intelligentes' Dialog-System prinzipiell in der Lage sein könnte, die

Intentionen eines Benutzers zu erkennen und die beabsichtigte Funktion ohne weitere Inanspruchnahme des Benutzers auszuführen. Dies setzt voraus, daß der Benutzer seine Zielvorstellungen kennt und vollständig spezifizieren kann, was unwahrscheinlich ist. In diesem Fall muß also das System durch Darbietung von Beispielen diese Begriffe des Benutzers bilden helfen.

Beispiel: Das begriffliche Ausgangsniveau des Reisebüro-Experten unterscheidet sich von dem des erstmaligen und dem des erfahrenen Kunden. Dem Novizen werden die Begriffe 'Halbpension', 'Animateur' oder 'Schwimmgarten' durch Erläuterung des Begriffsumfangs oder durch Beispiele (Photographien) vermittelt.

Der häufig gemachte Aussage (zb TAUBER 1983), daß eine 'Anpassung des Systems an die kognitiven Strukturen des Benutzers' erforderlich ist, muß aus diesen Gründen widersprochen werden: Das System muß die Ausbildung aufgabenangemessener kognitiver Strukturen (Begriffe) fördern.

PSYCHOLOGISCHE THEORIEN DES LERNENS DER KONTROLLE KOMPLEXER SYSTEME

Die Psychologie (und andere Wissenschaften) kann drei Arten von Beiträgen zur Systemgestaltung, Arbeitsorganisation und Ausbildungsplanung leisten:
- Entwicklung einer THEORIE des Gegenstandsbereiches, die insbesondere die auch für Anwendungsaspekte wichtige Funktion hat, eine einheitliche Sprache und Begriffe zur Darstellung von Sachverhalten bereitzustellen.
- METHODEN und Meßverfahren, im Zusammenhang mit dem Systementwurf also besonders Evaluationsverfahren
- PARAMETER für die theoriebezogenen Modelle.

Für den Anwender, sowohl den Systemdesigner, den Arbeitsorganisator, den Personalplaner und den Ausbilder sind im wesentlichen aufgabenspezifische Daten über Lernprozesse unter realitätsnahen Aufgabenbedingungen und über den Lebenszyklus eines Skills von Nutzen - er interessiert sich für Parameter, für Methoden und Theorien nur, soweit sie dazu beitragen.

Die Idealvorstellung des Systemdesigners ist ein 'Human Data Handbook', dem er bei Bedarf die Daten entnehmen kann, die er für die Optimierung der MMS in seinem Entwurf braucht. Schon vergleichsweise einfach erscheinende Parameter wie die Reaktionszeit können nicht allgemein, ohne Bezug zur spezifischen Aufgabe, angegeben werden. Trotz der optimistischen und auch plausiblen Aussagen von zB CARD, MORAN & NEWELL (1983) scheint es daher geraten, nicht von allgemeingültigen, sondern von aufgabenspezifischen Modellen kognitiver Leistungen des Menschen auszugehen.

Auch Evaluationsverfahren setzen eine Theorie, zumindest eine begriffliche Grundlage, voraus, die erlaubt, die bedeutsamen Variablen (abhängig und unabhängig) für eine Untersuchung auszuwählen. Die Psychologie hat bessere methodische Hilfsmittel entwickelt als konkurrierende Nachbar-Wissenschaften. Problematisch ist jedoch, daß wegen des Theorie-Defizits der Geltungsbereich der Ergebnisse von aufwendigen Evaluationsuntersuchungen nicht genau angegeben werden kann. Unter Anwendungsgesichtspunkten sind daher Untersuchungen wie von CARROLL (1982), ROBERTS & MORAN (1982) oder KEPPEL & ROHR (1984) aufgrund unrealistischer Versuchsbedingungen (zB Editoren mit lediglich 15 Kommandos) nur beschränkt aussagefähig, da die theoretische Grundlage für die Verallgemeinerung dieser Ergebnisse zu unsicher ist.

Unser theoretischer Standpunkt ist 'kognitiv', d.h. wir streben die Darstellung von kognitiven Leistungen des Menschen durch Modelle der Informationsverarbeitung an. Die vorliegenden Ausführungen stützen sich auf allgemeines lernpsychologisches Wissen (LANGLEY & SIMON 1981, ANDERSON 1982) und pragmatische Überlegungen. Der Stand der theoretischen Vorarbeiten läßt jedoch nicht erwarten, daß zufriedenstellende theoretische Grundlagen der dargestellten Lernprozesse in absehbarer Zeit vorhanden sein werden - im Verhältnis zu den konkreten Fragen der Anwender werden die Aussagen der Theoretiker vorerst weiterhin vage erscheinen. Die Bemühungen müssen sich daher auf Methoden und realitätsnahe empirische Untersuchungen konzentrieren.

LITERATUR

Anderson, J. Acquisition of Cognitive Skill. Psychol.Rev. 89, 1982, 369-406.

Card, S., Moran, T. & Newell, A. The Psychology of Human-Computer Interaction. Hillsdale, N.J.:Erlbaum 1982.

Carroll, J.M. The adventure of getting to know a computer. Computer 18, 1982, 49-58.

Dzida, W., Herda, S. & Itzfeld, W.D. User-perceived quality of interactive systems. IEEE Trans. on Software Engineering, SE-4, 1978, 270-276.

Embley, D.W. & Nagy, G. Behavioural Aspects of Text Editors. Computing Surveys, 13, 1981, 33-70.

Goldstein, I.L. Training in Work Organisations. Ann. Rev. Psychol., 31, 1980, 229-270.

Haugeland, J. (Ed.) Mind design. Montgomery, Vt: Bradford 1981.

Keppel, E. & Rohr, G. Iconic Interfaces: Where to use and how to construct? In H.W. Hendrik & O. Brown (Eds.). Human Factors in Organizational Design and management. North Holland 1984.

Kieras, D.E. & Bovair, S. The Role of a Mental Model in Learning to Operate a Device. University of Arizona: Office of naval Research, Technical Report No. 13, March 1, 1983.

Kolers, P.A. Memorial consequences of automatized encoding. J. Experimental Psychology: Human Learning and Memory, 1, 1975, 689-701.

Langley, P. & Simon, H.A. The Central Role of Learning in Cognition. In J. Anderson (Ed.). Cognitive Skills and their Acquisition. Hillsdale: Lawrence Erlbaum 1981.

Mayer, R.E. Different Problem-Solving Competencies Established in Learning Computer Programming With and Without Meaningful Models. Journal of Educational Psychology, 1975, 67, 725-734.

Melchior, E. Lernen bei der Kontrolle komplexer Systeme. Diplomarbeit, Münster 1985.

Mitchell, C.M. Design Strategies for Computer-Based Information displays in Real-Time Control Systems. Human Factors, 25, 1983, 353-369.

Neves, D.M. & Anderson, J. Knowledge Compilation: Mechanisms for the automatization of Cognitive Skills. In J.R. Anderson (Ed.). Cognitive Skills and their acquisition. Hillsdale, N.J.:Erlbaum 1981.

Norman, D. & Bobrow, D.G. On data-limited and resource-limited processes. Cognitive Psychology, 7, 1975, 44-64.

Simon, H.A. The Sciences of the Artificial. 2nd Ed. Cambridge, Mass: MIT Press 1982.

Stevens, A., Roberts, B. & Stead, L. The use of a sophisticated graphics interface in computer-assisted instruction. IEEE Trans. Computer Graphics and Applications, March/April 1983, 25-31.

Probleme der Mensch-Computer-Kommu-
nikation bei computerunterstützter
Instruktion (CAI)
Helmut M. Niegemann
FR Allgem. Erziehungswissenschaft
Universität des Saarlandes, Saarbrücken

1. Problemstellung

Ein grundlegendes Problem jeder Mensch-Computer-Kommunikation ist die
Unterweisung des Bedieners in die Handhabung des jeweiligen Systems.
Selbst bei von vornherein für Computerlaien konzipierten Programmen
wie der computerunterstützten Planung von Ferienreisen stellt sich die
Aufgabe, den Anwender über die Funktionen des Programms und ihre mög-
liche Aktivierung zu informieren bzw. zu instruieren.
Bei Systemen, die ungleich komplexere Anforderungen an den Benutzer
stellen - Textverarbeitung, Datenbanken, Tabellenkalkulation - ist in
der Regel eine Schulungsphase von mehreren Stunden oder sogar Tagen erforderlich. Diese Schulung erfolgt noch überwiegend durch Instruktoren
(Einführungskurse oder -seminare) oder anhand von Print-Medien im
Selbststudium.
Nicht zuletzt wegen des zunehmend ungünstigeren Verhältnis der Kosten
für die Beschaffung von Hard- oder Software zu den Kosten für die er-
forderliche Mitarbeiter- bzw. Kundenschulung besteht eine zunehmende
Nachfrage nach selbsterklärenden Systemen bzw. integrierten oder vor-
geschalteten computerbasierten Instruktionssystemen.
Der Umgang mit solchen Instruktionssystemen (CAI: Computer Assisted
Instruction) - das Lernen im Dialog mit dem Computer ebenso wie die
Entwicklung entsprechender Lehreinheiten (courseware) - wirft allerdings eine Reihe neuer Probleme auf.
Da sich die empirische Lehr-Lern-Forschung bisher nur wenig mit der-
artigen Problemen befaßt hat, soll dieser Beitrag eine Problemskizze
liefern.
Dabei sollen insbesondere solche Probleme angesprochen werden, die
sich bei Verwendung technologisch fortgeschrittener Instruktionssysteme
ergeben:
  - Author-and-Delivery-Systeme, d. h. Systeme, die dem Courseware-
    Autor eine Vielzahl von Hilfsmitteln zur Gestaltung und Herstel-

lung von CAI-Kursen an die Hand geben: Von der Implementierung
von Multiple-Choice-Aufgaben über die flexible Verknüpfung einzelner Frames bis zur grafischen Simulation. Die Nutzung dieser
Möglichkeiten erfordert allerdings das Beherrschen einer speziellen Autorensprache. Dem Lerner kann prinzipiell ein hinsichtlich der Lernzeit und z. T. auch hinsichtlich der Sequenz des
Lehrstoffs weitgehend individuell zu gestaltender Lernprozeß angeboten werden. Dem Kurs- oder Ausbildungsleiter kann ein solches
System außerdem Daten über den Lernverlauf und das Ausmaß der
Lehrzielerreichung liefern (Beispiele: PLATO, TICCIT, IVIS, SEF).

- Computergesteuerte Video-Instruktionssysteme (Band und insbesondere Bildplatte), wobei Lehrtexte und Grafik aus dem Rechner einerseits sowie auf dem Band oder der Platte angesteuerte (bewegte)
  Bilder und Sprache in Abhängigkeit vom Verhalten des Lerners nach-
  einander oder überlagernd dargeboten werden (Beispiele: CAVIS-
  System, IVIS, PLATO, AUTHOR).

- Intelligente Tutorensysteme (ITS), bei deren Entwicklung in mehrfacher Hinsicht "intelligente" Leistungen eines Tutors simuliert
  werden. Auf diese Systeme wird im folgenden noch ausführlicher eingegangen. In Schule, Aus- und Weiterbildung praktisch verwendbare
  Beispiele intelligenter Tutorensysteme liegen bisher allerdings
  noch nicht vor; einzelne, mehr oder weniger "intelligente" Komponenten sind jedoch für die Courseware-Entwicklung prinzipiell bereits verfügbar.

Die genannten Aspekte schließen sich selbstverständlich nicht gegenseitig aus: Technisch optimale CAI bestünde derzeit in einer Kombination
aller drei Aspekte, die jedoch bisher noch nirgends verwirklicht ist.
Verfügbar sind lediglich Kombinationen von Author-and-Delivery-Syste-
men und computergesteuerter Bildplatte (IVIS, PLATO); teilweise sind
zusätzliche Komponenten wie "Maus" oder berührungs-sensitiver Bildschirm (touch-screen) verfügbar.

Wenn dennoch bei der folgenden Problemskizze für die Mensch-Maschine-
Kommunikation beim Lernen im Dialog mit dem Computer von einer in diesem Sinne optimalen Konfiguration ausgegangen wird, so deshalb, weil
Probleme, die sich lediglich aus dem Fehlen der einen oder anderen Komponenten ergeben, prinzipiell durch entsprechende Investitionen lösbar
sind. Probleme mit Lernprogrammen des Typs "elektronische Umblätterma-
schine" sind insofern trivial.

Kriterium für die mehr oder weniger ausgeprägte Intelligenz eines CAI-Programms ist seine Adaptivität an relevante kognitive Zustände des jeweiligen individuellen Lerners. Formal lassen sich ICAI-Programme charakterisieren als Folgen von Aussagen der Form:

$$(S_i, I_{ij}, S_j).$$

Dabei bedeutet:

S_i : der aufgrund eines diagnostischen Prozesses festgestellte aktuelle Lernzustand,

S_j : der aufgrund von Zielvorgaben als nächster zu erreichende Lernzustand,

I_{ij} : die Instruktion, die zu generieren ist, um S_i möglichst sicher in S_j zu transformieren

(vgl. VENEZKY 1983, 45).

Als Kriterium für die Qualität so charakterisierter ICAI-Programme scheint eine fiktive Lehrer-Schüler-Dyade zweckmäßig, wobei seitens des Lehrers hohe Kompetenz sowohl bezüglich der zu vermittelnden Lehrinhalte als auch bezüglich seines didaktischen Handelns angenommen werden. Demnach wäre zu prüfen, inwieweit ein Instruktionssystem die Funktionen eines kompetenten Lehrers, der einen einzelnen Schüler zu unterrichten hat, erfüllen kann.
Probleme ergeben sich nun einerseits für den Entwickler eines speziellen intelligenten tutoriellen Systems bzw. den Courseware-Autor, andererseits für den Lernenden als Adressaten bzw. Benutzer des entsprechenden Systems.

2. Probleme aus der Perspektive des System-Designers/Courseware-Autors

Zu den Mindestvoraussetzungen für die Vermittlung eines bestimmten Lehrstoffs gehört die Verfügbarkeit des entsprechenden Inhalts, die Festlegung, welche speziellen kognitiven, affektiven oder motorischen Leistungen vom Adressaten bezüglich des Lehrinhalts erwartet werden und in welchem Ausmaß diese Leistungen schließlich erbracht werden müssen, wenn das Lehrziel asl erreicht gelten soll. Die Repräsentation des entsprechenden Wissens ist jedoch allein noch keine hinreichende Grundlage, dieses Wissen zu vermitteln: Hierzu muß die Lehrstoffstruktur zu-

Einen Überblick über die wesentlichsten Funktionen eines
kompetenten Tutors gibt Abb. 1:

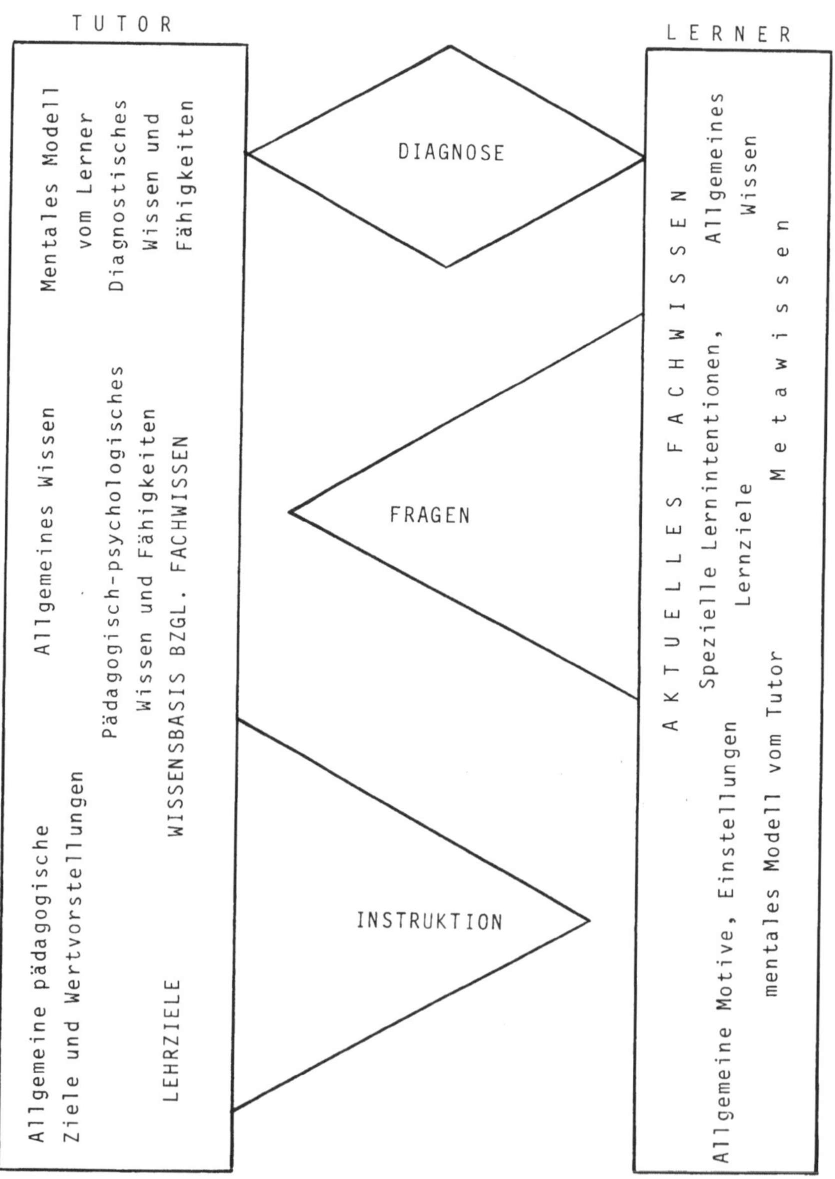

Abb. 1: Komponenten, die bei der Konstruktion eines intelligenten
tutoriellen Systems zu berücksichtigen sind

nächst in eine von mehreren möglichen "didaktischen Strukturen" trans-
formiert werden (NIEGEMANN/TREIBER 1982). Ausschlaggebend dafür, welche didaktische Struktur jeweils generiert wird, ist hauptsächlich das
mehr oder weniger sichere Wissen über den jeweiligen Lernzustand des
Lerners, jedoch können auch Informationen über Intentionen, Ziele und
Einstellungen eine Rolle spielen.
Tatsächlich wird kaum ein Lehrender die Instruktion beginnen, ohne sich
eine Vorstellung - ein "mentales Modell" - von seinem Partner zu machen.
Die unter Effizienzgesichtspunkten wesentlichen Merkmalbereiche, die
ein derartiges Partner-Modell abbildet, sind:
  - die Lernintentionen bzw. -ziele,
  - das spezielle (deklarative und prozedurale) Vorwissen bzgl.
    des jeweiligen Lehrstoffs,
  - das allgemeine "Wissen von der Welt", ebenfalls sowohl in
    deklarativer wie in prozeduraler Hinsicht (zu letzterem
    zählen u. a. auch Lerntechniken und Lernstrategien) sowie
  - die allgemeine Motivationslage und Einstellungen des
    Lerners, etwa zum Lernen mit dem Computer.

Das mentale Partner-Modell ist normalerweise bei Beginn der Interaktionen zwischen Lehrer und Lerner eher vage und hypothetisch, gewinnt
aber normalerweise im Laufe des Lehr-Lern-Prozesses zunehmend an Vali-
dität.

Die allgemeine Funktion solcher mentaler Partner-Modelle für didak-
tisches Handeln liegt auf der Hand: Sie beinhalten die relevanten Informationen für die Generierung konkreter Handlungsziele (S_j).

Damit stellt sich zunächst die Frage, wie hinreichende Informationen
gewonnen werden können über das jeweilige Wissen des Lerners. Lehrer
und Ausbilder verschaffen sich diese Informationen einerseits durch
mehr oder weniger formalisierte Tests, andererseits durch Inferenzen
aufgrund des Lernerverhaltens während des Lehr-Lern-Prozesses (Antworten auf Zwischenfragen, Fragen des Lerners, nonverbales Verhalten).
Lehrzielorientierte Tests (KLAUER et al. 1972, HERBIG 9176) liefern
Aussagen über die Wahrscheinlichkeit, mit der ein bestimmtes Lehrziel
in einem bestimmten Ausmaß erreicht wurde. Ein kompetenter Lehrer wird
jedoch bei der Unterrichtung eines einzelnen Lerners nicht selten in
der Lage sein, aus der Beantwortung von Fragen und Test-Items auch
qualitative Informationen zu gewinnen: Lassen Fehler und die Nicht-Be-
antwortung von Fragen eine bestimmte Systematik erkennen? Welche Annah-

men, welches falsche "Wissen", welche Wissensdefizite könnten bestimmten systematischen Fehlern zugrundeliegen? Entsprechende Informationen
erlauben dann eine gezielt lückenschließende bzw. fehlerbeseitigende
Instruktion (KÖTTER et al. 1985).
Die Diagnosekomponente eines intelligenten CAI-Systems müßte dement-
sprechend in der Lage sein, Testaufgaben bzw. Zwischenfragen auszuwählen oder zu generieren, deren korrekte Beantwortung auf das Erreichen
des jeweiligen Lehrziels schließen läßt, deren fehlerhafte oder Nicht-
Beantwortung andererseits Rückschlüsse auf Defizite und fehlerhaftes
Wissen des Lerners zuläßt. Ein Beispiel für ein in diesem Sinne "intelligentes" Diagnosesystem ist das Programm "BUGGY" (BROWN/BURTON
1978, BURTON 1982).
Die Anzahl der zur Fehlerdiagnose erforderlichen Items ist sehr verschieden: Während bei bestimmten Fehlern (z. B. einfachen Bedienungs-
fehlern einer Maschine) die Ursache evident ist, können in anderen
Fällen (z. B. Rechenfehler) mehr als zehn Items erforderlich sein.
Bei komplexeren Lehrzielen, die z. B. das Anwenden von Wissen beinhalten, müssen eventuell auch über das unmittelbar lehrstoffbezogene
Wissen hinaus das "Alltagswissen" oder bestimmte Bereiche anderen Fach-
wissens des Lerners berücksichtigt werden.

Über die Fehleranalyse hinaus kann eine adäquate Interpretation des
Lernerverhaltens auch Wissen bzw. Annahmen über dessen spezielle In-
tentionen bzw. Lernziele, u. U. auch über allgemeine Ziel- und Wertvor-
stellungen erfordern. Dies müßte dann ebenfalls als Komponenten bzw.
Funktionen des mentalen Partner-Modells repräsentiert werden (STEVENS/
COLLINS/GOLDIN 1982).

Wie differenziert Fehlerdiagnosen bzw. Partner-Modelle generell innerhalb intelligenter tutorieller Systeme gestaltet werden, hängt weitgehend von der jeweils möglichen Plastizität der Instruktion ab: Es wäre
wenig effektiv, eine Vielzahl von Fehlertypen und andere Merkmale des
Lernerverhaltens zu unterscheiden, wenn schließlich nur zwei Instruk-
tionsalternativen zur Verfügung stehen.

Alternativen bezüglich der dargebotenen Instruktion (Sequenz, Auswahl
von Beispielen, Übungsaufgaben) scheinen derzeit am ehesten als unterschiedliche Kombinationen einer bestimmten Anzahl von "Lehrmethoden"
(Videosequenzen, Textbausteine etc.) realisierbar. Nach welchen instruk-
tionspsychologischen Gesetzmäßigkeiten allerdings welche Instruktions-
variante welcher Diagnose zugeordnet werden soll, kann mangels empi-

rischer Befunde nicht in allen Fällen einfach entschieden werden.

Hier ist zu prüfen, ob ein intelligentes CAI-System nicht auch hinsichtlich des in ihm repräsentierten pädagogisch-psychologischen Wissens als lernfähig konzipiert werden kann. Dies würde bedeuten, daß das System die Lernwirksamkeit bestimmter Instruktionsvarianten bei bestimmten Merkmalkonfigurationen auf seiten der Lerner evaluiert und bei weiteren Lernwegentscheidungen berücksichtigt (O'SHEA 198).

3. Probleme aus der Perspektive des Systembenutzers/Lerners

In "natürlichen" Lehr-Lern-Prozessen beschränkt sich der Schüler normalerweise nicht auf die Rezeption der Instruktion und das Reagieren auf Fragen und Aufgaben, sondern stellt des öfteren auch selbst Fragen. Diese können sich sowohl auf den Sach- wie auf den Interaktionsaspekt des Unterrichts beziehen.
Während Informationen zur (aktuellen) Interaktion zwischen Lerner und Computer durch hinreichend komfortable HELP-Funktionen sichergestellt werden können, würden Fragen zu Sachaspekten des Dialogs (z. B. Fragen zur Wissensintegration: Wie hängt X mit Y zusammen; Bitten um präzisere Erläuterung, um zusätzliche Beispiele) die Möglichkeit der Nutzung der Wissensbasis des Systems im Sinne eines - möglichst natürlichsprachigen - Expertensystems erfordern.
Vom Systemdesign bzw. vom jeweiligen Courseware-Autor weniger beeinflußbare Probleme ergeben sich hinsichtlich der Lernstrategien des CAI-Benutzers:
  - Wie lernt er, eventuell gegebene Wahlmöglichkeiten bezüglich
    der Lehrstoffsequenz effektiv zu nutzen (BUNDERSON 1981)?
  - Welche Techniken des Lernens am Bildschirm können die bei
    Print-Medien möglichen Techniken zur Erleichterung des Textverstehens ersetzen: Unterstreichungen, Markierungen, Verknüpfung
    von Textteilen durch Symbole etc. (BALLSTAEDT et al. 1981,
    O'NEIL 1978, DANSEREAU et al. 1979)?
  - Welche (neuen) Lernstrategien können entwickelt werden, die das
    Lernen am Bildschirm bei gleichzeitiger Verwendung gedruckten
    Materials erleichtern?

Ein für die Akzeptanz bzw. die Einstellung zum Lernen im Dialog mit dem Computer wesentlicher Aspekt könnte eine weitgehende Transparenz des Systems sein, die - statt auf Computer-Mythen gegründete Ängste

hervorzurufen - dem Lerner erlaubt, sich seinerseits ein adäquates
"Partner-Modell" aufzubauen.

4. Folgerungen für die Instruktionspsychologie

Die Entwicklung intelligenter CAI-Systeme (intelligente Tutorensysteme:
ITS) beinhaltet für Instruktionspsychologen eine Herausforderung in
mehrfacher Hinsicht:
Zum einen ist hier eine bislang noch wenig geübte Zusammenarbeit von
Informatikern bzw. Technikern, Psychologen und (Fach-)Didaktikern gefordert, in deren Verlauf instruktionspsychologisch fundierte konzep-
tionelle Beiträge erwartet werden.
Zum anderen ergeben sich eine Reihe von Forschungsproblemen, die auch
medien- und arbeitspsychologische Aspekte beinhalten und daher entsprechende Kompetenzen verlangen. Es handelt sich dabei nicht nur um
Fragen, welche die "intelligenten" Komponenten zukünftiger CAI-Systeme
betreffen: Auch bei der Gestaltung von Instruktionen für den Umgang
mit relativ einfach zu handhabenden bzw. "benutzerfreundlich" konzipierten Systemen (Beispiel: computerunterstützte Reiseplanung) kann
vielfach nicht auf empirisch bewährte Prinzipien zurückgegriffen werden. Einige ganz praktische Fragen mögen dies belegen.
- Wie sollen Rückmeldungen auf richtige und auf falsche Antworten
  gestaltet werden (zur Problematik vgl. FISCHER/MANDL 1984)?
- Wie wird die Textpräsentation gesteuert? Soll nach dem Lesen einer Bildschirmseite jeweils der ganze Bildschirm gelöscht werden
  und eine neue Seite dargeboten werden oder soll jeweils ein Teil
  der vorangegangenen Seite (wieviel?) noch sichtbar sein?
- Erleichtert eine relativ stereotype Bildschirmgestaltung den Umgang mit dem Medium? Unter welchen Bedingungen wirkt es ermüdend?
  Sind unerwünschte Auswirkungen auf die Qualität der Lernergebnisse
  zu erwarten (analog Befunden zur Wirkung der ausschließlichen Verwendung von Multiple-Choice-Aufgaben: ESTES 1977, D'YDEWALLE 1978).

Über solche Untersuchungen wichtiger Einzelfragen hinaus wird die
systematische Beobachtung von Einführung, Akzeptanz und Effektivität
computerunterstützter Instruktion unter möglichst verschiedenen Bedingungen zunehmend fundiertere und differenziertere Aussagen über
mehr oder weniger günstige Verwendungsformen ermöglichen.

Literatur

BALLSTEADT, St. P./MANDL, H./SCHNOTZ, W./TERGAN, S.-O.: Texte verstehen, Texte gestalten. München-Wien-Baltimore: Urban & Schwarzenberg 1981.

BORK, A.: Learning with Computers. Bedford, Mass.: Digital Press 1981.

BROWN, J. S./BURTON, R. R.: Diagnostic models for procedural bugs in basic mathematical skill. Cognitive Science (1978), vol. 2, pp. 155-192.

BUNDERSON, C. V.: Courseware. In: O'NEIL, H. F. (ed.): Computer-based instruction. A State-of-the-art assessment. New York: Academic Press 1981, pp. 91-126.

BURTON, R. R./BROWN, J. S.: Toward a natural-language capability for computer-assisted instruction. In: O'NEIL, H. F. (ed.): Procedures for instruktional systems development. New York: Academic Press 1979, pp. 273-314.

BURTON, R. R.: Diagnosing bugs in a simple procedural skill. In: SLEEMAN, D./BROWN, J. S. (eds.): Intelligent tutoring systems. New York: Academic Press 1982, pp. 157-184.

D'YDEWALLE, G./ROSSELLE, H.: Test expectations in text learning. In: GRUNEBERG, M. M./MORRIS, P. E./SKYES, R. N.: Practical aspects of memory. New York: Academic Press 1978.

DANSEREAU, D. F./COLLINS, K. W./McDONALD, B. A./HOLLEY, Ch. D./GARLAND, J./DIEKHOFF, G./EVANS, S. H.: Development and evaluation of a learning strategy training programm. Journal of Educational Psychology (1979), vol. 71, pp. 64-73.

FISCHER, P. M./MANDL, H.: Function and efficiency of contingent instrumental feedback. Paper presented at the XXIII International Congress of Psychology, Acapulco, Mexiko 1984.

HEINES, J. M.: Screen design strategies for computer-assisted instruction. Digital Press, Bedford, Mass. 1984.

HERBIG, M.: Praxis lehrzielorientierter Tests. Düsseldorf: Schwann 1976.

KLAUER, K. J./FRISCKE, R./HERBIG, M./RUPPRECHT, H./SCHOTT, F.: Lehrzielorientierte Tests. Düsseldorf: Schwann 1972.

KÖTTER, L./STRUCHHOLZ, H./NIEGEMANN, H./AUFFENFELD, A.: Fehleranalytische Verfahren bei pädagogischen Diagnosen - Ansätze, Probleme, Perspektiven. In: PETILLON, H./WAGNER, J./WOLF, B. (Hrsg.): Schülergerechte Diagnose. Weinheim: Beltz 1985.

NIEGEMANN, H. M./TREIBER, B.: Lehrstoffstrukturen, Kognitive Strukturen, Didaktische Strukturen. In: TREIBER, B./WEINERT, F. E. (eds.): Lehr-Lern-Forschung. Ein Überblick in Einzeldarstellungen. München-Wien-Baltimore: Urban & Schwarzenberg 1982, pp. 37-65.

O'NEIL, H. F. (ed.): Learning strategies. New York: Academic Press 1978.

O'SHEA, T.: A self-improving quadratic tutor. In: SLEEMAN, D./BROWN, J. S. (eds.): Intelligent tutoring systems. New York: Academic Press 1982.

SLEEMAN, D./BROWN, J. S.: Introduction: Intelligent tutoring systems. In: SLEEMAN, D./BROWN, J. S. (eds.): Intelligent tutoring systems. New York: Academic Press 1982, pp. 1-11.

STEVENS, A./COLLINS, A./GOLDIN, S. E.: Misconceptions in students understanding. In: SLEEMAN, D./BROWN, J. S. (eds.): Intelligent tutoring systems. New York: Academic Press 1982, pp. 13-24.

VENEZKY, R.: Evaluating computer-assisted instruction on its own terms.
In: WILKINSON, A. C. (ed.): Classroom computers and cognitive
science. New York: Academic Press 1983.

Untersuchungen zum individualisierten
Computerdialog: Einfluss des Operativen Abbildsystems
auf Handlungs- und Gestaltungsspielraum
und die Arbeitseffizienz

David Ackermann
Lehrstuhl für Arbeits- und Organi-
sationspsychologie (Prof. Dr. E. Ulich)
ETH Zürich
CH 8092 Zürich

1. Fragestellung

Aus bisherigen arbeitspsychologischen Untersuchungen ist bekannt, dass individuelle Arbeitsweisen (1) mindestens ebenso effizient sein können wie in ihrem Ablauf vorgeschriebene Arbeitsweisen und (2) zur Vermehrungen von Kompetenz und Interesse an der Tätigkeit führen können (TRIEBE, 1980). Dabei wird als Effizienz das Verhältnis von Aufwand und Ertrag menschlicher Arbeitstätigkeit verstanden. Welche Möglichkeiten zur Individualisierung von Computerdialogen bestehen und wie sich diese auf die Effizienz der Arbeitstätigkeit und den Wirkungsgrad der Software[1] auswirkt, ist bis anhin noch weitgehend ungeklärt. Kognitive, motivationale und strukturelle Aspekte computerunterstützter Interaktionen sind in diesem Zusammenhang experimentell hinsichtlich ihrer Auswirkungen auf die Nutzung von Handlungs- und Gestaltungsspielräumen (sensu ULICH, 1984)[2] zu untersuchen, um die Frage nach Effizienz und Wirkungsgrad zu klären und zumindest heuristische Regeln für eine individualisierte Gestaltung aufzuzeigen.

2. Theoretische Grundlagen

Die **mentale Repräsentation** der Arbeitsprozesse spielt bei der Tätigkeitsausführung eine entscheidende Rolle. OSCHANIN (1976) nennt diese

Repräsentation "operatives Abbildsystem (OAS)". Dieses beeinflusst über die **"innere (psychisch repräsentierte) Aufgabenstruktur"** der Tätigkeit massgeblich die Handlungsabfolge. Die innere Aufgabenstruktur ist zu unterscheiden von der **"äusseren"** oder **"logischen Aufgabenstruktur"** der Tätigkeit, beobachtbar in der Abfolge der Operationen (HACKER, 1978). Die "dazwischen" liegenden kognitiven und motivationalen Transformationsprozesse sind für die Mensch-Computer-Interaktion besonders interessant.

Das operative Abbildsystem ist zweifach repräsentiert:

(1) als anschauliche Repräsentation
(2) als begriffliche Repräsentation, bei der Gedächtnisstrukturen über Merkmale und deren Verknüpfungen aufgebaut werden.

Handlungsplanung und -ausführung erfolgen mittels aus dem OAS abgeleiteten Annahmen, Voraussagen und Erwartungen über den Arbeitsablauf. Die Entwicklung von Handlungsstrukturen im Lauf eines Lernprozesses kann man mit dem Strukturieren von Befehlen und Zusammenfassen in Unterprogramme vergleichen. Anfangs ist jeder Handlungsschritt "bewusstseinspflichtig", im Verlauf des Lernprozesses werden diese Handlungsschritte zu hierarchischen Handlungseinheiten zusammengefasst, die über einen "Unterprogramm-Namen" abrufbar sind. Im Normalfall, d.h. ohne Störungen, ist nur noch der Unterprogrammname bewusstseinspflichtig. Unterprogrammnamen haben die Funktion von "Superzeichen" (CUBE, 1968). Sie werden aus hierarchisch zusammengefassten "Vergleichs - Veränderungs - Rückkopplungseinheiten" (VVR-Einheiten senusu HACKER, 1978)[3] gebildet.

Wir nehmen an, dass es einerseits diese Unterprogrammeinheiten des Handlungsablaufs sind, die durch ihre Struktur und Passung die Handlungs- und damit gesamthaft betrachtet die Arbeitseffizienz beeinflussen. Andererseits werden Nutzung und Gestaltung des Tätigkeitsspielraums durch die Motivation beeinflusst. In diesem Zusammenhang interessieren die von KUHL (1983) definierten Konstrukte der "Handlungs- bzw. Lageorientierung". Handlungsorientierung bezieht sich, vereinfachend dargestellt, auf die Tendenz, Pläne zu verwirklichen, während bei Lageorientierung auf eine Verwirklichung verzichtet wird. Diese Konstrukte sind person- und kontextabhängig.

3. Erkundungsexperiment

3.1 Versuchsaufbau

Um die Frage beantworten zu können, ob individuelle oder vorgegebene
Dialogformen zu besserer Arbeitseffizienz führen, wurde ein Computerspiel (Abb. 1) konstruiert, welches erlaubt, einfache Befehle analog

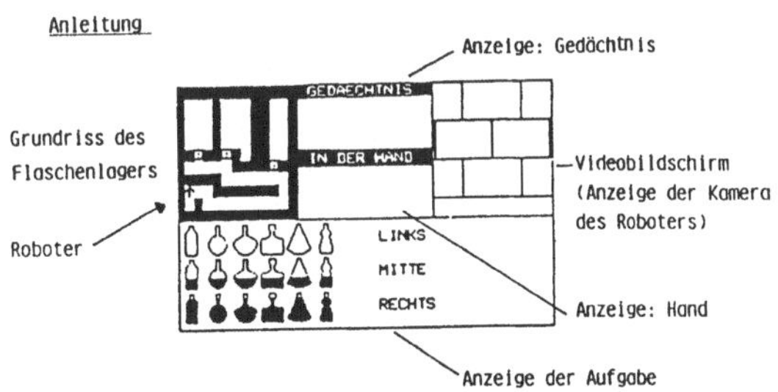

Befehle (jederzeit möglich)

GEHE	Der Roboter geht einen Schritt (1 Feld) in der Pfeilrichtung.
DREHE	Der Roboter dreht sich um 90 Grad im Gegenuhrzeigersinn. (Weitere Drehmöglichkeiten können/müssen selbst definiert werden)
OEFFNE	Der Roboter oeffnet die Türe, ist keine vorhanden, meldet er den Fehler
NIMM	Der Roboter nimmt eine Flasche aus dem Regal. Ist dieses leer oder gar nicht vorhanden, meldet er den Fehler.
DEPONIERE	Was er in der Hand hat, deponiert er. Ist kein Regal vorhanden oder das Fach voll, so meldet er das. Es darf nur immer eine Flasche im Regalfach sein.
MERKE	Der Gegenstand im Regal, den der Roboter sieht, wird ins Gedächtnis geschrieben und auf dem Bildschirm (oben mitte) im Abteil "Gedächtnis" angezeigt.
VERGLEICHE	Der Roboter vergleicht den Inhalt des Regals mit dem des Gedächtnisses.

Abb. 1: Auszug aus der Spielanleitung mit der Beschreibung des Bild-
schirminhaltes und der Befehle.

zu den VVR-Einheiten zu hierarchischen Befehlseinheiten bzw. Superzeichen zusammenzufassen und so den Handlungsablauf zu optimieren. Der
gesamte Handlungsablauf wie auch der Befehlsaufbau und allfällige
Aenderungen werden zusammen mit dem jeweiligen Stand des Spiels in
einem Logfile (Abb. 2) dokumentiert. Das Spiel kann an allen APPLE-II
Computern gespielt werden.

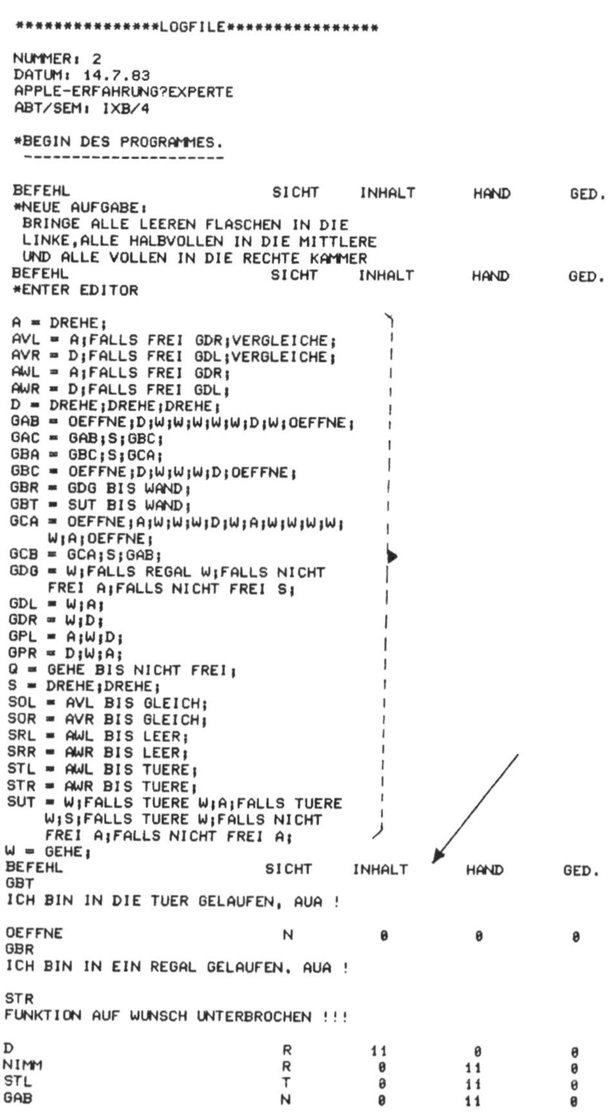

```
***************LOGFILE****************

NUMMER: 2
DATUM: 14.7.83
APPLE-ERFAHRUNG?EXPERTE
ABT/SEM: IXB/4

*BEGIN DES PROGRAMMES.
----------------------

BEFEHL                      SICHT   INHALT    HAND     GED.
*NEUE AUFGABE:
 BRINGE ALLE LEEREN FLASCHEN IN DIE
 LINKE,ALLE HALBVOLLEN IN DIE MITTLERE
 UND ALLE VOLLEN IN DIE RECHTE KAMMER
BEFEHL                      SICHT   INHALT    HAND     GED.
*ENTER EDITOR

A = DREHE;
AVL = A;FALLS FREI GDR;VERGLEICHE;
AVR = D;FALLS FREI GDL;VERGLEICHE;
AWL = A;FALLS FREI GDR;
AWR = D;FALLS FREI GDL;
D = DREHE;DREHE;DREHE;
GAB = OEFFNE;D;W;W;W;W;D;W;OEFFNE;
GAC = GAB;S;GBC;
GBA = GBC;S;GCA;
GBC = OEFFNE;D;W;W;W;D;OEFFNE;
GBR = GDG BIS WAND;
GBT = SUT BIS WAND;
GCA = OEFFNE;A;W;W;W;D;W;A;W;W;W;W;
    W;A;OEFFNE;
GCB = GCA;S;GAB;
GDG = W;FALLS REGAL W;FALLS NICHT
    FREI A;FALLS NICHT FREI S;
GDL = W;A;
GDR = W;D;
GPL = A;W;D;
GPR = D;W;A;
Q = GEHE BIS NICHT FREI;
S = DREHE;DREHE;
SOL = AVL BIS GLEICH;
SOR = AVR BIS GLEICH;
SRL = AWL BIS LEER;
SRR = AWR BIS LEER;
STL = AWL BIS TUERE;
STR = AWR BIS TUERE;
SUT = W;FALLS TUERE W;A;FALLS TUERE
    W;S;FALLS TUERE W;FALLS NICHT
    FREI A;FALLS NICHT FREI A;
W = GEHE;
BEFEHL                      SICHT   INHALT    HAND     GED.
GBT
ICH BIN IN DIE TUER GELAUFEN, AUA !

OEFFNE                        N       0        0        0
GBR
ICH BIN IN EIN REGAL GELAUFEN, AUA !

STR
FUNKTION AUF WUNSCH UNTERBROCHEN !!!

D                             R       11       0        0
NIMM                          R       0        11       0
STL                           T       0        11       0
GAB                           N       0        11       0
```

Abb. 2: Auszug aus einem Logfile zu Beginn des Spieles.

Das Spiel umfasst eine Robotersteuerung in einem Labyrinth, das drei Kammern mit Weinflaschen enthält. Der Auftrag besteht darin, die Flaschen nach ihrem Inhalt (leer / halbvoll / voll) mit Hilfe des Roboters in die Regale der drei Kammern zu sortieren. Die in Abb. 1 dargestellten Grundbefehle können mittels eines Befehlseditors während des Spiels zu Macros zusammengefasst werden. Diese lassen sich jederzeit korrigieren bzw. an veränderte Anforderungen anpassen. Es stehen Verknüpfungsmöglichkeiten mit "falls" (Selektion) und "bis" (Iteration) mit den Bedingungen "leer", "nicht", "frei", "gleich", "Türe", "Wand" und "Regal" zur Verfügung. Damit repräsentiert die Robotersteuerung eine reale Tätigkeit, welche Anforderungen an räumliches Vorstellungsvermögen, Merkfähigkeit und Antizipationsvermögen stellt. Sie ist keine Problemlöseaufgabe etwa im Sinne des bekannten Turms von Hanoi, denn es stehen genügend leere Fächer in den Regalen bereit[4].

3.2 Versuchspartner und Versuchsablauf

In einer ersten Versuchsreihe erhielten 6 Studenten[5] der ETH den Auftrag, möglichst effiziente Befehlssätze zu entwickeln, welche es erlauben, die Aufgabe mit möglichst wenig Befehlsschritten und möglichst geringem Zeitaufwand auszuführen. Die Anzahl der zur Entwicklung dieses Befehlssatzes notwendigen Spiele war jedem Teilnehmer freigestellt und die Logfiles konnten für die Spielanalyse benutzt werden. Die Befehlssätze wurden mit dem zugehörigen Logfile ausgewertet und die Ergebnisse mit den Teilnehmern – nunmehr "Experten" – in der Gruppe ausführlich diskutiert, wobei die einzelnen Vorgehensweisen gegenseitig begründet und erläutert wurden.

Eine zweite Versuchsreihe wurde mit 3 Studenten und 2 Lehrlingen der ETH durchgeführt, die wiederum eigene Befehlssätze entwickeln konnten, aber zusätzlich das Spiel mit zwei vorgegebenen Befehlssätzen spielen sollten. Die vorgegebenen Befehlssätze wurden von Studenten der ersten Gruppe übernommen. Die Teilnehmer wurden anschliessend gebeten, die eigenen und vorgegebenen Befehlssätze zu vergleichen und zu beurteilen.

4. Ergebnisse

4.1 Individuelle Handlungsstile

Abb. 3 zeigt den Zusammenhang zwischen der Anzahl der definierten
Befehle und der Anzahl der benötigten Schritte bis zur erfolgreichen
Lösung der Aufgabe.

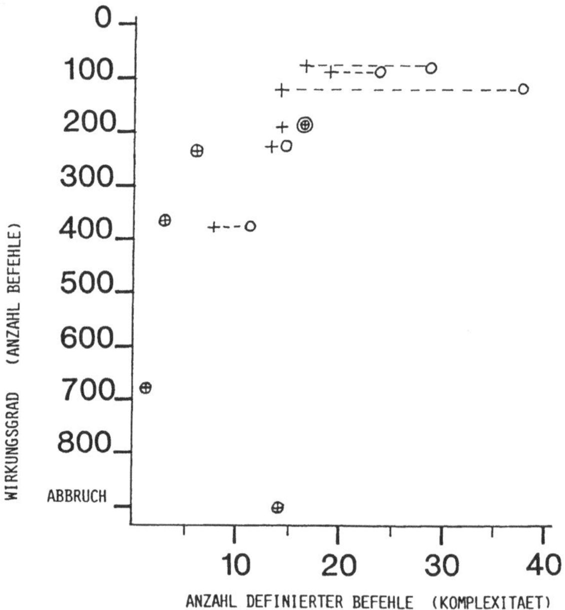

Abb. 3: Zusammenhang zwischen selbstdefinierten Befehlen und zur
Lösung der Aufgabe notwendigen Befehlen.

Einige Versuchspartner definieren nur soviele Befehle, wie sie auch
benutzen. Einige schaffen sich ein breites Befehlsrepertoire, welches
zu komplexen Befehlshierarchien zusammengefasst wird. Bei einigen Ver-

suchspartnern kann man beobachten, dass Befehle "auf Vorrat" geschaffen werden, welche später während des Spiels nicht benutzt und auch bei der Definition anderer Befehle nicht verwendet werden. Befehle, die zu Fehlern führen (z.B. Drehungen) werden von den meisten Versuchspartnern durch geeignete Namensgebung (z.B. LINKS statt DREHE) oder Befehlserweiterungen korrigiert.

Die Versuchspartner unterscheiden sich auch in der Wahl der Vorgehensweise. Es lassen sich drei Gruppen unterscheiden: Drei Spieler entwickelten den Befehlssatz, bevor sie zu spielen begannen oder brachen das Spiel nach wenigen Schritten ab und führten zunächst eine genaue Analyse der Aufgabe durch, meist unter Zuhilfenahme eines externen Speichers (Papier und Bleistift). Sechs Spieler entwickelten die Befehle nach Bedarf im Lauf des Spiels und korrigierten und testeten ihren Befehlssatz fortlaufend. Zwei Spieler begnügten sich mit dem Definieren der dringendsten Befehle, wie RECHTS und einem LAUF-Befehl, um das mühsame GEHE zu vermeiden.

Der Fragebogen zur motivationalen Handlungsorientierung von KUHL (1983) zeigt Zusammenhänge zwischen Motivationslage und Anzahl definierter Befehle. Handlungsorientierte Personen nutzen im Vergleich zu lageorientierten vermehrt die Möglichkeit, eigene Befehle zu bilden[6].

4.2 Mentale Repräsentation

Nach dem bisherigen Stand der Analyse wird die Handlungsabfolge im wesentlichen von der mentalen Repräsentation - die wiederum von Motivation und kognitiven Stilen mitgeprägt wird - und dem Bedürfnis nach Kontrolle bestimmt. Abb. 4 veranschaulicht die unterschiedliche Struktur analoger Befehle.

D12 und GW12 steuern den Roboter von Raum 1 nach Raum 2, doch bestehen erhebliche Unterschiede in der Komplexität und im Aufbau dieser Befehle.

Befehle wie "GEHE BIS NICHT FREI", die die Kontrolle bis zur Beendigung des Befehls an den Roboter "übertragen" und "GEHE;GEHE;GEHE;GEHE", die ganz bewusst und gezielt nur für wenige

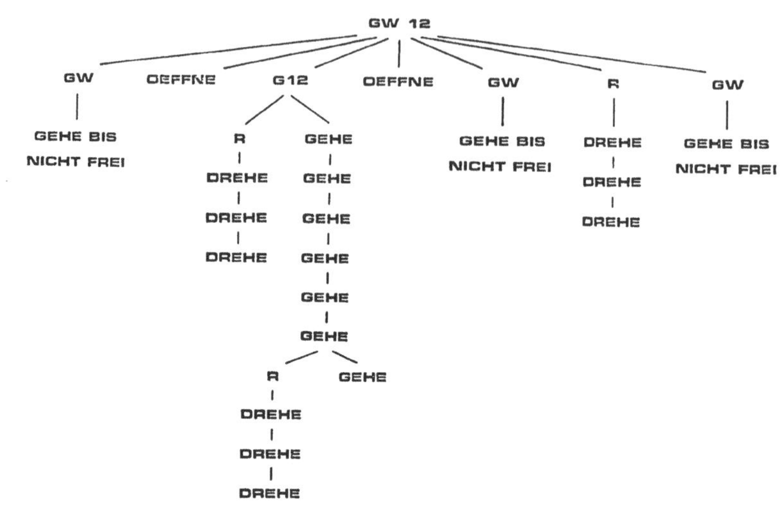

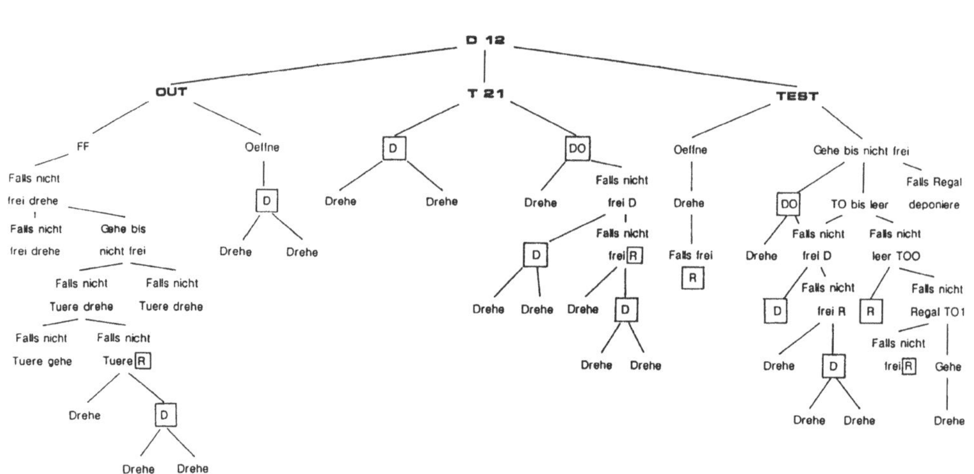

Abb. 4: Graphische Darstellung zweier analoger Befehle aus verschiedenen Befehlssätzen. GW12 wie auch D12 steuern den Roboter von Raum 1 nach Raum 2, D12 allerdings "vollautomatisch" aus jeder Stellung im Raum. D12 ist aus verschiedenen Unterprogrammen wie D, DO und R aufgebaut.

Schritte eingesetzt werden und die Kontrolle über die Zielerreichung beim Befehlsgeber belassen, sind auf Unterschiede im Bedürfnis nach Handlungskontrolle der betreffenden Versuchspartner zurückzuführen, wie die Gruppendiskussion der "Experten" ergab.

Es zeigt sich, dass einige Versuchspartner quasi "automatische" Befehle entwickelten, bei denen der Roboter selbst ein leeres Fach sucht und dann die Flasche selbst deponiert. Der Befehlsentwickler verzichtet in diesem Fall auf Kontrolle über den Prozess und die Sortierstrategie. Andere entwickelten zwar analoge Befehle, behielten sich aber den Befehl zum Deponieren der Flasche vor.

Es besteht die Möglichkeit, die Befehlsfolge mit dem für Ausnahmefälle vorgesehenen Abbruchbefehl (analog Ctrl-Reset) zu unterbrechen. Zwei Spieler benutzten diesen Abbruchbefehl, um in den Räumen Flaschen zu suchen und programmierten entsprechende "endlose" Befehlsabfolgen. Sahen sie auf dem "Videoschirm" des Roboters eine falsche Flasche, wurde der Roboter an der betreffenden Stelle mit dem Abbruchbefehl gestoppt.

Die Struktur der Befehle bestimmt im wesentlichen die Eingriffsmöglichkeiten des Steuernden. Beim selbstkonstruierten Befehlssatz kann er selbst den gewünschten Grad an Kontrolle bestimmten. Die Art und Nutzung der "mentalen Verarbeitungskapazität" beeinflusst in diesem Zusammenhang die Effizienz der Handlung: Durch angemessene Delegation der Kontrolle an den Roboter kann das Gedächtnis in Bezug auf Merkfähigkeit (Standort der zu sortierenden Flaschen) und Strategiebildung entlastet werden, "mentale Verarbeitungskapazität" wird freigesetzt.

4.3 Effizienz und Wirkungsgrad

Für dieses Spiel wurde die Anzahl bis zur Lösung der Aufgabe notwendigen Befehlsschritte als Wirkungsgrad definiert (vgl. Abb. 3). Betrachtet man nicht nur die bis zur Lösung der Aufgabe benötigte Anzahl Befehlsschritte, sondern auch noch die zur Lösung der Aufgabe benötigte Zeit, wird die Bedeutung des Menschen in der Mensch-Computer-Interaktion noch augenfälliger: Zwischen dem Faktor "Zeit" und der "Anzahl definierter Befehle" scheint kein eindeutiger Zusammenhang mehr zu bestehen. Ein Versuchspartner beispielsweise, der sich auf zwei selbstdefinierte Befehle beschränkte, löste die Aufgabe auf Anhieb in 42 Minuten. Ein anderer, mit vorgegebenem komplexeren Befehlssatz, brauchte trotz Befehlen mit besserem Wirkungsgrad[7] ebenfalls 42 Minuten. Ob hier unterschiedliche mentale Beanspruchungen vorliegen und damit die Effizienz anders zu beurteilen ist, muss in weiteren Experimenten geklärt werden; die blosse Befragung der Spieler reicht wegen mangelnder Objektivität nicht aus.

Abb. 5 zeigt die Befehlsabfolgestruktur eines von einem "Experten" entwickelten Befehlssatzes und die Befehlsabfolgestruktur desselben Befehlssatzes, diesmal von einem Lehrling gespielt, der bereits selbst einen eigenen Befehlssatz entwickelt hatte. Augenfällig ist die unterschiedliche Nutzung der Befehle GBT und Q. Der Lehrling vermied die häufig beim Befehl GBT auftretenden Fehler, konzentrierte sich auf einfache, ihm verständliche Befehle wie Q und erreichte im Vergleich zum Experten den besseren Wirkungsgrad. Zeitlich gesehen löst der Experte die Aufgabe in der halben Zeit... nach unserer Definition erzielt er somit die bessere Effizienz. Ich möchte in diesem Zusammenhang von der **objektiven Mächtigkeit** eines Computerbefehls sprechen, und meine damit den Umfang, die Anwendbarkeit und den Nutzen des Befehls rein auf die Software bezogen, also so, wie er vom Softwaredesigner konzipiert wurde. Unter **subjektiver Mächtigkeit** soll die individuelle Auffassung von Umfang, Anwendbarkeit, Wirkung und Nutzen des vom Benutzer redefinierten Befehls verstanden werden[8]. Dieser subjektive Anwendungsbereich wird vom operativen Abbildsystem und der unterschiedlichen Nutzung der VVR-Einheiten determiniert und bestimmt massgeblich den Wirkungsgrad.

Es stellt sich die Frage, von welchen Faktoren die Effizienz vorgegebener Befehlssätze beeinflusst wird. In der zweiten Versuchsreihe wurde ein einfacher (7 Befehle, leicht nachvollziehbar) und ein komplexer (17 Befehle, relativ schwer durchschaubar) Befehlssatz vorgegeben und mit der Effizienz selbstdefinierter Befehle der selben Spieler verglichen. Beim einfachen Befehlssatz sind kaum Unterschiede in der Effizienz zwischen den Versuchspartnern festzustellbar, die mit dem individuellen Befehlssatz erzielte Effizienz ist aber in jedem Fall überlegen. Mit dem komplexen Befehlssatz führte nur ein Teilnehmer das Spiel gefälligkeitshalber zu Ende, mit der schlechtesten

Abb. 5: Befehlsabfolgestruktur eines selbstentwickelten Befehlssatzes
(unten) und Befehlsabfolgestruktur desselben Befehlssatzes, vorgegeben
gespielt (oben).

Effizienz der ganzen Versuchsreihe. Die andern sagten, die Sache sei nicht nachvollziehbar und der eigene Befehlssatz besser. Die Daten reichen für eine eindeutige Interpretation nicht aus, weshalb diese Versuchsreihe in grösserem Umfang im Sommersemester 1984 weitergeführt wird.

5. Diskussion

Die unterschiedliche Nutzung des Handlungs- und Tätigkeitsspielraums beruht auf interindividuell unterschiedlichen Vorgehensweisen bei der Konstruktion von Macrobefehlen, die u. E. durch Faktoren wie Gedächtniskapazität, Kontrollbedürfnis sowie mentale Repräsentation der Aufgabenstellung durch die Versuchsperson (Auffassung der Aufgabenstellung, Zielsetzung, Prioritäten und die subjektive Mächtigkeit der verwendeten Befehle etc.) bedingt sind. Diese Faktoren können sich in ihrem Einfluss ausgleichen, d.h. eine schlechte Gedächtnisleistung kann durch eine geringe Anzahl definierter Befehle und eine optimale Strategie kompensiert werden. Unterschiedliche persönliche Handlungs- bzw. Arbeitsstile können zu gleich effizienten Arbeitsabläufen führen, auch wenn - oder vielleicht gerade weil - die Eigenschaften des Systems "Computer" durch Macros verändert werden. In Abb. 6 ist die aus den bisherigen Erfahrungen abgeleitete vorläufige Arbeitshypothese über den Zusammenhang zwischen der Anzahl selbstdefinierter Befehle, dem davon abhängigen, vom Menschen zu erbringenden Aufwand zur Kontrolle der Robotersteuerung und den Gedächtnisanforderungen wie auch den aus der Anzahl und Art der definierten Befehle resultierenden Systemeigenschaften (z. B. Leerläufe des Roboters) skizziert.

Der Hypothese liegt das Prinzip der linearen Optimierung mehrerer voneinander abhängiger Parameter bzw. Funktionen zugrunde, die aber noch der theoretischen Ausdifferenzierung und Ergänzung sowie der experimentellen Ueberprüfung bedürfen. Die Darstellung ist generalisiert und müsste für jeden Versuchspartner getrennt aufgezeichnet werden, zudem handelt es sich nicht unbedingt um lineare Funktionen.

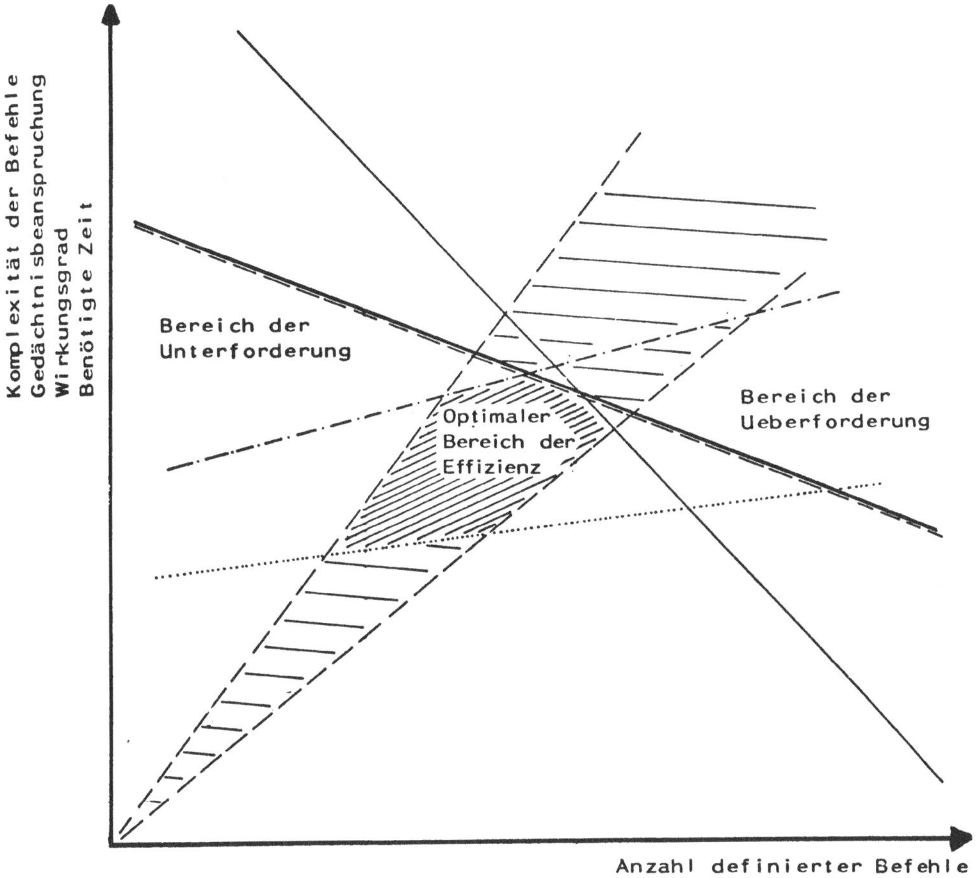

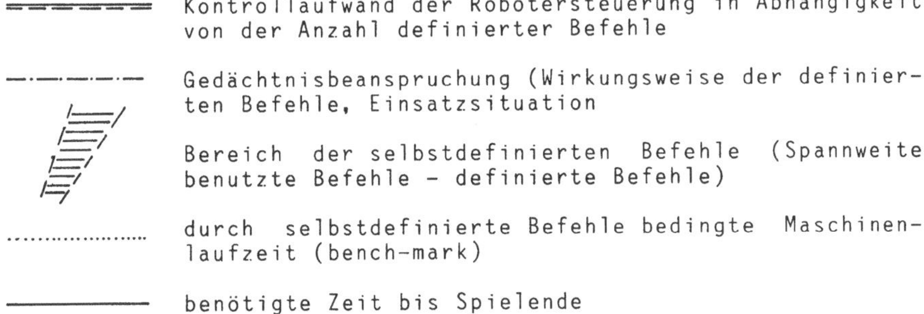

Abb. 6: Hypothetische Annahmen über die gegenseitige Beeinflussung und den Zusammenhang zwischen

Kontrollaufwand der Robotersteuerung in Abhängigkeit von der Anzahl definierter Befehle

Gedächtnisbeanspruchung (Wirkungsweise der definierten Befehle, Einsatzsituation

Bereich der selbstdefinierten Befehle (Spannweite benutzte Befehle – definierte Befehle)

durch selbstdefinierte Befehle bedingte Maschinenlaufzeit (bench-mark)

benötigte Zeit bis Spielende

für einen Versuchspartner im Sinne einer linearen Optimierung der Effizienz. Paramter und Funktionsverläufe bedürfen der weiteren Differenzierung und der experimentellen Ueberprüfung.

6. Dialogdesign: Schlussfolgerungen

Bei der Softwaregestaltung sind Möglichkeiten zu schaffen, die dem Benutzer die individuelle Anpassung der Befehle-, Steuer- und Darbeitungsstrukturen an seine Bedürfnisse ermöglichen. Dies kann beispielsweise in Form einer einfachen Computersprache (z.B. wie im vorgestellten Computerspiel oder dBASEII) etwa als Terminalinterface oder mit Hilfe von Regeln und Entscheidungstabellen realisiert werden. Die Möglichkeit, Handlungsfehler durch Umstrukturierung der Befehle und/oder durch Umbenennung zu korrigieren, ist für eine optimale Nutzung der Dialogmöglichkeiten unabdingbar. Der Mensch ist kein statisches, sondern ein lernendes System. Jeder Benuzter durchläuft verschiedene Stadien eines Entwicklungs- und Lernprozesses im Mensch-Computer-Dialog, die je unterschiedliche Anforderungen an die Gestaltung der Software stellen. Wird diese zu einfach konzipiert, so sinkt die Motivation zur Auseinandersetzung mit der Problem- und Aufgabenstellung und die Notwendigkeit zur Motivierung durch andere Mittel nimmt zu. Zudem wird keine Möglichkeite zur Qualifizierung geboten, was sich bei Aenderungen der Arbeitstätigkeit nachteilig auswirkt. Als Bedingung einer optimalen Aufgabenorientierung und Leistungsmotivation der Mitarbeiter nennt ULICH (1984b) folgende Merkmale für die Gestaltung von Arbeitsaufgaben:

(1) Ganzheitlichkeit
(2) Anforderungsvielfalt
(3) Kooperationserfordernis
(4) Lernmöglichkeit
(5) Autonomie.

Diese Gestaltungsmerkmale sind sinngemäss auch auf Softwaregestaltung anzuwenden.

7. Anmerkungen

1) Aufwand und Ertrag im technischen, soft- und hardwaremässigen Bereich möchte ich als Wirkungsgrad bezeichenen, "benachmark-Tests" ermitteln diesen Wirkungsgrad. Von Effizienz ist dann zu sprechen, wenn

der Mensch in die Analyse einbezogen wird. Der Aufbau der Befehle
(Macros) bestimmt den Wirkungsgrad und seine Anwendung in der Handlungsabfolge die Effizienz.

2) Einige an arbeitsgestalterische Massnahmen zu stellende Forderungen
legte ULICH (1978) in den Prinzipien der differentiellen und der dynamischen Arbeitsgestaltung nieder: "Das Prinzip der differentiellen
Arbeitsgestaltung soll dazu beitragen, eine optimale Entwicklung der
Persönlichkeit in der Auseinandersetzung mit der Arbeitstätigkeit auf
dem Hintergrund interindividueller Differenzen zu gewährleisten. Damit
dies tatsächlich geschehen und Prozessen der Persönlichkeitsenticklung
Rechnung getragen werden kann, bedarf das Prinzip der differentiellen
Arbeitsgestaltung der Ergänzung durch das Prinzip der dynamischen Arbeitsgestaltung. Damit ist die Möglichkeit der Erweiterung bestehender
oder Schaffung neuer Arbeitssysteme gemeint sowie die Möglichkeit des
Wechsels zwischen den verschiedenen Arbeitssystemen."

3) Unseren Ueberlegungen und den bereits vorliegenden Ergebnissen zu-
folge ist diese im kognitiven Bereich als "Vergleichs-Zielsetzungs-
Veränderungseinheit" zu konzipieren, und es sind motivationale wie
auch kognitive Prozesse zu berücksichtigen. Die reine VVR-Einheit ist
eher auf sensumotorische Abläufe bezogen.

4) Das Spielprogramm ist so konzipiert, dass die Aufgabenstellung für
weitere Fragestellungen und geplante Experimente ergänzt, erweitert
oder ganz geändert werden kann.

5) Diese Untersuchungen wurden im Rahmen der Uebungen zur Vorlesung
"Arbeitspsychologie" (Prof. Dr. E. Ulich) im Studiengang "Mensch-Tech-
nik-Umwelt" der Abteilung Elektrotechnik der ETH Zürich im Sommersemester 1983 durchgeführt. Den Studenten Th. Boll, H.A. Löliger, W.
Trachsler, P. Tiesnes, P. Sidler und G. Quirici möchte ich für ihren
Einsatz danken. Die Arbeiten werden mit Studenten der Abteilung Elektrotechnik und der Abteilung Informatik der ETH weitergeführt.

6) Da der Fragebogen nicht von allen Versuchspartnern ausgefüllt
wurde, müssen wir vorläufig auf eine statistische Absicherung der
Ergebnisse verzichten.

7) Der Wirkungsgrad des Befehlssatzes wurde bei dem Spieler ermittelt, der ihn selbst entwickelt hatte, also individuell spielte.

8) Diese Unterscheidung mag durch den Seufzer von WIRTH (BYTE
1984,8,p. 150) illustriert werden: "The more intricate and sophisticated a facility is, the smaller ist the chance that it will be
used wisely..."

8. Literatur

CUBE, F. v.: Kybernetische Grundlagen des Lernens und des Lehrens.
Stuttgart: Klett, 1968.

HACKER, W.: Allgemeine Arbeits- und Ingenieurpsychologie. Schriften
zur Arbeitspsychologie (Hrsg. E. Ulich), Band 20. Bern: Huber, 1978

KUHL, J.: Motivation, Konflikt und Handlungskontrolle. Berlin: Springer, 1983.

OSCHANIN, D. A.: Dynamisches operatives Abbild und konzeptionelles
Modell. Probleme und Ergebnisse der Psychologie, 1976,59,37-48.

TRIEBE, J.K.: Aspekte beruflichen Handelns und Lernens. Eine Feld- und
Längsschnitt-Untersuchung zu ausgewählten Merkmalen der Struktur und
Genese von Handlungsstrategien bei einer Montagetätigkeit. Bern:
Unpublizierte Dissertation der phil.-hist. Fakultät, 1980.

ULICH, E.: Ueber das Prinzip der differentiellen Arbeitsgestaltung.
Industrielle Organisation, 1978, 47,281-286.

ULICH; E.: Psychologie der Arbeit. Management-Enzyklopädie, Band 7.
Landsberg/Lech: Moderne Industrie, 1984a, 914-929.

ULICH, E.: Arbeitspsychologische Konzepte und neue Technologien. In:
Bericht über den Jahreskongress der Sektion Arbeits- und Betriebspsychologie im Berufsverband Deutscher Psychologen. Im Druck, 1984b.

DAS MENTALE MODELL ALS AUSGANGSPUNKT ZU EINEM BENUTZERFREUNDLICHEM REISEBERATUNGSSYSTEM

Michael Staufer
Frankenwaldallee 43
D-8520 Erlangen

1.ZUSAMMENFASSUNG

Der vorliegende Beitrag versucht, die Wirkung mentaler Modelle des
Benutzers in bezug auf das in diesem Band angeführte konzeptuelle
Modell "Planung und Buchung einer Urlaubsreise" (DIRLICH et al. 1986)
zu erörtern. Als erstes wird der Begriff "mentales Modell" zu bereits
bestehenden psychologischen Theorien in Beziehung gesetzt. Danach werden potentielle Einflüsse der Schnittstelle und des Benutzers diskutiert, die bei der Entwicklung des mentalen Modells von einem Reiseberatungssystem wirksam werden können. Daraufhin werden die besonderen
Eigenheiten von mentalen Modellen beschrieben und daraus Gestaltungs-
kriterien für ein benutzerfreundliches System abgeleitet. Anschließend
werden noch einige Methoden vorgestellt, die den Zugang zu den Benutzermodellen ermöglichen und auf diese Weise als Richtlinie bei der
Schnittstellengestaltung dienen können.

2.DEFINITION DES BEGRIFFS "MENTALES MODELL"

Der Mensch benutzt in der Interaktion mit der Umwelt Konzepte, -sowohl
über Gegenstände und Personen, die ihn umgeben, als auch über sich
selbst. Mentale Modelle entstehen aus Erfahrungen, die während der
Interaktion mit der Umwelt im Laufe des Lebens gewonnen werden. Schon
DUNCKER (1935) erwähnt, daß Erwartungen und Vorerfahrung das Denken
und Handeln entscheidend beeinflussen.
Zur Zeit existiert noch keine verbindliche Definition des Terminus
"mentales Modell". Es besteht jedoch Übereinstimmung dahingehend, daß
mentale Modelle die Wahrnehmung und demzufolge auch Denken und Handeln

beeinflussen. Darüberhinaus wirken sie als Gedächtnisstütze beim
Einprägen neuer Informationen.
Die strukturierende Wirkung mentaler Modelle erstreckt sich wahr-
scheinlich sowohl auf epistemisches Wissen, als auch auf prozedurale
Repräsentationen von Wissen.
Mentale Modelle sind relativ träge kognitive Strukturen, die -wenn sie
etabliert sind- sich nur langsam an neue Gegebenheiten anpassen. Sie
entstehen teilweise quasi-automatisch durch Beobachtung und Umgang mit
den Dingen der Umwelt, teilweise auch durch bewußtes Schlußfolgern und
Unterricht.
Mentale Modelle unterstützen das menschliche Denken auf verschiedene
Weise. Dabei beziehen sie sich immer auf das Handeln in einer relativ
eng begrenzten Umwelt, und damit auf ein bestimmtes Zielsystem. In
GENTNER & STEVENS (1983) sind hauptsächlich mentale Modelle beschrie-
ben, die sich auf beobachtbare Zielsysteme beziehen (zB. das Bedienen
eines Taschenrechners, das Navigieren eines Segelboots, die erwartete
Wirkung der Schwerkraft auf ein fliegendes Objekt).
SCHANK & ABELSON (1977) bezeichnen mentale Modelle zur Ausführung von
Handlungen als "scripts". Es ist wahrscheinlich, daß jeder Mensch auch
"Handlungsprogramme" (mentale Modelle) zur Erledigung mehr kognitv
orientierter Tätigkeiten besitzt (zB. "Wie gehe ich vor, um ein Refe-
rat abzufassen?").
Auch HACKER (1980) meint ähnliche kognitive Strukturen wie mentale
Modelle, wenn er von operativen Abbildsystemen spricht, mit deren
Hilfe der Arbeiter sein Handeln zielgerichtet steuert.

3. MENTALE MODELLE BEI DER INTERAKTION MIT EINEM REISE-
BERATUNGSSYSTEM

Es ist anzunehmen, daß nach einigen Urlaubsreisen der Reiselustige
sich eine bestimmte Vorgehensweise bei der Urlaubsplanung angeeignet
hat. Er wird diesen Handlungsplan mit den dazugehörigen Zielen und
Unterzielen bei einer neuerlichen Planung eines Urlaubs wieder
anwenden. Ein derariger Handlungsplan könnte beispielsweise folgende
Grobstruktur haben: Zuerst informiere ich mich mit Büchern und Zeitschriften über mein potentielles Urlaubsziel, dann unterhalte ich mich
mit Bekannten, die schon einmal dort waren, danach erkundige ich mich
in mehreren Reisebüros nach den Preisen,...

Wenn nun der Betreffende, statt auf die ihm geläufige Art seinen
Urlaub mit Hilfe eines Beratungssystems plant, so ergeben sich zwangs-
läufig Veränderungen gegenüber der für ihn gewohnten, traditionellen
Vorgehensweise.

BENUTZERVARIABLEN: SCHNITTSTELLENVARIABLEN:

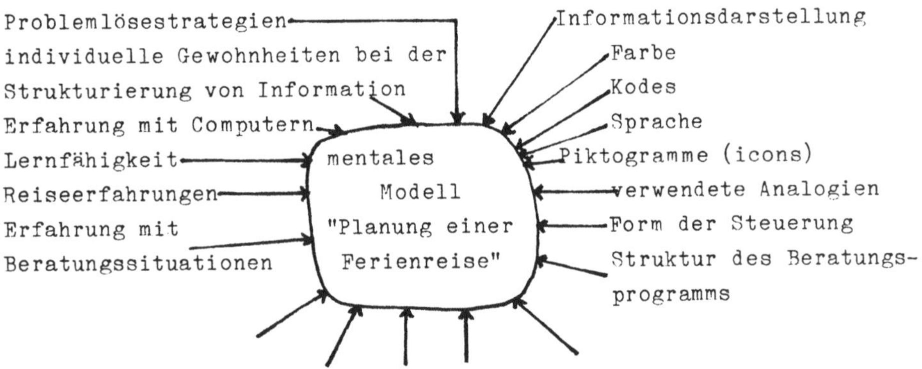

Abb. 1:Beeinflussung des Benutzermodells durch Eigenschaften des Benutzers und die Qualität der Schnittstelle.

Das bereits existierende Modell zur Planung einer Ferienreise paßt
sich langsam an das neue Zielsystem "Beratung mit Hilfe eines Computers" an. Die Einwirkung einiger Faktoren, die diesen Anpassungsvor-
gang beeinflussen ist in Abbildung 1 dargestellt. Es wurde unterschieden in Benutzervariablen und Variablen, die sich aus der Gestaltung
der Schnittstelle ergeben.

Benutzervariablen:
Die Variablen "Erfahrung mit Computern", "Reiseerfahrungen" und "Erfahrungen mit Beratungssituationen" sind bereits bestehende mentale
Modelle. Je umfangreicher und detaillierter die Erfahrungen in den
angesprochenen Bereichen sind, desto vielschichtiger ist auch das mentale Modell, das dem Benutzer zur Verfügung steht. Diese, dem Benutzer
bereits geläufigen mentalen Modelle, unterstützen ihn beim Gebrauch
des neueingeführten Beratungssystems.
Informationen, die im Kontext des Beratungssystems unbekannt erschei-

nen, können möglicherweise in die analogen Modelle "Erfahrung mit
Computern", "Reiseerfahrung" und "Erfahrung mit Beratungssituationen"
integriert werden. Je besser neue Information in bereits bestehenden
Schemata vernetzt werden kann, desto leichter ist sie kognitiv hand-
habbar (ANDERSON 1980).
Zu guter Gedächtnisleistung ist es nötig, daß neue Information in
bereits bestehenden Modellen verankert werden kann. Ist dies nicht der
Fall, wird das Wiederauffinden (retrieval) im kognitiven System erheb-
lich erschwert. "Lernfähigkeit" kann in diesem Zusammenhang als die
Fähigkeit definiert werden, neue Information mit bereits bestehendem
Wissen semantisch und kontextuell zu verknüpfen.
Diese Fähigkeit setzt einerseits auf der Benutzerseite eine gewisse
Erfahrung voraus, Zusammenhänge zwischen scheinbar verschiedenen Gege-
benheiten zu erkennen. Andererseits ist es auch nötig, daß in der
Schnittstelle analoge Modelle implementiert sind, auf die der Benutzer
bei der Wissensrepräsentation zurückgreifen kann.
Für das relevante Beispiel bedeutet dies: Je mehr bekannte Modelle das
Beratungssystem dem Benutzer zur Strukturierung der Information bei
der Planung und Buchung einer Ferienreise zur Verfügung stellt, desto
geschickter wird der Benutzer das System handhaben und desto problem-
loser wird für ihn der Lernprozess ablaufen.

Schnittstellenvariablen:
Analogien können als mentale Modelle dienen, mit deren Hilfe der uner-
fahrene Benutzer den Umgang mit dem Computer zunehmend begreifen
lernt.
HALASZ & MORAN (1982) meinen zwar, daß Analogien als Lernhilfe un-
geeignet sind, weil sie den Benutzer daran hindern, ein adäquates,
effektives Verstehen des neuen Systems zu erlangen. Diese Kritik ist
jedoch nur bei Systemen berechtigt, welche ein tieferes Verständnis
der funktionalen Zusammenhänge erfordern.
Insofern kann nur empfohlen werden, möglichst viele, miteinander kon-
sistente Analogien (zB."Landkarten-", "Klimaschaubilder -" und "Kata-
log-Analogie") in die Schnittstellengestaltung des Beratungssystems
miteinzubeziehen.
In diesem Sinne kann auch gesagt werden, daß die Informationsdarstellung auf dem Bildschirm möglichst realistisch und konkret sein soll.
Im einzelnen bedeutet dies, daß zB. farbige Informationsdarstellung im
allgemeinen schwarz-weiß Darstellung vorzuziehen ist.
Weiterhin sollen die verwendeten Kodes möglichst einfach und verständ-

lich sein. Die im Beispiel angeführten Kommandos erfüllen häufig
dieses Kriterium nicht. Sätze wie, "Ich möchte mich vom System auf die
Auswahlkriterien hinweisen lassen" sind für den "Durchschnittsbenut-
zer" wohl zu lang und umständlich. Auch die Bedeutung des Begriffs
"System" könnte für manche Benutzer unklar sein. Das obengenannte
Beispiel ließe sich zB. besser folgendermaßen formulieren: "Welche
Auswahlkriterien gibt es?"
Vor allen bei einfachen Sachverhalten, sollten statt verbaler Informationsdarstellung Piktogramme verwendet werden. Bildhafte Zeichen bean-
spruchen bei ihrer kognitiven Verarbeitung weniger Kanalkapazität und
besitzen im semantischen Netzwerk mehr Bezugsknoten als Wörter. Die
graphischen Darstellungen "Urlaubszeit", "Reiseziel", "Reisekosten"
und "Urlaubsart" sind gute Ausgangspunkte und sollten nach Möglichkeit
ausgeweitet werden.
Mentale Modelle sind relativ komplexe Gebilde. Deshalb wird es nur in
den wenigsten Fällen möglich sein, ein mentales Modell durch ein ein-
zelnes Piktogramm umfassend abzubilden (STAUFER 1984). Eine optimale
Vermittlung könnte eine größere Anzahl von Bildern leisten; am besten
könnte ein konzeptuelles Modell vielleicht in einer Bilderfolge veranschaulicht werden.
Zusammenfassend kann gesagt werden: Je konkreter die Darstellungsform
ist, desto eher kann neue Information mit schon in der Realität verwendeten Modellen in Bezug gebracht werden.
Die Lösung des Interaktionsproblems (STREITZ 1985) -der Interaktion
mit dem Reiseberatungsystem- wird dadurch erleichtert, daß wichtige
Aspekte des Sachproblems -dem Vorgehen bei der Reiseplanung- möglichst
realitätsnah implementiert werden.

4.DAS MENTALE MODELL DES BENUTZERS IN RELATION ZUM KONZEP-
TUELLEN MODELL DES SCHNITTSTELLENDESIGNERS

Sowohl der Systementwickler, meist ein Akademiker, als auch der Benut-
zer des Reiseberatungsystems haben bestimmte Vorstellungen wie bei der
Reiseplanung vorzugehen ist. Dabei kann das Sachproblem "Vorgehen bei
der Reiseplanung" in verschiedenen Fällen sehr unterschiedlich als
Handlungsplan repräsentiert sein.
NORMAN (1983) trifft die Unterscheidung zwischen dem konzeptuellen
Modell des Schnittstellendesigners (= C(t) von "conceptual model of

the _target system") und dem mentalen Modell des Benutzers (= M(t) von
"_mental model of the _target system"), die auch für das Zielsystem
"Planung und Buchung einer Urlaubsreise" relevant ist. Im Idealfall
sollten M(t) und C(t) möglichst ähnlich sein. Wenn M(t) und C(t) sehr
unterschiedlich sind, hat der Benutzer erhebliche Schwierigkeiten, die
vom Designer geschaffenen, interaktiven Geräte zu verstehen und zu bedienen. Dies führt zu wenig effektivem Vorgehen auf der Seite des
Benutzers, da er wesentliche Arbeitsschritte aufgrund fehlendem M(t)
nicht vollziehen kannn.

Im fiktiven Beispiel von DIRLICH et al. (1986)("Planung und Buchung
einer Ferienreise mit Hilfe eines Beratungsystems") ist nur das konzeptuelle Modell des Wissenschaftlers ausgeführt. Völlig ungewiß ist
dagegen, ob das mentale Modell des Benutzers mit dem konzeptuellen
Modell des Wissenschaftlers übereinstimmt, weil über das Benutzermodell nichts bekannt ist.

Einige Unterschiede des mentalen Modells des Benutzers (M(t)) zu dem
konzeptuellen Modell des Wissenschaftlers (C(t)) sollen nach Kriterien
von NORMAN (1983) erörtert werden.

a: Im Verhältnis zu C(t), sind die mentalen Modelle der
   Benutzer M(t) oft unvollständig.

Das bedeutet für den Bildschirmbenutzer, daß er entweder das Konzept
des Schnittstellen-Designers nicht verstanden hat, oder daß er Teile
dieses Konzepts zumindest vorübergehend vergessen hat.

Zur Lösung dieses Problems kann versucht werden, C(t) zu vereinfachen
oder C(t) analog zu einem anderen, dem Benutzer geläufigen mentalen
Modell zu gestalten.

Es ist anzunehmen, daß die im C(t) der Reiseplanung vorgeschlagene 3-
Phasen Gliederung (Konkretisierung-Suche-Buchung) in der Realität
häufig weniger ausführlich gehandhabt wird. Möglicherweise wird
bisweilen Phase 2 (Suche nach passenden Angeboten) übersprungen. Aus
Bequemlichkeitsgründen wird zB. nur ein Angebot beachtet, weil dieses
vom Reisebüro empfohlen wurde und somit wird direkt nach der Konkretisierung des Urlaubswunsches die Buchung vorgenommen.

b: Die mentalen Modelle der Benutzer sind nicht stabil.
   Vor allem jene Details von M(t), die selten gebraucht
   werden, geraten leicht in Vergessenheit.

Hier sind die Vorteile eines systemgeführten Dialogs besonders offen-

kundig. Das Modell des Benutzers wird kaum alle Möglichkeiten und Kriterien, die bei der Urlaubsplanung vorkommen, berücksichtigen können, da auf diese Weise der mentale Aufwand zu groß wird. Das System soll den Benutzer besonders auf weniger offenkundige Handlungsalternativen aufmerksam machen (zB. Orte, die etwas abseits der Touristenzentren liegen; Nebensaison...).
Ähnlich wie für Punkt a gilt, daß einfache, überschaubare C(t) leichter zu behalten sind, und daß bereits vorhandene mentale Modelle (zB. Suchen in einem Katalog) die Speicherung eines ähnlichen, neuen Modells unterstützen.

c: Mentale Modelle haben keine festen Begrenzungen. M(t)
     ist oft nur ein vager Handlungsplan. Sich ähnelnde
     Mittel und Operationen werden leicht miteinander
     verwechselt.

Verwechslungen können verhindert werden, indem ähnliche Einheiten bewußt vermieden werden. Falls dies unmöglich ist, sollten ähnliche Operationen zumindest durch graphische Gestaltung deutlich voneinander unterschieden werden.
Da trotzdem Verwechslungen nicht ausgeschlossen werden können, soll dem Benutzer immer sofortiges Feedback über seine Interaktion gegeben werden. Außerdem sollten die Auswirkungen einer Verwechslung so gering wie möglich gehalten werden (zB. Die Möglichkeit, den letzten Planungsschritt wieder rückgängig zu machen).

d: Mentale Modelle sind sparsam und redundant. Der
     Benutzer ist eher bereit umständliche, aber bekannte
     Operationen zu vollführen, als unbekanntere, effek-
     tivere Lösungswege zu verwenden. Zusätzliche Arbeit
     wird in Kauf genommen, um mentale Komplexität zu
     vermindern.

Für den Schnittstellen-Entwickler hat dies zwei Konsequenzen: Zum einen sollten komplexe C(t) soweit wie möglich vereinfacht werden. Zum zweiten ist es wichtig, die komplizierteren Aspekte von C(t) durchschaubar zu machen und von der einfachen Grundstruktur deutlich abzuheben.
Da M(t) wahrscheinlich vor allem das Basismuster der Ferienplanung enthält, kann dieses auf dem Bildschirm weniger ausführlich dargestellt werden. Davon abweichende, differenziertere Aspekte sollten

jedoch, weil sie in M(t) nur unzureichend repräsentiert sind, am Bildschirm deutlich ausgeführt sein. Eventuell kann dem Benutzer sowohl eine einfache, wie auch eine komplexe Version der Reiseberatung angeboten werden.

e: Mentale Modelle bezüglich eines einzigen Zielsystems
       sind bei verschiedenen Benutzern nie gleich aus-
       gebildet.

Auch wenn die Basisstruktur interindividuell übereinstimmen mag, so zeigt jedes M(t) doch subjektive Unterschiede. Es wäre denkbar, daß sich überhaupt keine Gemeinsamkeiten bei der Planung und Durchführung von Ferienreisen in den mentalen Modellen verschiedener Benutzer finden lassen. In diesem Fall ist der Beratungsvorgang kaum automatisierbar und der Nutzen eines Beratungssystems müßte eher pessimistisch eingeschätzt werden.

Zusammenfassend läßt sich sagen, daß eine Annäherung von M(t) und C(t) auf folgende Weise geleistet werden kann:
-Bei der Entwicklung von C(t) soll der Schnittstellen- Designer darauf achten, ob in der Benutzerpopulation nicht bereits schon tragfähige M(t)'s zu analogen Funktionen existieren. Diese Modelle sollten in das C(t) des Systems miteinbezogen werden.
-C(t) soll möglichst einheitlich und durchsichtig sein.
-C(t) soll an die unterschiedlichen Bedürfnisse verschiedener Benutzer anpaßbar sein.
-C(t) soll frühzeitig, wenn möglich mit Hilfe von Prototypen, an der Benutzerpopulation erprobt werden. Um M(t) zu ergründen, muß der Benutzer befragt und beobachtet werden.

5.1.LEITLINIEN ZUR SCHNITTSTELLENGESTALTUNG

Benutzerfreundliches Vorgehen bei der Schnittstellengestaltung würde
bedeuten, daß der Schnittstellen-Designer die mentalen Modelle der
Benutzer bezüglich des Sachproblems Reiseberatung studiert und davon
ausgehend die Schnittstelle konzipiert.
Es ist daher unerläßlich, einige mentale Modelle zu dem Zielsystem
"Planung und Buchung von Ferienreisen" zu gewinnen und als Richtschnur
zu verwenden. Wenn mehr über die Handlungspläne zu diesem Zielsystem
bekannt ist, lassen sich folgende Fragen beantworten:
-Ist der Vorgang automatisierbar?
-Wie groß ist der dabei zu leistende mentale Aufwand?
-Wo muß das System Erinnerungshilfen schaffen?
-In welcher Feinheit, Menge und Form soll die Information
 dargeboten werden?
-Ist die Qualität der Ergebnisse des Systems vergleichbar
 mit der Qualität bei eigenem Nachdenken?
-Wie interessant ist das eigene Nachdenken über die Aufgabe
 für den Benutzer?

Bei der Konzeption eines benutzerfreundlichen Beratungssystems sollte
folgendermaßen vorgegangen werden:

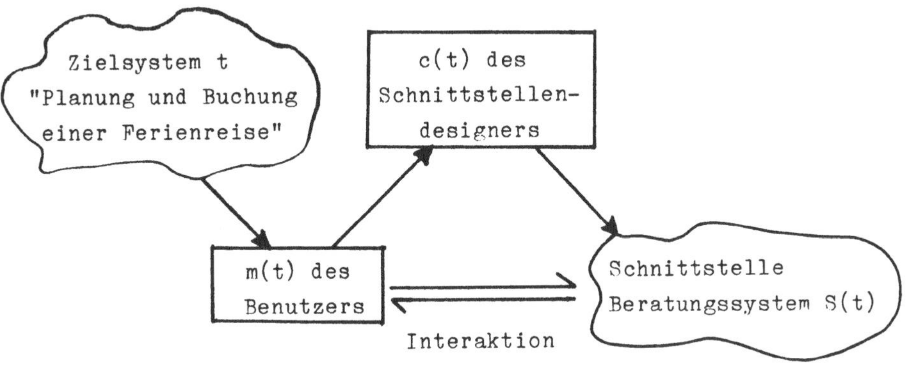

Abb. 2: Relation von M(t) und C(t) als Voraussetzung zu
        erfolgreicher Interaktion

Das konzeptuelle Modell des Designers soll nicht unabhängig vom Modell des Benutzers angefertigt werden, sondern der Benutzer muß in die Schnittstellengestaltung mit einbezogen werden. Nach Abbildung 2 soll C(t) auf der Basis des Benutzermodells entstehen. Vor allem sollen Schwächen von M(t), die eine erfolgreiche Interaktion erschweren, besondere Beachtung finden. Anhand des konzeptuellen Modells, das sich auf M(t) stützt, soll dann die Schnittstelle konzipiert werden. Das Benutzermodell M(t) soll deshalb als Grundlage der Schnittstellengestaltung verwendet werden, weil letztendlich der Benutzer mit Hilfe seines M(t) (mit dessen Stärken und Schwächen) mit dem Beratungssystem interagiert.

6. BESTIMMUNG DES BENUTZERMODELLS

Im folgenden wird deshalb zuerst die Erhebung der Benutzermodelle bei der Lösung des Sachproblems "Planung einer Ferienreise" behandelt. Die dabei verwendbaren Methoden lassen sich am ehesten unter der Bezeichnung "explorierende Observation" zusammenfassen (SUCHMAN 1983).
Die Methode ist eher dem anthropologischen als dem psychologischen Bereich zuzuordnen. Qualitative Einblicke und charakteristische Beispiele des Benutzerverhaltens sind wichtiger als quantitative Analysen mit statistischen Signifikanzen. Die Fertigkeit und das Verständnis des Interviewers bzw. des Beobachtenden trägt ein Wesentliches zur Qualität der Ergebnisse bei.
Wenn sich aufgrund der explorierenden Observation interessante Aspekte ergeben, können diese später in kontrollierten Studien weiter ausgearbeitet werden.

Das Planen und Buchen einer Ferienreise kann zB. anhand folgender Aspekte analysiert werden:
-Durch welche Einflüsse wird die Urlaubsart bestimmt?
-Welche Kriterien der Urlaubsplanung gibt es?
-Wie häufig treten bestimmte Kriterien auf?
-Werden seltene Kriterien als unwichtig erachtet, oder wer den sie einfach vergessen?
-Lassen sich über- und untergeordnete Planungsaspekte er kennen?
-Folgen gewisse Einzelhandlungen regelmäßig auf bestimmte Planungsabschnitte?

6.1.LAUT DENKEN

Jeder "Urlaubsplanende" benützt unterschiedliche Strategien, um seine Reiseplanungen durchzuführen. Um Struktur und Funktionsweise dieser Modelle zu ergründen, sollen die Benutzer ihr Vorgehen in der Planungsphase beschreiben.
Diese Beschreibungen zeigen, _wie_ der "Urlaubsplanende" vorgeht (deskriptiv), und _warum_ er sein Vorgehen in einer bestimmten Weise strukturiert (explikativ).
Da sich der Benutzerkreis für das Beratungssystem nicht genau abgrenzen läßt, kann die relevante Stichprobe aus beliebigen Versuchspersonen zusammengesetzt sein. Die Versuchspersonen werden aufgefordert "laut zu denken" und möglichst ausführlich zu beschreiben, wie sie bei der Auswahl und Planung einer Urlaubsreise vorgehen ("self reports").
Die Beschreibung soll dabei keine vorgegebenen Normvorschriften beinhalten, sondern möglichst die subjektive Sicht des Betroffenen darstellen (LEWIS&MACK 1982).
Gerade die persönliche Sichtweise zeigt das mentale Modell des Urlaubsplaners und damit die Struktur seines informationsverarbeitenden Systems. Im Extremfall könnte es sein, daß dieselbe Tätigkeit bei jedem "Urlaubsplanenden" unterschiedlich repräsentiert ist.
Die Fähigkeit persönliche Vorstellungen zu verbalisieren ist oft eingeschränkt. Auch kann der soziale Aufforderungscharakter der Befragungssituation die Darstellung des "Urlaubsplanenden" verfälschen.
Diese möglichen "Fehlerquellen" sollen bei der Auswertung der Schilderungen berücksichtigt werden.

6.2.INTERVIEWTECHNIKEN

Interviews stellen eine gezielte Form der Befragung dar. Sie gehen über ein reines "Beschreibenlassen" hinaus. Vor allem sollten der Versuchsperson gezielte Fragen zur Urlaubsplanung gestellt werden. zB:
"Was sind für Sie die wichtigsten Kriterien bei der Urlaubsplanung?"
"Was würden Sie tun, wenn Sie zum erstenmal eine Abenteuer-

Reise buchen wollen?"

"Wie würden Sie dabei genau vorgehen?"

"Warum würden Sie so, und nicht anders handeln?"

"Wie gehen Sie normalerweise bei der Urlaubsplanung vor?"

"Haben Sie mit dem derartigen Vorgehen schon schlechte Erfahrungen gemacht (welche)?"

"Können Sie sich auch Ausnahmen vorstellen, bei denen Ihr Vorgehen nicht ratsam erscheint?"

"Meinen Sie, daß Sie bei Ihrer Urlaubsplanung alle Möglichkeiten ausschöpfen? Wo könnte man noch mehr tun?"

"Wie sollte jemand vorgehen, der überhaupt noch nicht weiß wohin er in Urlaub fahren will?"

6.3.BEOBACHTUNG DER INTERAKTION MIT C(t)

Bei den folgenden Methoden ist bereits ein Reiseberatungsystem vorhanden, das der Benutzer mit Hilfe seines bestehenden Modells bedient. Die Resultate dieser Interaktion können zur weiteren Verbesserung herangezogen werden.

NORMAN (1983) meint, daß Benutzer ihre mentalen Modelle nur in begrenztem Umfang mitteilen können. Automatisierte Vorgänge sind nicht mehr bewußtseinspflichtig. Aus diesem Grund sind verbale Beschreibungen zwar hilfreich, aber oft nicht vollständig. Unter Umständen können Beschreibungen der Benutzer sogar falsch -im Vergleich zu ihren mentalen Modellen- sein. In diesem Fall unterscheidet das wirkliche Vorgehen des "Ferienplanenden" sich stark von seinen Vorstellungen (Handlungsplan).

Auch aufgrund der beschränkten Ausdrucksmöglichkeiten der Sprache sind verbale Beschreibungen nur unzureichend. Vielfach wird es schwierig sein, ein mentales Modell mit den passenden Worten zu charakterisieren.

Die Beschreibungen des Benutzers charakterisieren das mentale Modell anhand von subjektiven Daten. Leider ist es schwierig, den Planungsprozess einer Ferienreise direkt zu beobachten, weil es sich hierbei hauptsächlich um kognitive Vorgänge handelt. Es läßt sich lediglich beobachten, wie ein bestimmtes konzeptuelles Modell C(t) zu dem Benutzermodell M(t) paßt.

Eine Möglichkeit, die Qualität eines bereits bestehenden konzeptuellen Modells zu prüfen, ist, den Benutzer aufzufordern, eine Urlaubsreise mit Hilfe von C(t) zu planen.

Die Versuchsperson soll das Beratungssystem "Planung und Buchung einer Ferienreise" benutzen. Wenn bestimmte Funktionen ungewöhnlich <u>zeitaufwendig</u> sind, oder wenn dort <u>häufig Fehler</u> (critical incidents) auftreten, so bedeutet dies, daß M(t) und C(t) an diesen Stellen schlecht übereinstimmen. Durch Befragung sollte dann eruiert werden, warum diese Stellen als besonders schwierig empfunden werden. Daraufhin ist das konzeptuelle Modell an M(t) anzupassen.

Interessant sind auch Unterschiede, die sich bei häufig auftretenden, zentralen Handlungen der planenden Reisevorbereitung ergeben. Falls sich derartige "benchmark tasks" bei der Planung einer Ferienreise finden lassen, so sollte diesen besondere Beachtung geschenkt werden. Wenn vorhanden, können die unterschiedlichen Reaktionen verschiedener Benutzer von einem Erfassungsprogramm automatisch registriert und miteinander verglichen werden.

7. BENUTZERZENTRIERTES VORGEHEN BEI DER ENTWICKLUNG EINES REISEBERATUNGSYSTEMS

Um ein möglichst benutzergerechtes (leicht erlernbar, wenig Fehler, effizient,...) Reiseberatungsystem zu erhalten ist folgendermaßen vorzugehen:

a: Erhebung der mentalen Modelle zum Sachproblem "Planung einer Urlaubsreise" an einer repräsentativen Stichprobe von zukünftigen Benutzern.

b: Erstellung eines prototypischen Reiseberatungsystems aufgrund der wesentlichen Elemente der verschiedenen mentalen Modelle der Benutzerstichprobe.

c: Beobachtung der Benutzer bei der Interaktion mit dem System (Interaktionsproblem) unter besonderer Beachtung von häufig auftretenden Operationen und Fehlern.

d: Verbesserung des Prototyps, wenn nötig und möglich.

Die Punkte c und d sollten solange wiederholt werden, bis ein befriedigendes Ergebnis erreicht ist (iteratives Vorgehen).

<u>LITERATUR</u>

ANDERSON, J.R. 1980. Cognitive psychology and its implications. San Francisco: Freeman.

DIRLICH et al. 1986. Zum Beispiel Reiseberatung. Interaktion mit einem Computersystem. In diesem Band.

DUNCKER, K. 1935. Zur Psychologie des produktiven Denkens. (Republikation: 1963. Berlin: Springer).

GENTNER, D. & STEVENS, A.L. (Ed.) 1983. Mental models. Hillsdale, N.J.: Lawrence Erlbaum.

HACKER, W. 1980. Bedeutung der Analyse des Gedächtnisses für die Arbeits- und Ingeneurpsychologie - zu Gedächtnisanforderungen in der psychischen Regulation von Handlungen. In: KLIX, F. & SYDOW, H.(Ed.).Zur Psychologie des Gedächtnisses. Bern: Huber. p.150-174.

HALASZ, F. & MORAN, T. 1982. Analogy considered harmful. In: ASSOCIA-TION FOR COMPUTING MACHINERY (Ed.) Human factors in computer systems. (=Conference Proceedings, Gaithersburg, Maryland). Baltimore: Association for Computing Machinery (=ACM). p.383-386.

LEWIS, C. & MACK, R. 1982. Learning to use a text processing system: Evidence from "thinking aloud" protocols. In: ASSOCIATION FOR COMPU-TING MACHINERY (Ed.) Human factors in computer systems. Conference Proceedings, Gaithersburg, Maryland). Baltimore: Association for Computing Machinery (=ACM). p.387-392.

NORMAN, D.A. 1983. Some observations on mental models. In: GENTNER, D. & STEVENS, A.L. (Ed.). Mental models. Hillsdale, N.J.: Lawrence Erlbaum. p.7-14.

SCHANK, R.C. & ABELSON, R. 1977. Scripts, plans, goals and understanding. Hillsdale, N.J.: Lawrence Erlbaum.

STAUFER, M.J. 1984. Piktogramme für Bürocomputer. Kognitive Verarbeitung und Repräsentation. Methoden zur Produktion und Evaluation. Erlangen: Psychologisches Institut III der FAU Erlangen-Nürnberg. (Diplomarbeit Schreibmaschinenkopie).

STREITZ, N.A. 1985. Die Rolle von mentalen und konzeptuellen Modellen in der Mensch-Computer Interaktion. In: BULLINGER, H.J. (Ed.). Software Ergonomie 85. Stuttgart: Teubner. p.280-292.

SUCHMAN, L.A. 1983. Office procedure as practical action: Models of work and system design. ACM Transactions on Office Information Systems 1(4), 320-328.

<u>PROBLEME WISSENSCHAFTSGELEITETER FORSCHUNG BEI DER SOFTWARE-ENTWICKLUNG</u>

Uta Schwatlo
Winfriedstr. 14
8000 München 19

1   Einleitung

Durch den zunehmenden Einsatz von Computersystemen mit immer anspruchsvolleren Aufgabenstellungen werden immer mehr "EDV-Laien" und Gelegenheitsbenutzer mit neuen Technologien im Arbeitsprozeß konfrontiert. Ihnen geht es bei der Bedienung und Nutzung der Computer darum, daß ihre Arbeitstätigkeiten durch den Einsatz der Technik effizient unterstützt werden, ohne sich zuvor schwierige Programmier- und Softwarekenntnisse aneigenen zu müssen. Bei der Einführung neuer Technologien in allen möglichen Bereichen der Arbeitswelt können häufig die gleichen Probleme beobachtet werden:

Um die Benutzer mit den neuen Arbeitsmitteln vertraut zu machen, ist meist ein sehr hoher Aufwand an Schulungsmaßnahmen und Serviceleistungen erforderlich. Einführungsphasen von mehreren Monaten und länger, in denen die Benutzer die neuen Arbeitsverfahren und die technische Handhabung erlernen müssen, sind keine Seltenheit. Die Einführung von Computersystemen erfordert häufig einen erheblichen personellen Aufwand zur Betreuung der Benutzer, in deren Verlauf zahlreiche, für den Lernenden nicht identifizierbare Fehler und unerklärliche technische Pannen auftreten, die zumeist auf nicht nachvollziehbare Handhabungsfehler zurückzuführen sind.

Die auftretenden Schwierigkeiten bei der Einführung neuer Computersysteme können zum großen Teil auf eine für heutige Ansprüche unzureichende Gestaltung von Mensch-Computer-Schnittstellen zurückgeführt werden. Vielfach werden von den Benutzern EDV-Kenntnisse verlangt oder zumindest ein hohes gedankliches Abstraktionsniveau bestehender Tätigkeitsabläufe, die den Formalismen der Technik angepaßt werden müssen. Häufig wird in solchen Fällen von den Benutzern die "unverständliche Technikerlogik" beklagt, die ihren eigenen Denk- und Handlungsgewohnheiten nicht entspräche.

Die mit der Einführung neuer Technologien verbundenen Lern- und Umstellungsprobleme der betroffenen Benutzer führen nicht selten dazu, daß viele technische Leistungsmerkmale in der Arbeitspraxis nur zum Teil oder gar nicht benutzt werden.

Die Probleme der Anwender bei der Arbeit mit neuen Computersystemen wurden in jüngster Zeit verstärkt von Psychologen aufgegriffen. Ihr Anliegen ist die Gestaltung von benutzerfreundlichen Mensch-Computer-Systemen, um den Betroffenen Lernprozesse zu erleichtern und damit in kurzer Zeit eine effektive Arbeit mit Hilfe neuer Technologien zu ermöglichen.

Im Mittelpunkt (arbeits-)psychologischer Forschung steht das Bemühen um eine aufgabengerechte, d.h. anforderungsoptimale Gestaltung des gesamten Arbeitssystems (Hacker, 1980c). Das Gestalten von Arbeitstätigkeiten im arbeitspsychologischen Sinne konzentriert sich in erster Linie auf die psychischen, den äußeren Bewegungsablauf regulierenden Komponenten der Arbeitstätigkeit (Macher/Schmidt, 1979). Dazu ist es notwendig, den arbeitenden Menschen und die von ihm verwendeten Arbeitsmittel im gesamten Aufgabenkontext zu betrachten, unter Einbeziehung des betrieblichen organisationalen Umfeldes (Spinas u.a., 1983).

Die Schwerpunkte arbeitspsychologischer Forschung lassen sich in folgende Gestaltungskomplexe unterteilen:

- Betriebliche Aufgabenteilung
- Gestaltung von Arbeitsplatz und -umgebung
- Funktionsverteilung Mensch - Arbeitsmittel
- Gestaltung der Arbeitsmittel (z.B. Hardware)
- Interaktion Mensch - Computer
  (vgl. zu dieser Aufteilung Schindler, 1983).

Die Abgrenzung dieser Gestaltungskomplexe ist nicht immer eindeutig und soll eher der Systematisierung von Untersuchungsschwerpunkten dienen. Wichtig sind jedoch stets Kontextbetrachtungen, in denen sämtliche Anwendungsbedingungen neuer Computersysteme untersucht und je nach Relevanz für die Arbeitsausführung einbezogen werden.

Voraussetzung für die Gestaltung der Mensch-Computer-Schnittstelle ist somit eine nach arbeitspsychologischen Bewertunggskriterien "sinnvolle" Funktionsaufteilung zwischen Mensch und Computer, denn auch die bestgestaltete Schnittstelle allein garantiert noch keine optimalen Arbeitsbedingungen.

1.1 Bewertungsaspekt als Aufgabe der arbeitspsychologischen Forschung

Die Arbeitspsychologie sieht ihre Aufgabe nicht allein in einer deskriptiven Analyse der Auswirkungen neuer Technologien auf die Arbeitsbedingungen des Benutzers. Vielmehr wird eine Bewertung als notwendig erachtet, als Voraussetzung einer benutzeradäquaten Technikgestaltung und -nutzung (Hacker, 1976).

Ziel ist es, durch eine solche Bewertung psychologisch relevanter Einsatzbedingungen und Auswirkungen zu wissenschaftlich begründeten Hinweisen zur Gestaltung und zum Einsatz moderner Bürotechnologien zu gelangen, die eine Optimierung von Anforderungen bei der Arbeitsausführung gewährleisten (Ulich, 1978b). Dabei sollen z.B. Aussagen getroffen werden, inwieweit bestimmte technische Gestaltungsalternativen hinsichtlich der durch sie verursachten Anforderungen als "angemessen" bzw. "zumutbar" erscheinen.

In der Arbeitspsychologie werden - neben ökonomischen Kriterien - vier allgemeine Bewertungskriterien für jede Form von Arbeitstätigkeiten unterteilt:

a) Schädigungsfreiheit:

Schädigungen durch Arbeitstätigkeiten werden durch unzureichende ergonomische Arbeitsbedingungen verursacht, und betreffen die Gestaltung von Arbeitsplatz, Arbeitsumgebung und Arbeitsmitteln.

b) Beeinträchtigungslosigkeit:

Das Kriterium der Beeinträchtigungslosigkeit betrifft psychosomatische Schädigungen, die z.B. als Folge von Monotonisierung der Arbeit, sozialer Isolation oder ständiger Arbeit unter Zeitdruck entstehen können.

c) Zumutbarkeit:

Bei der Bewertung von Arbeitstätigkeiten nach dem Kriterium der Zumutbarkeit werden vor allem die Qualifikation sowie Erwartungen

und Motivation des Stelleninhabers (z.B. bestimmte Aspekte der Über-
bzw. Unterforderung) berücksichtigt.

d) Persönlichkeitsförderlichkeit:

Die Arbeitspsychologie geht davon aus, daß sich die Persönlichkeit
des arbeitenden Menschen weitgehend im Rahmen seiner Auseinandersetzung mit der Arbeitstätigkeit entwickelt. Das Kriterium der Persönlichkeitsförderlichkeit der Arbeit ist somit das umfassendste und
bezieht sich auf die Gestaltung von Arbeitsinhalten, Arbeitsanforderungen, Qualifikation sowie die gesellschaftliche Bewertung der
Arbeitstätigkeit.

Zur Problematik der Festlegung und Interpretation solcher Bewer-
tungskriterien sei auf die ausführlichen Arbeiten von Hacker (1980a und
1980b) verwiesen. Gegenwärtig wird in der Literatur das Fehlen geeigne-
ter methodischer Ansätze beklagt, um diese allgemeinen Prinzipien der
Arbeitsgestaltung (wie z.B. Persönlichkeitsförderlichkeit) in bestimmte
Gestaltungsvarianten zur Funktionsteilung zwischen Stelleninhaber und
Computer und zur innerbetrieblichen horizontalen und vertikalen
Arbeitsteilung umsetzen zu können (Schindler, 1983).

Zentrale Rolle bei der Bewertungsaufgabe arbeitspsychologischer
Forschung spielt das Konzept der "Differentiellen Arbeitsgestaltung"
(Ulich, 1981). Dieses Prinzip meint das gleichzeitige Angebot verschie-
dener Arbeitswegvarianten (Handlungsspielräume), z.B. unterschiedliche
Komplexitäts- und Schwierigkeitsgrade, zwischen denen der Arbeitende
bei der Aufgabenerfüllung wählen kann.

1.2 Schnittstellengestaltung als Teilaspekt der Gestaltung des Arbeitssystems

Entsprechend des Gestaltungsanliegens des Gesamtsystems "Arbeitsplatz" wird die Mensch-Computer-Schnittstelle als ein Teil des Arbeitssystems betrachtet. Um Computersysteme aus psychologischer Sicht benutzerfreundlich gestalten und einsetzen zu können, ist eine intensive
Forschung im Bereich der Software-Entwicklung erforderlich (Dzida,
1980), um die allgemeinen Prinzipien der Gestaltung von Arbeitssystemen
empirisch auf die Bildschirmarbeit umsetzen zu können.

Im Vordergrund steht die Notwendigkeit von wissenschaftlich begründeten Gestaltungsprinzipien und -methoden, die auf der Grundlage von systematischen Arbeitsablauf- und Anforderungsanalysen abzuleiten sind. Erst durch solche Grundlagenstudien lassen sich Hinweise auf Veränderungen von Anforderungen, Beanspruchungsprozessen und deren subjektive Auswirkungen auf den Benutzer erfassen. Wichtig für eine Bewertung und daraus abgeleitete Gestaltungsaussagen ist die Antizipation der Folgewirkungen der entsprechenden Arbeitstätigkeiten am Bildschirmterminal (Schindler, 1983).

Erkenntnisse über das Benutzerverhalten an Computersystemen sind bisher kaum vorhanden, eine psychologische "Theorie des Benutzers" existiert nicht. Ebenso fehlen derzeit noch geeignete spezielle methodische Ansätze, um psychologische Anforderungen an die Benutzer unterschiedlicher Computersysteme abgrenzen und hinsichtlich der Belastungswirkungen bewerten zu können. Eines der Hauptprobleme psychologischer Forschung bei der Software-Entwicklung dürfte jedoch sein, daß es noch keine festgelegten Operationalisierungskriterien der allgemeinen Bewertungskriterien menschlicher Arbeit gibt, nach denen bestimmte Gestaltungsvarianten von Computersystemen für ganz bestimmte Anwendungsfälle beurteilt werden könnten. Dem Psychologen, der bei einem konkreten Anwendungsfall Gestaltungsvorschläge formulieren will, ist hier beinahe beliebiger Interpretationsspielraum gesetzt.

2   Einbeziehung von Arbeitspsychologen in Prozeß der Software-Entwicklung

Zum Thema der Schnittstellengestaltung gibt es aus psychologischer Sicht erst in jüngster Zeit verstärkte Forschungsbemühungen. Das Problem der Gestaltung von Mensch-Computer-Schnittstellen wird im Bereich psychologischer Disziplinen unter den Schlagworten "kognitive Ergonomie" (Dzida, 1980) oder "Software-Ergonomie" (Balzert, 1983) diskutiert. Zu diesem Bereich sind bereits Normen im Entwurfsstadium, die sich mit Gestaltungshinweisen für Dialogarbeitsplätze befassen (DIN-Entwurf 66234. Teil 8). Umfassende theoretische Grundlagen existieren bisher noch nicht.

Computersysteme und Schnittstellen wurden in der Vergangenheit - und werden auch heute noch weitgehend - von Systemdesignern ohne Einbeziehung psychologischer Aspekte in Form von ad-hoc-Lösungen entwickelt. Erst seit relativ kurzer Zeit, im Zuge der Verbreitung der

Mikro-Elektronik in **allen** möglichen Arbeits- und Freizeitbereichen wird das Problem von unzureichend gestalteter Anwendungssoftware offenkundig. In diesem Zusammenhang ist die psychologische Wissenschaft und, da es um die Veränderung der Arbeitswelt geht, speziell die Arbeitspsychologie aufgefordert, einen Beitrag zu leisten.

2.1 Standpunkte der System-Entwickler

Momentan ist noch weitgehendes Mißtrauen und Skepsis zwischen Systemdesignern und Psychologen bzw. Sozialwissenschaftlern festzustellen.

Die Systementwickler fordern von den Psychologen detaillierte Gestaltungsprinzipien, die eindeutig begründet und unmittelbar umsetzbar sind. Diese Richtlinien müssen auf wissenschaftlicher Basis so allgemeingültig formuliert sein, daß sie das vielfältige Anwendungsspektrum von Computeranwendungen in allen möglichen Bereichen abdecken können.

Anwendungs- bzw. technolgieunspezifische Gestaltungshinweise können jedoch nur auf sehr hohem Abstraktionsniveau formuliert werden, so daß bei einer konkreten Schnittstellen-Entwicklung dem Designer großer Interpretationsspielraum bleibt (Norman, 1983).

Die Anforderung an psychologische Mitwirkung bei der Entwicklung von Mensch-Computer-Schnittstellen entsteht aufgrund praktischer Problemstellungen von Systemdesignern. Die Forschung, die frühzeitig im Stadium der Entwicklung neuer Technolgien einsetzen muß, muß die Folgewirkungen des Technikeinsatzes antizipativ erfassen, bewerten und daraus im Sinne einer prospektiven Arbeitsgestaltung konkrete Gestaltungshinweise ableiten. Dahinter steht das Argument von Designern, daß Computer-Schnittstellen aufgrund entsprechender Nachfrage am Markt laufend entwickelt und gestaltet werden müssen, ohne Rücksicht darauf, ob die arbeitswissenschaftliche bzw. psychologische Forschung mit dieser Entwicklung Schritt halten kann oder nicht.

Die gängige psychologische Forschungspraxis mit ihrer Domäne der Experimentalforschung unter Laborbedingungen wird von Systementwicklern eher kritisch betrachtet, da sich deren Ergebnisse meist nur auf bestimmte Datailaspekte beziehen können und die, um einen möglichst hohen Grad an Allgemeingültigkeit zu erreichen, auf sehr hohem Abstraktionsniveau formuliert sind, so daß sie nicht unmittelbar und eindeutig für bestimmte Gestaltungsanliegen herangezogen werden können. Von den Psychologen werden somit konkrete Gestaltungsaussagen gefordert, die wissenschaftlich fundiert und theoretisch abgeleitet sind und darüberhinaus so formuliert sind, daß sie für den Praktiker klar verständlich und eindeutig und unmittelbar für alle möglichen Anwendungsfälle umsetzbar sind.

2.2 Standpunkte der Psychologen

Ein großes Problem für den Psychologen besteht zunächst darin, daß bisher keine spezielle Theorie über die komplexe Situation der Mensch-Computer-Interaktion existiert, aus der er für jeden beliebigen Anwendungsfall Untersuchungskriterien und Gestaltungshinweise ableiten könnte. Zweifelsohne müssen für die Gestaltung von Mensch-Computer Schnittstellen eine Menge unterschiedlicher Theorien aus verschiedenen psychologischen Spezialdisziplinen einbezogen werden, die die in der Praxis auftretenden Probleme und deren Zusammenhänge berücksichtigen. Bisher ist noch nicht eindeutig geklärt, welche psychologischen Theorien für welche Gestaltungspaspekte herangezogen werden können. In den verschiedensten psychologischen Spezialdisziplinen existieren zwar zahlreiche wissenschaftlich gesicherte Erkenntnisse aus der Grundlagenforschung (z.B. Denk-, Wahrnehmungs- oder Lernpsychologie). Diese sind jedoch zumeist auf spezielle Einzelaspekte gerichtet, die in Experimentalsituationen mit reduziertem Variablenkontext gewonnen wurden.

Von daher erscheint es nicht von vornherein gesichert, ob solche Erkenntnisse ohne weiteres auf die komplexe Anwendungssituation von Computersystemen übertragen werden können. Insbesondere das Problem der Gewichtung einzelner theoretischer Grundlagenerkenntnisse im Kontext der Mensch-Computer-Interaktion ist bisher nicht geklärt. Deutlich wird dies z.B. bei der Berücksichtigung von kognitionspsychologischen Erkenntnissen, bei der Benutzerverhalten vorwiegend durch kognitive Prozesse der Informationsverarbeitung beschrieben wird. Emotionale Prozesse der Motivation oder Lernbereitschaft, denen gerade im Beispielfall des Reisebuchungssystems große Bedeutung zukommt, werden dabei nicht einbezogen. Ebenso scheint es schwierig, durch eine isolierte Darstellung von psychologischen Anforderungen wie z.B. "Suchen", "Orientieren" oder "Wahrnehmen" den Sinnzusammenhang der Aufgabenausführung am Computer adäquat erfassen zu können, um daraus Gestaltungsanforderungen ableiten zu können.

Deshalb wäre es eine wichtige Aufgabe der psychologischen Grundlagenforschung, die Übertragbarkeit von wissenschaftlich gesicherten Erkenntnissen aus verschiedenen psychologischen Spezialdisziplinen auf das Problem der Mensch-Computer-Interaktion zu überprüfen. Erste Ansätze hierzu wurden von Card/Moran & Newell (1983) entwickelt, in denen Beziehungen zwischen psychologischer Grundlagenforschung und praktischen Mensch-Computer-Problemen hergestellt werden.

Aufgrund des Fehlens einer spzeiellen Theorie der Mensch-Computer-Interaktion existieren bisher auch kaum geeignete standardisierte Forschungsmethoden für eine differenzierte Analyse kognitiver Aufgabenlösungsprozesse, mit denen Merkmale von Arbeitshandlungen systematisch erfaßt werden könnten (Card/Moran & Newell, 1983). Besonders wichtig sind hierbei längerfristig angelegte psychologische Forschungen, in denen der Entwicklungsprozeß eines Computersystems im gesamten Anwendungskontext bis hin zum Endprodukt begleitet wird.

Eine Kontextbetrachtung scheint auch deswegen wichtig, weil sich mit der raschen technischen Entwicklung sowohl von Ein- und Ausgabetechnologien als auch von Dialogabläufen die Gestaltungsprobleme ständig verlagern und verändern. Der psychologischen Grundlagenforschung wird in diesem Zusammenhang der Vorwurf gemacht, daß sie mit ihren hohen wissenschaftlichen Standards der technischen Entwicklung hinterherhinke. Im Zuge der raschen technischen Entwicklung scheint aus der Sicht der Grundlagenforschung eine Einhaltung geltender wissenschaftlicher Standards bei der Formulierung von "gesicherten" und technikunspezifischen Gestaltungsprinzipien problematisch.

Aufgabe der psychologischen Grundlagenforschung im Bereich der Mensch-Computer-Interaktion wäre es, aus einem (zu entwickelnden) theoretischen Bezugsrahmen standardisierte, problemangemessene Analyseinstrumente abzuleiten, mit denen menschliches Arbeitshandeln am Computersystem analysiert und hinsichtlich psychologischer Anforderungen an den Benutzer klassifiziert und bewertet werden kann. Derarige umfassende theoretische Grundlagen und standardisierte Analyseinstrumente können nicht ad-hoc zur Verfügung gestellt werden, sondern müssen in einem längeren Forschungsprozeß entwickelt werden.

Um trotz theoretischer und methodischer Defizite im Bereich der Gestaltung von Mensch-Computer Schnittstellen konstruktiv mitwirken zu können, müssen Psychologen bereits im Prozeß der Software-Entwicklung im Sinne anwendungsorientierter Forschung aktiv beteiligt werden. Evaluative Analysen bereits realisierter Schnittstellen können zwar äußerst nützlich sein, scheinen aber insofern zu spät, da Psychologen dabei häufig in die Rolle des nachträglichen Kritikers gedrängt werden, die sich nur bedingt Vorstellungen darüber machen können, welchen Arbeitsaufwand es für Systemdesigner bedeuten kann, bestimmte Gestaltungslösungen im nachhinein zu ändern. Aus dieser bisher häufig geübten Praxis entstand wohl der Vorbehalt von Systementwicklern gegenüber "psychologischer" Mitwirkung, Psychologen würden deren Probleme zu wenig kennen.

Andererseits darf sich jedoch die psychologische Forschung nicht vorbehaltlos in den Dienst einer aktuellen, partikuläre Interessen verfolgenden Praxis stellen (Ulrich, 1982). Dabei ist z.B. auf das Problem hinzuweisen, daß unter Umständen der wissenschaftliche Hintergrund von psychologisch begründeten Gestaltungsempfehlungen von Systemherstellern als marktpolitisches Werbemittel mißbraucht wird, mit dem die Glaubwürdigkeit und Qualität ihrer Produktgestaltung in der Öffentlichkeit zu verkaufsfördernden Zwecken sowie zur Erhöhung der Benutzerakzeptanz untermauert werden.

Anwendungsorientierte psychologische Forschung zur Gestaltung von Mensch-Computer Schnittstellen wird derzeit häufig als industrielle Auftragsforschung bei der Entwicklung bestimmter Computersysteme eingesetzt. Im Rahmen solcher Forschungsprojekte können wissenschaftliche Standards der Grundlagenforschung meist nicht eingehalten werden. Für jeden Forschungsauftrag müssen spezielle, problemangemessene Konzepte sowie Untersuchungsinstrumente entwickelt werden. Dabei werden konkrete Angaben über die Art und Zusammenhänge von Einzelaspekten sowie Ursache-Wirkungs-Mechanismen gefordert, um einzelne Gestaltungsvorschläge adäquat gewichten und im gesamten Anwendungskontext einordnen zu können. Daneben müssen die Restriktionen betrieblicher Feldforschung, wie z.B. Einflüsse unkontrollierbarer Variablen, Zeitdruck, Informations- und Koordinationsprobleme in Kauf genommen werden (Schwatlo, 1982). Anwendungsorientierte psychologische Forschung, die aufgrund der Gestaltungsdefizite von Mensch-Computer Schnittstellen dringend erforderlich ist, kann zwar im Einzelfall konstruktive Hinweise zur Weiterentwicklung und Gestaltung bestimmter Anwendungsfälle liefern. Die Ergebnisse sind jedoch normalerweise auf den Einzelfall beschränkt und können kaum für alle möglichen Technologien und Anwendungen verallgemeinert werden.

Die im Rahmen anwendungsorientierter Forschung formulierten Gestaltungsempfehlungen haben somit unmittelbare Konsequenzen für die zukünfigen Benutzer. Deshalb kommt dem Psychologen hier ein hohes Maß an Veratwortung zu, da falsche Schlüsse gravierende Auswirkungen für einen erheblich weiteren Kreis von Stelleninhabern haben können, die durch die praktische Umsetzung von "falschen Erkenntnissen" direkt in ihrem Verhalten betroffen werden (Nachreiner, 1980).

Literatur:

BALZERT, H. (Hrsg.) 1983: Software-Ergonomie. Tagungsbericht des German Chapter of the ACM am 28. und 29.4.1983 in Nürnberg

CARD, S.K.; MORAN, T.P.; NEWELL, A. 1983: The Psychology of Human-Computer Interaction. Hillsdale, New Jersey, London

DIN 66234, Teil 8: Bildschirmarbeitsplätze - Grundsätze der Dialoggestaltung

DZIDA, W. 1980: Kognitive Ergonomie für Bildschirmarbeitsplätze. In: Humane Produktion - Humane Arbeitsplätze, 10/1980, S. 18 f.

HACKER, W. (Hrsg.) 1976: Psychische Regulation von Arbeitstätigkeiten, VEB, Berlin (Ost)

HACKER, W. (Hrsg.) 1980 (1980a): Spezielle Arbeits- und Ingenieurpsychologie, Lehrtext 1: Psychologische Bewertung von Arbeitsgestaltungsmaßnahmen - Ziele und Bewertungsmaßstäbe, VEB Berlin (Ost)

HACKER, W. (Hrsg.) 1980 (1980b): Spezielle Arbeits- und Ingenieurpsychologie, Lehrtext 2: Psychische Fehlbeanspruchung, VEB Berlin (Ost)

HACKER, W. 1980 (1980c): Optimierung kognitiver Arbeitsanforderungen. In: Hacker, W.; Raum, H. (Hrsg.): Optimierung von kognitiven Arbeitsanforderungen. Bern, Stuttgart, Wien

MACHER, F.; SCHMIDT, M. 1979: Arbeitswissenschaftliche Probleme der Teilautomatisierung in der entwickelten sozialistischen Gesellschaft. In: Sozialistische Arbeitswissenschaft, 23. Jg., Heft 3, S. 185 ff.

NACHREINER, F. 1980: Zur Artefaktproblematik in der Arbeits- und Betriebspsychologie. In: BUNGARD, W. (Hrsg.) 1980: Die 'gute' Versuchsperson denkt nicht. Artefakte in der Sozialpsychologie, München

NORMAN, D. 1983: Design Principles for Human-Computer Interfaces. In: CHI '83 Conference Proceedings, Boston

SCHINDLER, R. 1983: Rechnergestützte Bildschirmarbeitsplätze - Entwicklungstendenzen, Gestaltungsprobleme und Stand der Forschung. In: Zeitschrift für Psychologie mit Zeitschrift für angewandte Psychologie (Supplement), Psychologische Aspekte der Bildschirmarbeit, Matern, B.; Raum, H.; Schindler, R.; Wetzenstein-Ollenschläger, E.: Supplement 5, Leipzig

SCHWATLO, U. 1982: Handlungspsychologische Arbeitsanalysen an Sekretariatsarbeitsplätzen bei der Einführung neuer Bürotechnologien - Probleme und Ergebnisse einer sozialwissenschaftlichen Begleitforschung. Diss., Uni Augsburg

SPINAS, Ph; TROY, N; ULICH, E. 1983: Leitfaden zur Einführung und Gestaltung von Arbeit mit Bildschirmsystemen. CW-Publikationen, Zürich, München

ULICH, E. 1978: Über das Prinzip der differentiellen Arbeitsgestaltung. In: Industrielle Organisation, 47, Nr. 6, S. 281 ff.

ULICH, E. 1981: Subjektive Tätigkeitsanalyse als Voraussetzung autonomieorientierter Arbeitsgestaltung. In: Frei, F.; Ulich, E. (Hrsg.) 1981: Beiträge zur psychologischen Arbeitsanalyse, Bern, Stuttgart, Wien, S. 327 ff.

ULRICH, H. 1982: Anwendungsorientierte Wissenschaft. In: Die Unternehmung - Schweizerische Zeitschrift für Betriebswirtschaft, Nr. 1, S. 1 ff.

3 SYSTEMZENTRIERTE BEITRÄGE ZUR INTERAKTIONSPROBLEMATIK

Übersicht

Danzer-Kahan und Suda (3.1) befassen sich mit Problemen beim Entwurf von Dialogsystemen. Ausgehend von allgemeinen Verhaltensthesen wird der Versuch unternommen, mentale Grundkategorien darzustellen, die intelligentes Handeln ermöglichen und dadurch für die Gestaltung von Mensch-Maschine-Dialogen relevant sind. Es wird kurz skizziert, wie ein erster Schritt hin zu einer möglichen Operationalisierung der Kategorien aussehen könnten. Es werden einige psychologische Voraussetzungen für intelligentes Dialogverhalten beschrieben, und es wird skizziert, wie diese Kategorien im Computer im Prinzip simuliert werden können.

Kobsa (3.2) berichtet über ein Projekt zur Benutzermodellierung in einem natürlichsprachigen Dialogsystem. Das Ziel dieser Arbeit ist die Modellierung von Überzeugungen, Zielen und Plänen des Benutzers. Ein Partnermodell mit diesen Komponenten ist als Voraussetzung für einen kooperativen Mensch-Computer-Dialog anzusehen.

Hammwöhner und Thiel (3.3) beschreiben ein Vorhaben im Rahmen eines KI-Projekts. Das System soll zur Analyse und Kondensation von Texten eingesetzt werden. An eine spätere Anwendung auf reale Probleme ist gedacht. Es werden graphische Präsentationsformen für im System gespeichertes Weltwissen erläutert, wobei ein Einblick in die Formen der systeminternen Wissensrepräsentation und Überlegungen zur Gestaltung der Benutzerschnittstelle vermittelt werden.

Pfleger (3.4) berichtet über Arbeiten aus dem Bereich der funktionellen Weiterentwicklung und Wartung komplexer Softwaresysteme. Dabei geht es um Softwarewerkzeuge, welche die Arbeit des Systementwicklers und Wartungsfachmanns unterstützen können, indem sie detaillierte Informationen über das System verfügbar machen.

Überlegungen zur Gestaltung des Mensch-Maschine-Dialogs

Ursula Danzer-Kahan und Peter Suda
SIEMENS AG
ZTI-INF 322
Otto-Hahn-Ring 6
8000 München 83

Übersicht

Der vorliegende Aufsatz hat das Ziel, einige Aspekte, Fragen und Probleme darzustellen, die in Zusammenhang mit Mensch-Maschine-Systemen auftreten. Auf der Basis einiger allgemeiner Thesen wird der Versuch unternommen, einige Grundkategorien darzustellen, die intelligentes Handeln beeinflussen und überhaupt erst ermöglichen. Es wird ein erster Schritt in Richtung auf eine mögliche Formalisierung hin aufgezeigt und ein kleines Beispiel aus dem Reisebüro angeführt. Am Ende wird kurz skizziert, wie sich mithilfe der Sprechakttheorie Erweiterungen vornehmen lassen.

Einleitung

Das Ziel, den Dialog zwischen Mensch und Maschine zu verbessern, setzt die Kenntnis der Grundlagen für intelligentes Handeln voraus. Zu den Fragen, die sich in diesem Zusammenhang ergeben, gehören die folgenden:

(a) Welche Sachverhalte charakterisieren intelligentes Verhalten ?

(b) Welche Einflußfaktoren bestimmen das individuelle Verhalten ?

(c) Wie lassen sich Handlungsmodelle, die auf diesen Einflußfaktoren beruhen, ableiten ?

Obwohl wir noch weit davon entfernt sind, diese Fragen auch nur annähernd zufriedenstellend beantworten zu können, werden wir dennoch versuchen, einige mit diesen Fragen verbundene Aspekte darzustellen und näher zu untersuchen.

Allgemeine Thesen über intelligentes Handeln

Betrachtet man herkömmliche Mensch-Maschine-Systeme, so kann man feststellen, daß einer ihrer gravierendsten Mängel darin zu sehen ist, daß fast alle Information, die in einen Dialog involviert ist, explizit ausgetauscht werden muß. Dies führt auf Seiten des Menschen oft zu Ermüdung und Unlust und als Folge zu einer Ablehnung des Systems. Der Grund hierfür ist, daß traditionelle Systeme eine Reihe von Dingen oft nicht beherrschen, die im zwischenmenschlichen Dialog als selbstverständlich angesehen werden. So existieren kaum Partnermodelle, d.h weder hat der Mensch ein brauchbares Modell des technischen Systems, mit dem er kooperieren soll, noch hat das System ein Modell des Menschen, an dem es sein Verhalten orientieren könnte.

Die Frage, über welches Verhalten eine "intelligente Maschine" verfügen muß, um als akzeptabler Partner im Rahmen der Mensch-Maschine-Kooperation fungieren zu können, soll durch eine Reihe von Thesen illustriert werden, die vor dem Hintergrund unseres eigenen Verhaltens zu betrachten sind.

Wir wollen uns im folgenden etwas von der strikten Unterscheidung zwischen Mensch und Maschine lösen und verwenden deshalb für Mensch und "intelligente Maschine" den Summenbegriff "Agent".

T1 : Die Welt ändert sich laufend; deshalb muß sich ein Agent dauernd anpassen.

T2 : Um sich anzupassen, muß ein Agent handeln, entweder muß er Einfluß auf seine Umgebung nehmen oder er muß sich selbst verändern. Dazu benötigt er u.a. Selbstwissen.

T3 : Um zu kommunizieren, muß sich ein Agent ausdrücken können. Er muß seinem Partner mitteilen können, daß er etwas nicht verstanden hat, in welchem Kontext er etwas sieht und er muß seinem Dialogpartner Auskunft über sich und seinen inneren Zustand geben können. Er muß erklären könnnen, wie eine Aktion zustande gekommen ist, oder welche Gründe für eine Aktion, eine Annahme oder ein Faktum vorhanden sind.

T4 : Um sich in einer Situation angemessen und frei von Redundanz zu verhalten, muß sich ein Agent merken können, was früher einmal gesagt wurde, und er muß darauf Bezug nehmen können.

T5 : Um effizient zu handeln, muß ein Agent darüber nachdenken, was er tun will. Er muß insbesondere auch über sich selbst nachdenken, um seine eigenen Schlüsse und andere Handlungen rechtfertigen und planen zu können.

T6 : Ein oft auftretendes Problem beim Nachdenken über das, was
zu tun ist, ist das Treffen einer Entscheidung im Rahmen
von divergierenden Alternativen.

T7 : Die Entscheidungsfindung wird oft dominiert durch eine
Vielzahl von Gründen, die nur schlecht vergleichbar sind.
Diese unvergleichbaren Gründe zwingen einen Agenten, auch
interne Konflikte aufzulösen.

T8 : Jeder Agent hat nur beschränkte Fähigkeiten und
beschränktes Wissen.

T9 : Agenten sind bemüht, ihre Identität zu wahren, d.h. sie
wählen ihr Handeln so, daß sie zu berücksichtigende
Randbedingungen aufrecht erhalten.

Die hier angegebene Liste ist nun alles andere als vollständig. Dennoch zeigt sie
schon einige sehr wesentliche Punkte auf, die demonstrieren, warum existierende
Mensch-Maschine-Systeme sehr oft unzureichend sind.

Nehmen wir die Thesen ernst, so ergibt sich die Frage, ob und wie man eine technisch
operationale Struktur entwerfen kann, die wenigstens in Teilen die über die Thesen
ausgedrückten Sachverhalte simulieren kann. Man steht also vor dem Problem, eine
Maschine so programmieren zu müssen, daß sie z.B. in der Lage ist, sich selbst zu
überwachen, zu planen, Selbstreferenzen aufzubauen und zu verwenden, um
Entscheidungen zu treffen und Handlungen auszuführen. Als Voraussetzung dafür muß
diese Maschine ein "kognitives Innenleben" besitzen, das die eigenen Annahmen,
Wünsche, Intentionen und Schlußweisen, Werte, die eigene Geschichte und Fähigkeiten
umfaßt. Ein solches Unterfangen scheint fast aussichtslos, wenn man das Wissen, die
Fähigkeiten und das vielschichtige mentale Leben eines Menschen vor Augen hat. Die
allgemeine Frage, ob technische Systeme überhaupt in der Lage sein können,
intelligentes Verhalten zu zeigen, ist zu bejahen, da die in den letzten Jahren im
Rahmen der Künstlichen Intelligenz geschaffenen Systeme eindeutig zeigen, daß auch
technische informationsverarbeitende Systeme in gewissen Grenzen zu intelligentem
Verhalten befähigt sein können.

Einstellungen als Basis für die interne Informationsverarbeitung

Wir können im Rahmen dieses Aufsatzes nicht darstellen, wie man eine solche Maschine
mit den oben genannten Qualitäten realisieren kann. Wir werden uns hier nur etwas
näher mit dem "Innenleben" eines Agenten auseinandersetzen. Wir wählen hierzu
folgende Situation: Eine Botschaft, deren Inhalt uns hier nicht interessiert, ist bei
einem Agenten eingegangen und er ist gerade damit befaßt, die Botschaft zu

verstehen. Die Grundlage des Verstehens ist die aktive Handlung der Interpretation. Interpretation kann nun ein einfacher Zuordnungsprozeß sein, nach dem Motto "das kenne ich ja schon", oder sie verlangt eine Reihe von Problemlösungsprozessen, die in einem Rahmen von zustandsabhängigen mentalen Einstellungen operieren.

In Bezug auf die Einstellungen läßt sich eine Aufteilung in Annahmen, Erwartungen, Fakten, Wünsche, Absichten und Rechtfertigungen vornehmen. Eine solche Einteilung ist nicht ganz willkürlich: Sie führt nämlich nicht nur vor Augen, welche verschiedenartigen Einflußfaktoren bei der Interpretation selbst einfacher Botschaften auftreten, sondern führt uns auch zu der Frage, wie ein Agent mit diesen Kategorien umgeht. Betrachten wir unseren Umgang mit diesen Kategorien, so sehen wir, daß wir mit verschiedenen Kategorien durchaus unterschiedlich verfahren, was kurz verdeutlicht werden soll. Für uns ist es i.a. relativ einfach, fehlerhafte Annahmen oder Erwartungen, für die wir oft nur schwache Begründungen haben, zu revidieren, wohingegen wir Änderungen in unserem Tiefenwissen nur nach reiflichem Abwägen von dafür relevanten Gründen vornehmen. Das Erkennen der unterschiedlichen Behandlung der verschiedenen Kategorien hat nun zwei Konsequenzen: Zum einen muß man sich mit der Definition der Kategorien und den Regeln befassen, die den Umgang mit den einzelnen Kategorien festlegen, und zum anderen muß man die Beziehungen zwischen den einzelnen Kategorien untersuchen. Im folgenden wollen wir uns mit der im vorhergehenden Abschnitt skizzierten Begriffswelt etwas detaillierter auseinandersetzen.

Wünsche, Absichten und Pläne

Wünsche und Absichten sind in Bezug auf ihre Erfüllungsrelation zu unterscheiden. Wünsche zielen auf das Eintreten von einer oder mehrerer Bedingungen ab und werden unabhängig davon erfüllt, wie die Bedingungen zustande gekommen sind. Wünsche unterscheiden sich von Absichten nun dadurch, daß der Zweck und die Realitätsgegebenheiten noch nicht in ein Verhältnis gesetzt sein müssen und i.a. noch kein Plan der Verwirklichung vorliegt. Absichten hingegen können als bewußtes Anstreben eines Handlungszieles gesehen werden. Searle etwa beschreibt eine Absicht I als selbstreferentielle Einstellung, die folgenden Kern beinhaltet: "Ich unternehme eine Handlung A, um eine Bedingung X zu erreichen in der Art, daß gerade die Absicht I realisiert wird". Macht man sich diese Auffassung zu eigen, so erkennt man, daß Absichten durch Ausprobieren oder geplantes Verhalten realisiert werden. Die Realisierung ist unabhängig davon, ob die Handlungen dazu beitragen, den der Absicht innewohnenden Zweck zu erreichen oder nicht. Führen die Handlungen zu einem fehlerhaften Ergebnis, dann bildet man eine neue Absicht. Die Handlungen selbst haben jedoch ad hoc keinen Zusammenhang mit der Erfüllung von Wünschen. So ist es i.a. wesentlich schwieriger festzustellen, ob ein Wunsch erfüllt wurde, als festzustellen, ob dies auf eine Absicht zutrifft. Das erstere verlangt, die Effekte einer Handlung zu verifizieren, wohingegen das zweite nur das Prüfen einer Handlungsausführung erfordert.

Wichtig im Zusammenhang mit Wünschen und Absichten ist für technische Systeme insbesondere der Begriff des Plans. Ein Plan ist ein systematischer und rationaler Entwurf, der es erlaubt, einen gewünschten Zweck und dessen Verwirklichung vor seiner Ausführung zu überprüfen, und der unmittelbar in Handlungen überführt werden kann.

Will ein Agent aktiv planend tätig werden, so muß er die Vorbedingungen und die Brauchbarkeit der Ergebnisse eines Plans, den er gerade ausführen möchte, analysieren. Er kann nun feststellen, daß die zu erwartenden Ergebnisse (a) gewünscht und beabsichtigt sind, was der Normalfall sein sollte, (b) beabsichtigt, aber nicht gewünscht sind, was einer gewissen Zwangshandlung gleichzusetzen wäre, (c) gewünscht, aber nicht beabsichtigt sind, was einer zufälligen Erfüllung eines Wunsches entspricht, oder (d) unerwünscht und unbeabsichtigt sind, was sich als Fehler oder unerwünschter Seiteneffekt interpretieren läßt.

Anhand dieser Klassifizierung in Bezug auf die zu erwartenden Ergebnisse kann nun der Agent eine Modifikation seiner Pläne vornehmen. (c) kann er etwa dazu verwenden, um neue Pläne aufzubauen, die der Erreichung von bestimmten Wünschen dienen, während (d) i.a. dazu führen wird, daß er gewisse Pläne aus dem Verkehr zieht, um negative Seiteneffekte zu vermeiden.

Annahmen, Erwartungen und Fakten

Annahmen, Erwartungen und Fakten sind Propositionen, denen ein Folgerungsbegriff oder Ableitungsbegriff zugrunde gelegt wird. Der wesentliche Unterschied zu Wünschen und Absichten ist in der Tatsache zu sehen, daß man den Elementen dieser Kategorien einen gewissen Wahrheitsgehalt zuspricht.

Erwartungen sind in die Zukunft gerichtete Propositionen, die vom momentanen Zustand aus einen erreichbaren Nachfolgezustand beschreiben. Erwartungen ordnen einer Proposition im aktuellen Zustand keinen direkten Wahrheitsgehalt zu. Sie etablieren nur die Aussage, daß es einen zukünftigen Zustand geben kann, in dem der Proposition ein Wahrheitgehalt zugeordnet wird. /BRSU84/

Fakten sind Propositionen, die Erfahrungen oder "Axiome" repräsentieren, d.h. Dinge, die keiner weiteren Rechtfertigung mehr bedürfen und von denen angenommen wird, daß sie in allen möglichen Nachfolgezuständen gültig bleiben.

Annahmen sind Propositionen, die einen hypothetischen Charakter haben. Sie werden so lange als gültig betrachtet, bis ein expliziter Nachweis ihres Gegenteils erbracht ist. Im Gegensatz zu Erwartungen erhalten Fakten und Annahmen im aktuellen Zustand einen expliziten Wahrheitsgehalt.

Durch die Aufteilung in Annahmen, Erwartungen und Fakten ist es nun z.B. möglich,

Annahmen einen differenzierten Wahrheitsgehalt zuzuordnen. So kann man etwa sagen, daß eine Annahme erwartungswidrig ist, wenn sie relativ zu einer Erwartung widersprüchlich ist, und tatsachenwidrig, wenn sie den Fakten widerspricht.

Rechtfertigungen

Der Begriff der Rechtfertigung oder Begründung spielt in Systemen, von denen man ein gewisses rationales Denken erwartet, eine dominante Rolle. Rationales Denken ist in starkem Maße der Prozeß, Rechtfertigungen für Einstellungen zu konstruieren und zu verwalten.

Um den Begriff der Rechtfertigung in diesem Zusammenhang klarer werden zu lassen, wollen wir ein semi-formales Beispiel machen. AGNT bezeichne einen Agenten. Mit

        AGNT.BELIEVES (P) ON-BASIS-OF (R1 ... Rn)

wollen wir ausdrücken, daß der Agent AGNT die Proposition P glaubt, die durch R1 ... Rn abgestützt wird. Für die Einzelrechtfertigungen R1 ... Rn werden wir im folgenden die Zeilenbezeichnung wählen, die die Rechtfertigung enthält. Die leere Rechtfertigung () besage, daß wir an dieser Stelle nicht an einer expliziten Angabe der Rechtfertigung interessiert sind. Im Annahmensystem von AGNT, das aus der Menge aller Annahmen von AGNT gebildet wird, sollen sich folgende Annahmen befinden:

        A1 : AGNT.BELIEVES (P) ON-BASIS-OF ( )

        A2 : AGNT.BELIEVES (P .-->. Q) ON-BASIS-OF ( )

        A3 : AGNT.BELIEVES (P , P .-->. Q dann Q) ON-BASIS-OF ( )

dann kann sich AGNT, wenn er A3 als logische Schlußregel interpretiert, folgende Annahme aufbauen:

        A4 : AGNT.BELIEVES (Q) ON-BASIS-OF (A1 A2 A3)

A4 erhält eine Rechtfertigung auf der Basis des Vorhandenseins von A1 ... A3. Der Aufbau einer solchen Rechtfertigung hat eine ganze Reihe von Vorteilen. So kann der Agent Auskunft darüber erteilen, worauf die Annahme A4 beruht. Eine weitere

Situation ist etwa, wenn sich im Laufe der Zeit erweist, daß A1 nicht haltbar ist. Dann wird auch A4 die Rechtfertigung entzogen und i.a. ist nachzusehen, ob es nicht für A4 eine von A1 unabhängige Rechtfertigung gibt. Es ist nun zu beachten, daß Rechtfertigungen nicht nur für Annahmen, sondern auch für alle anderen Kategorien zur Anwendung kommen können. So kann etwa auch ein Wunsch oder eine Absicht, ja sogar eine Rechtfertigung selbst eine Rechtfertigung aufweisen. Im allgemeinen und insbesondere in technischen Systemen ist es vorteilhaft, nicht nur mit Rechtfertigungen, sondern auch mit Restriktionen zu arbeiten, da in vielen Fällen eine fehlerhafte Schlußfolgerung auf dem Fehlen der Angabe von Restriktionen beruht. Auch hierzu ein Beispiel:

A5 : AGNT.BELIEVES (AGNT.LIKES HAMBURGER) ON-BASIS-OF ( )
     WITH-RESTRICTION (HAMBURGER IS MC-DONALD-HAMBURGER)

Das Arbeiten mit Rechtfertigungen und Restriktionen ist die Basis, um Revisionen von Annahmen, Wünschen usw. durchführen zu können. Das Wechselspiel zwischen Rechtfertigungen und Restriktionen bei der Revision ist jedoch sehr kompliziert und wir müssen an dieser Stelle auf eine Darstellung verzichten. Eine Reihe von Beispielen, wie ein technisches System eine solche Revision von Annahmen durchführt, kann in /MAR83/ gefunden werden.

Kategorienübergreifende Betrachtungen

Die hier beschriebenen Kategorien erscheinen uns noch keinesfalls vollständig, und Vollständigkeit ist im Rahmen dieses Aufsatzes auch sekundär. Sie sind jedoch ausreichend, um einen ersten Ansatz in Richtung auf eine intelligente Struktur aufzeigen zu können. Wir wollen nun noch kurz bei Betrachtungen bleiben, die kategorienübergreifend sind. Die Menge aller Einstellungen, also Annahmen, Fakten, Rechtfertigungen usw., und Prozeduren, über die ein Agent zu einem Zeitpunkt verfügt, wollen wir als das interne Modell oder den mentalen Zustand des Agenten bezeichnen. Kehren wir zu der Interpretation einer Botschaft zurück, dann können wir feststellen, daß nicht alle Teile des internen Modells in gleichem Maße aktiviert sind. Salopp gesprochen könnte man sagen, daß zu jedem Zeitpunkt gewisse Einstellungen "in" sind und andere "out". Zum Beispiel, wenn es sich bei der Botschaft um eine Frage nach einem geographischen Phänomen, wie sie im Rahmen der Reiseberatung vorkommen können, handelt, dann muß die Geographie "in" sein, aber es kann durchaus sein, daß etwa die Psychologie "out" ist. Den Teil eines Agenten, der sich aus den Konzepten zusammensetzt, die gerade "in" sind, wollen wir die aktuelle Facette nennen, in der sich der Agent befindet. Eine Botschaft wird also immer relativ zu einer aktuellen Facette oder einer Folge solcher Facetten interpretiert. Wir können also erkennen, daß ein Agent neben der Struktur der Grundkategorien auch noch eine zweite Struktur, nämlich die der Facetten besitzt, die den Diskursbereich berücksichtigt.

Die Frage ist nunmehr, wie es ein Agent bewerkstelligt, sich selbst und damit auch sein Verhalten zu ändern. Hierzu gibt es grundsätzlich zwei Möglichkeiten: Zum einen kann er den Status seiner internen Konzepte ändern, etwa seine Facette wechseln, d.h. Bereiche, die "in" sind, "out" werden lassen und umgekehrt, oder etwa aus Annahmen Fakten machen; zum anderen kann er jedoch auch gänzlich neue Bereiche aufbauen oder Bereiche vergessen. Da wir im Rahmen unserer Ausgangsthesen festgelegt haben, daß intelligentes Handeln insbesondere durch Vorsicht und Umsicht geprägt ist, spielt gerade die Aufrechterhaltung von Rechtfertigungen bei den oben genannten Operationen eine dominante Rolle. Deshalb muß ein Agent über ein starkes System verfügen, das es ihm erlaubt, mit Begründungen umzugehen - gerade bei technischen Systemen ist der Aufbau dieser zentralen Komponente eine oft recht schwierige Aufgabe. Darüberhinaus muß ein Agent natürlich über Prozeduren verfügen, die es ihm erlauben, seinen aktuellen Zustand zu erkennen und zu interpretieren. Letztendlich muß er auch noch in der Lage sein zu planen.

Um Illusionen zu vermeiden, muß festgestellt werden, daß beim Aufbau von technischen Agenten in Bezug auf die Verwendung der oben diskutierten Kategorien und ihr Zusammenwirken starke Einschränkungen gemacht werden müssen. Um es deutlich zu sagen, trotz der Subsummierung von Mensch und intelligenter Maschine unter den Begriff des "Agenten", ist das Ziel nicht, einen künstlichen Menschen zu bauen, sondern eine Simulation von Teilaspekten menschlichen Verhaltens zu erzielen.

Ideen zu einer möglichen Formalisierung

Bleiben wir weiter bei unserer Ausgangssituation, daß ein Agent eine Botschaft erhält. In diesem Fall ist er nicht nur gezwungen, über auf sich selbst bezogene Aktionen und Einstellungen nachzudenken, sondern das Teilnehmen an Kommunikationsprozessen erfordert auch die Berücksichtigung seines Partners. Die Annahmen, die er über seinen Partner gebildet hat, und die darauf operierenden Inferenzprozesse stellen das Partnermodell dar (siehe dazu insb./MOR84a/, /MOR84b/).

Für unsere Untersuchung wollen wir voraussetzen, daß ein Agent eine einheitliche, an der Logik orientierte Sprache besitzt, in der er alle seine Einstellungen ausdrücken kann. Diese Einschränkung ist nicht wesentlich, erleichtert uns aber das Vorgehen. Die Tatsache, daß der Agent AGNT eine Aktion ACT ausführen will, drücken wir durch:

$$\text{(i)} \qquad \text{AGNT.INTENDS\_TO\_DO (ACT) ON-BASIS-OF (R1 ... Rn)}$$

aus.

Im folgenden werden wir auf die Angabe der Rechtfertigung "ON-BASIS-OF (R1 ... Rn)" sowohl bei Annahmen wie auch bei Absichten verzichten, um eine unnötige Komplizierung zu vermeiden. Man sollte sich jedoch immer bewußt sein, daß für jede Aussage eine Begründung existiert.

Das Problem, eine intelligente Maschine zu entwerfen, die den in den Basis-Thesen ausgedrückten Sachverhalten wenigstens zum Teil gerecht wird, besteht nun darin, daß eine strenge Formalisierung der Regeln, die den Umgang mit den einzelnen Kategorien festlegen, vorzunehmen ist. Erschwerend ist, daß man nicht nur den Umgang des Agenten mit seinen eigenen Kategorien formalisieren muß, sondern unter Umständen auch modellieren muß, wie der andere Dialogpartner auf den entsprechenden Kategorien agiert. Andernfalls kann ein Agent in das Problem geraten, daß er eine Botschaft deshalb falsch interpretiert, weil er nur seine eigenen Schlußweisen darauf anwendet und gegebenenfalls zu einer Antwort kommt, die sein Partner nicht mehr versteht.

Wir wollen hier nun zur Illustration ein formales System angeben, das ein nichtrealistischer und idealisierter Agent AGNT dem Umgang mit seinem Annahmensystem zugrundelegen könnte.

B1 : Ist A ein Axiom der Prädikatenlogik, so gilt:

AGNT.BELIEVES (A)

B2 : AGNT.BELIEVES (P), dann AGNT.BELIEVES (AGNT.BELIEVES (P))

B3 : AGNT.BELIEVES (P) oder AGNT.BELIEVES (Q), dann

AGNT.BELIEVES (P .OR. Q)

B4 : AGNT.BELIEVES (P .AND. Q) genau dann, wenn

AGNT.BELIEVES (P) und AGNT.BELIEVES (Q)

B5 : AGNT.BELIEVES (P), dann nicht AGNT.BELIEVES (.NOT. P)

B6 : AGNT.BELIEVES (P .-->. Q), dann

wenn AGNT.BELIEVES (P) dann AGNT.BELIEVES (Q)

B7 : Gibt es ein x so, daß: AGNT.BELIEVES (P(x)), dann

AGNT.BELIEVES (.EX. x P(x))

B8 : Für alle Agenten XAGNT gilt:

AGNT.BELIEVES (XAGNT.BELIEVES (B1 ... B7))

Die Regel B8 besagt, daß der Agent AGNT annimmt, daß alle seine Partner mit Annahmen genauso umgehen wie er selbst. AGNT vermutet also, daß er, wenn er eine der Regeln in Handlungen umsetzt, konform mit seinen Partnern handelt. Die hier angegebenen Regeln sollten wirklich nur als ideales Beispiel gesehen werden, da die Annahmensysteme realer Agenten i.a. wesentlich komplexer und auch komplizierter ausfallen, als dies die Regeln B1 bis B8 widerzugeben vermögen. So ist etwa die in den Regeln ausgedrückte Fähigkeit, daß jeder Agent die Prädikatenlogik erster Stufe in vollem Umfang beherrscht, nicht realistisch. Problematisch ist auch, daß ein Agent, der nur diese Regeln zur Verfügung hat, widersprüchliche Annahmen nicht handhaben kann. Wir wollen also B1 bis B8 nur als prototypisches Beispiel für ein Konzept gesehen wissen, über das ein Agent verfügen kann und mit dessen Hilfe er auf seinen Annahmen operieren kann.

Ähnlich zu den Annahmen kann man auch für die einfachen Intentionen der Form AGNT.INTENDS_TO_DO (ACT) ein Regelkozept aufbauen. Dies ist jedoch wesentlich komplizierter, da hierfür z.B. die Präferenzordnungen auf der Basis von Begründungen relevant sind.

Ein Beispiel aus dem Reisebüro - Honolulu oder Nordpol

Wie kann nun ein Agent AGNT ausdrücken, daß er glaubt, daß ein Partner AGNT1 eine Aktion A auszuführen beabsichtigt? Dies ist recht einfach :

(1)   AGNT.BELIEVES (AGNT1.INTENDS_TO_DO (A))

d.h. AGNT hat die Möglichkeit, Annahmen und Intentionen zu schachteln. Auf diese Weise läßt sich dann auch etwa bilden:

(2)   AGNT.INTENDS_TO_DO (AGNT1.BELIEVES (P))

Dies soll soviel heißen wie : AGNT will herbeiführen, daß AGNT1 P als Annahme installiert.

Diese Möglichkeiten, verschiedene Einstellungen, insbesondere auch die anderer Agenten ineinandersetzen zu können, erlaubt etwa AGNT - selbst wenn er nur mit Annahmen, einfachen Intentionen und Begründungen arbeitet - ein gewisses intelligentes Verhalten.

Schickt etwa AGNT1 an einen Partner AGNT die Botschaft

> (3) AGNT1.INTENDS_TO_DO (AGNT1 JOINS FLIGHT_HONOLULU
>   ON MONDAY 9:00)

dann baut AGNT aus dieser Botschaft die Annahme

> (4) AGNT.BELIEVES (3)

auf. Gehen wir nun davon aus, AGNT hätte in Bezug auf Flüge (FLIGHT_HONOLULU, FLIGHT_NORDPOL, FLIGHT_BALI ...) die Regel, daß grundsätzlich ein Agent zu einem Zeitpunkt genau in einem Flugzeug sitzen kann. Nehmen wir nun weiter an, daß AGNT in seiner aktuellen Facette zusätzlich die folgenden Annahmen vorfindet:

> (5) AGNT.BELIEVES (AGNT1.INTENDS_TO_DO (AGNT1 JOINS
>   FLIGHT_NORDPOL ON MONDAY 9:00))

> (6) AGNT.BELIEVES (FLIGHT_HONOLULU .NOT-EQUAL. FLIGHT_NORDPOL)

AGNT erkennt nun, daß (4) und (5) nicht zusammenpassen. Er geht nun den Gründen für diesen Sachverhalt nach, indem er die Begründungen für seine Annahmen überprüft. Das Ergebnis kann nun sehr unterschiedlich ausfallen. Es kann sein, daß

(a) die Rechtfertigungen für (4) sehr schwach sind. Dann verständigt er AGNT1, daß er über die stärkere Annahme (5) und die dafür notwendigen Begründungen verfügt.

(b) hingegen (5) sehr schwach begründet ist, so daß er davon ausgeht, daß AGNT1, als er (4) geäußert hat, einfach seine Meinung geändert hat. Als kollegialer Agent wird er jedoch seinen Partner auf (5) aufmerksam machen, ansonsten aber (5) aus der aktuellen Facette entfernen.

(c) die Rechtfertigung für (6) sehr schwach ist. Dann wird er mit einer Frage zu klären versuchen, ob nicht vielleicht doch die Proposition (FLIGHT_HONOLULU = FLIGHT_NORDPOL) gilt.

(d) die Rechtfertigungen für alle Annahmen gleich stark sind -
gegebenenfalls aber verschieden voneinander. Er wird dann
seinen Partner davon verständigen und ihn zu einer
Entscheidung auf der Basis der Rechtfertigungen, die
mitgeliefert werden, auffordern.

Dies sind nun keinesfalls alle Möglichkeiten, jedoch zeigt sich schon an diesem
Beispiel, wie vielfältig ein Dialog auf der Basis einer einfachen Botschaft wie (3)
gestaltet sein kann, wenn man von wissensbasierten Agenten ausgeht.

Sprechakttheorie als mögliche Erweiterung

Ein gravierendes Problem, mit dem man sich auf der Ebene der Agentenmodellierung
befassen muß, die wir im vorangehenden leider nur sehr oberflächlich skizziert haben,
ist die Nicht-Adäquatheit der Beschreibungsebene für Dialoge. Diese Art der
Modellierung ist zwar geeignet, eine technische Struktur zu liefern, die als Basis
für die Implementierung von Dialogverhalten angesehen werden kann, aber sie nimmt
eine rein lokale und individualisierte Sichtweise auf das Dialoggeschehen ein. Das
Problem liegt in der fast ausschließlichen Betrachtung der internen Modelle von
Agenten. Ein Ausweg aus dieser Situation könnte die Realisierung von Teilen der
Sprechakttheorie sein, die von der internen Betrachtungsweise eines Agenten
abstrahiert.[*]

Um zu einer Darstellung höherer und extern beschreibbarer Dialogformen zu gelangen,
die für alle in einer bestimmten Gemeinschaft vorkommenden Agenten verbindlich und
damit normativ sein sollen, kann man sich an der von Austin /AUS62/ und Searle
/SEA69/ entwickelten Sprechakttheorie orientieren.

Im Rahmen dieser Theorie wird versucht, diejenigen Aspekte des Dialogverhaltens
zwischen zwei Agenten zu erfassen, die sich als durch allgemeinverbindliche Regeln
und Konventionen geleitet beschreiben lassen, wobei jedoch die Frage, wie die
zentralen Begriffe der 'Regel' und 'Konvention' operational zu charakterisieren sind,
offen bleibt. Die Sprechakttheorie gibt primär Aufschluß darüber, welche Bedingungen
im mentalen Zustand des Sprechers erfüllt sein müssen, damit die Ausführung eines
Sprechaktes gelingt und welche Wirkungen der Sprecher beim Hörer erwartet.

Geht man davon aus, daß jeder Äußerung ein bewußtes Planen vorausgeht, so gehört
Kommunikation in den Bereich regelgeleiteten Verhaltens, so daß Dialoge als Sequenzen
von Aktionen zur Erreichung bestimmter Ziele planbar werden.

Im Rahmen eines formalen Modells des Planens kann man Aktionen als Operatoren
auffassen, die immer dann anwendbar sind, wenn gewisse Vorbedingungen (PRECONDITIONS)
erfüllt sind, und nach ihrer Anwendung bestimmte Wirkungen (EFFECTS) erzielt wurden.

Bei der Betrachtung von Sprechakten als formale Operatoren beziehen sich die Wirkungen hauptsächlich auf die Veränderung des Modells, das der Sprecher vom Hörer hat, wobei von einem konkreten Sprecher bzw. Hörer abstrahiert wird. Durch diese Abstraktion wird es möglich, normatives Kommunikationsverhalten für eine ganze Gruppe von Agenten darzustellen und - für technische Systeme bedeutsamer - Standardkommunikationsschritte zur Verfügung zu stellen, auf die jedes Mitglied der Gruppe bei Bedarf zugreifen kann. Von einem technischen System aus gesehen werden Sprechakte in sehr pragmatischer Form als komplexe Operatoren betrachtet, die eine Zuordnung zwischen einer Prozedur, die die Sprechhandlung realisiert, und einer Beschreibung eines zu erfüllenden mentalen Zustandes macht. Ein Agent kann Sprechakte, über die er verfügt, auf verschiedenste Weise nutzen. So kann er z.B. seinen aktuellen mentalen Zustand daraufhin überprüfen, ob er mit der angegebenen Beschreibung eines gerade von ihm auszuführenden Sprechakts übereinstimmt. Stimmt er nicht überein, so kann er überlegen und planen, wie er den Zustand herbeiführen kann, wobei er unter Umständen auf andere Sprechakte zurückgreifen wird - etwa wenn ihm ein Teil des Wissens fehlt, das er zur Erreichung seines Zieles benötigt. Oder er kann die Gesamtheit der Sprechakte betrachten und planen, in welcher Reihenfolge Sprechakte durchzuführen sind, um einen gewünschten Zustand zu erreichen.

Um hier nicht in die Tiefe gehen zu müssen, wollen wir im folgenden beispielhaft die Vorbedingungen und Wirkungen der Sprechakte "informieren" und "auffordern" formulieren. Hierbei werden nur diejenigen Bedingungen angegeben, die verschiedene Sprechakte voneinander zu unterscheiden helfen. Grundlegende Bedingungen, wie etwa, daß das Gelingen eines Sprechaktes eine Kommunikationsverbindung voraussetzt, werden als selbstverständlich angesehen. Dies kann man tun, da solche Grundbedingungen nicht charakterisierend für einen bestimmten Sprechakt sind.

Die folgenden Operator-Schemata weisen zwei Arten von Vorbedingungen auf: Einerseits müssen Bedingungen, die die Fähigkeiten, eine Handlung auszuführen, betreffen, erfüllt sein (CANDO-PR); andererseits muß das Prinzip des beabsichtigten Verhaltens dargestellt sein (INTEND-PR), d.h. ein Agent muß die Absicht haben, die angegebene Aktion durchzuführen. Die Vorbedingungen werden als Sicht des Sprechers aufgefaßt; die Wirkungen beschreiben aus der Sicht des Sprechers die erwarteten Zustandsänderungen im internen Modell des Hörers.

```
            INFORM (SPEAKER, HEARER, PROPOSITION)
            ------------------------------------------


            CANDO_PR:  SPEAKER.BELIEVES (PROPOSITION)
            INTEND_PR: SPEAKER.BELIEVES
                       (SPEAKER.INTENDS_TO_DO (INFORM))

            EFFECTS:   HEARER.BELIEVES
                       (SPEAKER.BELIEVES (PROPOSITION))
```

```
REQUEST (SPEAKER, HEARER, ACT)
------------------------------

    CANDO-PR:   SPEAKER.BELIEVES
                  (HEARER.CAN_DO (ACT))
                SPEAKER.BELIEVES
                  (HEARER.BELIEVES
                    (HEARER.CAN_DO (ACT)))
    INTEND_PR:  SPEAKER.BELIEVES
                  (SPEAKER.INTENDS_TO_DO (REQUEST))

    EFFECTS:    HEARER.BELIEVES
                  (SPEAKER.BELIEVES
                    (SPEAKER.INTENDS_TO_DO
                      (HEARER.INTENDS_TO_DO (ACT))))
```

SPEAKER, HEARER, PROPOSITION und ACT treten hier als Variablen auf.

Neben diesen Sprechakten, die in Hinblick auf die notwendigen Einflußfaktoren recht einfach zu modellieren sind, müssen für eine flexible Gestaltung des Mensch-Maschine-Dialogs weitere Sprechakte untersucht werden, wie etwa "empfehlen", "vorschlagen", "abraten", "bestätigen", "versprechen" usw.

Der Zusammenhang zwischen externer Betrachtung und internem Modell ist dadurch gegeben, daß im Rahmen der externen Betrachtung Bedingungen explizit beschrieben werden, die im internen Modell des Sprecher-Agenten erfüllt sein müssen, so daß ein Sprechakt angemessen durchgeführt werden kann.

Geht man nun von den Sprechakten aus, so kann man durchaus noch zu höheren Ebenen externer Betrachtung übergehen, etwa der Ebene der Rollen, in der gewisse Mengen von Sequenzen von Sprechakten typische Verhaltensmuster, sog. Rollen, repräsentieren. Rollen sind normativ festgelegte Verhaltensweisen innerhalb einer Gruppe von Agenten, die mit dem gruppenbezogenen Status eines Einzelagenten verknüpft sind, und deren Einhaltung von den Interaktionspartnern wechselseitig erwartet wird. Im Gegensatz zu den von uns betrachteten Sprechakten, die primär und einseitig sprecherbezogen sind, ist ein Rollenmodell bidirektional. Es betrachtet nicht nur die mentalen Zustände des Sprechers, die gegeben sein müssen, um eine Reihe von Kommunikationsschritten erfolgreich durchführen zu können, sondern auch die Erwartungen, Annahmen usw., die der Hörer in Bezug auf normierte, d.h. durch gruppenspezifische Obligationen als verbindlich anzusehende Sprechaktsequenzen voraussetzen kann.

Abschließende Bemerkungen

Das Erarbeiten von Grundlagen für das Design intelligenter Maschinen ist eine schwierige Aufgabe. Sie verlangt insbesondere ein besseres Verständnis der in den vorhergehenden Abschnitten erwähnten Grundkategorien und darüberhinaus die Auseinandersetzung mit möglichen Operationalisierungen.

Um dieser Aufgabe gerecht zu werden, bedarf es einer engen Kooperation von Wissenschaftlern verschiedener Disziplinen. Wir sind davon überzeugt, daß die Vielzahl der in diesem Bereich offenen Probleme nur durch eine verstärkte und intensivere Zusammenarbeit von Wissenschaftlern aus den dafür relevanten Fachgebieten einer Lösung näher gebracht werden kann. An der Schnittstelle zwischen Mensch und Maschine ergibt sich insbesondere ein weites Feld der Kooperation zwischen Psychologen, Arbeitswissenschaftlern, Linguisten und Pädagogen auf der einen und Informatikern, Mathematikern und Ingenieuren auf der anderen Seite. Das Problem dieser Zusammenarbeit besteht nun darin, daß es zu vermeiden gilt, daß die Forschung durch gegenseitige Mißverständnisse beeinträchtigt wird - etwa dem Nichterkennen der technischen Komponente auf der einen und der Ignoranz der geisteswissenschaftlichen Komponente auf der anderen Seite. Hier sind also beide Seiten gefragt und notwendig, die sich im Rahmen einer interdisziplinären Wissenschaft, wie der Cognitive Science, zusammenfinden könnten.

Bibliographie:

/APP82/ D.E. Appelt
Planning Natural Language Utterances to Satisfy Multiple Goals, SRI International, 1982.

/AUS62/ J.L. Austin
How to do Things with Words, Oxford, 1962.

/BER51/ L. von Bertalanffy
General System Theory : A New Approach to Unity of Science, in: Ch. Winsor et al., Human Biology, Vol.23 Baltimore, 1951.

/BLA84/ U. Blau
Die Logik der Unbestimmtheiten und Paradoxien, Universität München, 1984.

/BRSU84/ H. Brand, P. Suda

Grundlagen einer Theorie der situationalen Wissensbasen, Interner Siemens-Bericht, 1984.

/COFE82/ P.R. Cohen, A.E. Feigenbaum

The Handbook of Artificial Intelligence, Vol. I-III, London, 1982.

/COPE79/ P.R. Cohen, C.R. Perrault

Elements of a Plan-Based Theory of Speech Acts, Cognitive Science, Vol.3 : 177 -212, 1979.

/DOY79/ J. Doyle

A Truth Maintenance System, Artificial Intelligence 12 : 231 - 272, 1979.

/GRI75/ H.P. Grice

Logik und Konversation, in: G. Meggle: Handlung, Kommunikation, Bedeutung, Frankfurt, 1979.

/HEW77/ C. Hewitt

Viewing Control Structures as Patterns of Passing Messages, Artificial Intelligence 8 : 323 - 364, 1977.

/HIN62/ J. Hintikka

Knowledge and Belief, Ithaca, 1962.

/HOA81/ C.A.R. Hoare

A Model for Communicating Sequential Processes, Technical Monograph PRG-22,, Oxford, 1982.

/KON84/ K. Konolige

Belief and Incompleteness, Stanford University, 1984.

/MAR83/ J.P. Martins

Reasoning in Multiple Belief Spaces, State University of new York at Buffalo, 1983.

/MCHA69/ J. McCarthy, P. Hayes

Some Philosophical Problems from the Standpoint of Artificial Intelligence, in: D. Michie, Machine Intelligence 4, 1969.

/MIN82/ M. Minsky

Learning Meaning, MIT Memo, 1982.

/MON74/ R. Montague

Pragmatics, in: R.H. Thomason : Formal Philosophy, New Haven, 1974.

/MOR84a/ K. Morik
Partnermodellierung und Interessenprofile bei Dialog- systemen der Künstlichen Intelligenz, Bericht ANS-25, Universität Hamburg, 1984.

/MOR84b/ K. Morik
User Modeling, Evaluation Standards, and Dialog Structure - The HAM-ANS Approach, Universität Hamburg, 1984.

/SEA69/ J.S. Searle
Speech Acts, Cambridge, 1969.

/SEA75/ J.S. Searle
A Taxonomy of Illocutionary Acts, in: K.Gunderson : Language, Mind and Knowledge, Minnesota, 1975.

/WAT71/ P. Watzlawick, J.H. Beavin, D.D. Jackson
Menschliche Kommunikation, Stuttgart, 1971.

BENUTZERMODELLIERUNG IN EINEM NATÜRLICHSPRACHIGEN DIALOGSYSTEM

Alfred Kobsa
Institut für Medizinische Kybernetik
und Artificial Intelligence
der Universität Wien

Der Beitrag untersucht, welche Voraussetzungen für ein Dialogsystem notwendig sind, um stark benutzerangepaßte Auskünfte und Empfehlungen geben zu können, wie dies etwa bei einem Reiseplanungssystem unumgänglich ist. Es wird gezeigt, daß die zu diesem Zweck üblicherweise verwendeten Techniken, nämlich die "Programmzweig-" und die "Merkvariablen-Methode", rasch an die Grenzen von Flexibilität und Ausdrucksfähigkeit stoßen. Als Alternative wird die explizite Modellierung der Überzeugungen, Ziele und Pläne des Benutzers in einem sogenannten "Benutzermodell" vorgestellt. Die Idee wird an Hand von VIE-DPM, der Benutzermodellierungskomponente des natürlichsprachigen Dialogsystems VIE-LANG, illustriert, welche im Laufe des Dialogs entsprechende Annahmen über den Benutzer aufbaut, diese in ein Repräsentationssystem der Künstlichen-Intelligenz-Forschung einträgt und daraus Informationen für ein adäquates Dialogverhalten gewinnt.

Stichworte: Benutzermodellierung, benutzerorientiertes/kooperatives Dialogverhalten, Software-Ergonomie, Cognitive Science, KI-Forschung

1. Computer als Lexikon, Benutzerberücksichtigung und Benutzermodellierung

Computergestützte Informationssysteme wären, so platitüdenhaft eine solche Forderung auch klingen mag, eigentlich so zu gestalten, daß zu ihrer Benützung nicht mehr Voraussetzungen notwendig sind, als dies für einen Dialog mit einem menschlichen Auskunftgeber der Fall ist. Und: Benutzer, insbesondere "Computerlaien", sind leider Wesen, die Informationssysteme aus den unterschiedlichsten Gründen verwenden, die verschiedene Ziele und Probleme haben, die unterschiedliche Vorkenntnisse über einen bestimmten Bereich mitbringen, und die sich außerdem oft selbst nicht vollständig darüber im klaren sind, welche Informationen zur Erreichung ihres Ziels oder zum Lösen ihres Problems notwendig, nützlich oder relevant sind.

Beim Entwurf von Informationssystemen konnte bislang auf beide Probleme nur wenig Rücksicht genommen werden. Herkömmliche Dialogsysteme zeichnen sich

---

Die in diesem Beitrag beschriebenen Arbeiten wurden teilweise vom Österreichischen Bundesministerium für Wissenschaft und Forschung und vom Kulturamt der Stadt Wien unterstützt.

leider dadurch aus, daß an einen Benutzer dieser Systeme weitreichende Anforderungen gestellt werden, nämlich, daß er möglichst vollständiges Wissen darüber besitzen muß,

a) welche Informationen für sein Problem (sein Ziel) grundsätzlich relevant sind bzw. welche völlig irrelevant sind,
b) welche der relevanten Informationen im System vorhanden sind, und
c) wie die relevanten Informationen im System gefunden werden können.

(a) bedeutet, daß der Benutzer das Dialogsystem primär als "Lexikon" verwendet. Der Benutzer ist selbst dafür verantwortlich, daß er weiß, welche Informationen bei seinem Problem wichtig sind. Als Hilfe dabei können derzeitige Dialogsysteme dem Benutzer - wie bei einem Lexikon - nur ein "Browsing" anbieten, also ein Durchblättern des Informationsangebots, was dem Benutzer zu guten Ideen verhelfen soll. Weitergehende Unterstützung für diesen Such- und Selektionsprozeß kann ein herkömmliches Dialogsystem mit etwas breiterem Anwendungsbereich dem Benutzer nicht mehr geben. Es fehlen ihm bereits die Grundvoraussetzungen für solches Verhalten, nämlich Annahmen darüber, für welchen Zweck der Benutzer die verlangten Informationen wohl brauchen wird.

(b) und (c) bedeuten, daß der Benutzer sich ein "Modell" des Dialogsystems aufbauen muß. Dieses Modell muß nicht unbedingt mit der Implementierungs- struktur des Systems übereinstimmen. Der Benutzer kann durchaus - und soll auch oft nur - eine "Benutzersicht" des Systems entwickeln. Diese Benutzersicht muß jedoch sehr detailliert sein. Im Falle von Informations- systemen muß sie etwa detaillierte Kenntnisse darüber umfassen, welche Informationen das System enthält und auf welche Art und Weise auf diese Informationen zugegriffen werden kann.

In Systemen, die den Anspruch erheben, nicht nur eine Auskunfts-, sondern ansatzweise auch eine Beratungsfunktion zu erfüllen (wie dies etwa bei dem diesem Band zugrundeliegenden Anschauungsbeispiel eines Reiseplanungssystems der Fall ist), reicht es natürlich nicht aus, dem Benutzer zum einen nur ein Lexikon anzubieten, und ihn zum anderen die Bedienung dieses Lexikons auch noch erst erlernen zu lassen. Ein Beratungsdialog muß auf jeden Fall von einer Erkennung der Ziele des Benutzers ausgehen; darauf aufbauend kann dann der Benutzer schrittweise zu den für ihn wohl interessanten Informationen geführt werden.

Wie kann nun, von der Programmstruktur her gesehen, realisiert werden, daß das System die Benutzerziele berücksichtigt? In derzeitigen Dialogsystemen wird üblicherweise von den folgenden beiden Techniken Gebrauch gemacht:

a) "Programmzweigmethode": Beim Entdecken eines Benutzerziels durch das System wird in einen bestimmten Programmzweig gesprungen, innerhalb dessen dieses Benutzerziel implizit dauernd berücksichtigt wird. In diesem Programmzweig können dann weitere, untergeordnete Ziele abgefragt werden, etc. Beim erkannten Ziel "Bergsteigen" würde etwa eine Prozedur BERGST aufgerufen werden, innerhalb derer nun weitere Ziele berücksichtigt werden können. Ein Verlassen eines Programmzweigs bedeutet, daß bestimmte Benutzerziele nun nicht mehr berücksichtigt werden. Diese Methode ist natürlich nur dann anwendbar, wenn sich die Abhängigkeiten zwischen allen möglichen Zielen aller Benutzer in eine strenge Hierarchie bringen lassen.

b) "Merkvariablenmethode": Beim Erkennen eines Benutzerziels werden spezielle Variablen gesetzt (etwa BERGST:=true). Die Benutzerziele müssen nun nicht mehr hierarchisch geordnet sein, sie können etwa auch "parallel" sein. Verfeinert kann die Methode dadurch werden, daß nicht nur Binärwerte, sondern auch kontinuierliche Werte zugelassen werden, und so die "Merkvariablen" für bestimmte Ziele zu "Zielausprägungsparametern" werden (etwa BERGST:=0.75).

Sind viele (parallele) Ziele des Benutzers vorhanden, so bildet die Gesamtheit der Zielausprägungsparameter ein Zielprofil des Benutzers, dem zweckmäßigerweise ein Angebotsprofil gegenübersteht, das mit den Zielen verglichen werden kann. Dies stellt den ersten Schritt zu einem Modell der Benutzerziele dar.

Bei konkreten Benutzerzielen wird man mit einer simplen Parameterdarstellung nicht mehr das Auslangen finden. Benutzerziele wie 'Das Appartment soll nicht weiter als 200m vom Meer, mindestens aber 500m von der nächsten Hauptstraße, u.s.w. entfernt sein' wird man vielleicht günstiger mit Strukturen wie LE(DIST(APT,MEER),200) als mit speziellen Variablen wie DISTAPTMEERMAX darstellen. Hier öffnet sich das weite Gebiet der Wissensrepräsentation der Künstlichen-Intelligenz-Forschung, wo solche Darstellungsschemata entwickelt und untersucht werden (Kobsa 1984b).

Neben Zielen des Benutzers sollte ein kooperatives Dialogsystem aber auch darstellen können, daß ein Benutzer (bereits) ein bestimmtes Vorwissen über

einen Bereich hat. Das System kann damit beispielsweise vermerken, daß es
dem Benutzer bereits bestimmte Sachverhalte mitgeteilt hat, und sich im
weiteren Dialogverlauf darauf beziehen. Vorteilhaft ist es auch, wenn ein
Dialogsystem falsche Überzeugungen des Benutzers erkennen und diesen eventuell darauf aufmerksam machen kann, wie etwa in

(1a) Benutzer: Wann geht das nächste Flugzeug nach Wien?
 (b) System: Wien kann derzeit wegen Schlechtwetters nicht angeflogen
               werden.

Zwischen Zielen, zwischen Überzeugungen, und zwischen Überzeugungen und
Zielen können bestimmte Beziehungen bestehen. Wenn etwa jemand im Urlaub
bergsteigen möchte, ist zu vermuten, daß er keine Vollpension wünscht. Um
nicht als "dumm" angesehen zu werden, sollte das System die entsprechende
Frage gar nicht erst stellen. Ziele müssen auch oft vom System präzisiert
oder modifiziert werden, wie etwa bei

(2a) Benutzer: Wo ist bitte die nächste Tankstelle?
 (b) System: Die nächstgelegene, die jetzt noch offen hat,...

Solche sich aus Weltwissen ergebenden Schlußregeln können entweder in
Programmen versteckt sein, die die entsprechenden Eintragungen im Zielmodell
durchführen. Sie können aber auch als explizite Regeln dargestellt werden,
die interpretiert werden müssen. Hier beginnt das Gebiet des "Inferencing"
der KI-Forschung.

Bei der Entwicklung des Systems VIE-DPM, auf das in den folgenden Abschnitten
näher eingegangen wird, wurde im Vergleich mit den beschriebenen "bottom-up"-
Überlegungen nun genau der entgegengesetzte Weg verfolgt. Es wurde zuerst
allgemein untersucht, welche Arten von Überzeugungen und Zielen ein Benutzer
möglicherweise haben kann. Es wurde dann ein geeignetes Repräsentations-
schema entwickelt, um diese Überzeugungen und Ziele darstellen zu können.
Und es wurden schließlich Prozesse definiert, die aus natürlichsprachigen
Eingaben des Benutzers Annahmen über dessen Ziele und Überzeugungen bilden
und in das Benutzermodell eintragen. Natürliche Sprache als Kommunikations-
medium ist selbstverständlich keine Voraussetzung für Benutzermodellierung,
bietet aber einige Vorteile bei der Überzeugungs- und Zielerkennung.

2. VIE-DPM

VIE-DPM ist die Benutzermodellierungskomponente des natürlichsprachigen
Dialogsystems VIE-LANG (Trost et al. 1983). Da in Kobsa (1984c) bereits ein
technisch gehaltener Überblick über VIE-DPM gegeben wurde, soll hier verstärkt auf grundsätzliche Entwurfsentscheidungen bei der Entwicklung dieses
Systems eingegangen werden. Dabei wird zuerst die interne Repräsentation von
Überzeugungen, Zielen und Plänen in VIE-DPM behandelt, und dann das Problem
des Aufbaus eines Benutzermodells im Verlaufe der Mensch-Computer-Interaktion
diskutiert. In Abschnitt 2.3. wird schließlich kurz auf mögliche Erweiterungen eingegangen, die etwa die Verwendung von Informationen aus dem
Benutzermodell zum Zwecke der Dialogplanung betreffen.

2.1. Repräsentation von Annahmen über Überzeugungen, Ziele und Pläne des Benutzers

Im letzten Abschnitt wurde angedeutet, wie mit Hilfe von Zielausprägungs-
variablen bereits ein sehr einfaches Benutzerprofil realisiert werden kann.
Ein solcher Ansatz wird auch von Rich (1979a, b) zur Benutzermodellierung in
einem Buchempfehlungssystem verwendet. Aus stichwortartigen Angaben des
Benutzers über sich selbst und aus stereotypen Erwartungen über bestimmte
Benutzertypen schließt das System auf die Ausprägung bestimmter Persönlich-
keitsmerkmale beim Benutzer. Dazu gehören etwa sein Bildungsgrad, seine
Intelligenz, seine Vorliebe für spannende und ereignisreiche Handlungsabläufe
oder für Beschreibungen von Sexualität, Gewalt, Leid, romantische Szenen,
etc. Bei jedem Buch wird vermerkt, inwieweit es jedem dieser Merkmale
entgegenkommt; durch entsprechende Vergleiche kann dann eine Empfehlung
erzeugt werden.

Leider sind, wie bereits erwähnt, auf diese Art und Weise nur sehr einfache
Annahmen des Systems über den Benutzer darstellbar. In einem Benutzermodell
eines Systems mit etwas generellerem Anwendungsbereich sollten aber auch
Systemannahmen wie etwa in (3) ausgedrückt werden können (diese stellen
nämlich, wie weiter unten noch ausführlicher behandelt wird, mögliche Schluß-
folgerungen aus der simplen Benutzerfrage 'Wann geht das nächste Flugzeug
nach Wien?' dar).

(3) Annahmen des Systems:

   (a) Der Benutzer möchte wissen, wann das nächste Flugzeug nach Wien
       geht.
   (b) Der Benutzer glaubt, daß das System weiß, wann das nächste Flug-
       zeug nach Wien geht.
   (c) Der Benutzer weiß nicht, wann das nächste Flugzeug nach Wien
       geht.

Beim Entwurf von VIE-DPM wurde großer Wert auf die Entwicklung eines
Repräsentationsschemas gelegt, mit dem sich beliebig komplexe Überzeugungen
und Ziele ausdrücken lassen. Abb.1. zeigt ein sehr vereinfachtes Beispiel,
aus dem aber zumindest die Grundidee des Aufbaus hervorgeht. Die Abbildung
stellt eine Situation dar, in der das System glaubt, daß Herr Müller von Wien
nach München fährt. Weiters glaubt das System, daß der Benutzer glaubt, daß
Herr Müller von Wien nach Berlin fährt. Die Überzeugungen des Systems über
Sachverhalte der Welt werden dabei mit Hilfe eines sogenannten "Kontexts"
zusammengefaßt, ebenso die Überzeugungen des Systems über die vermutlichen
Überzeugungen des Benutzers in bezug auf bestimmte Sachverhalte.

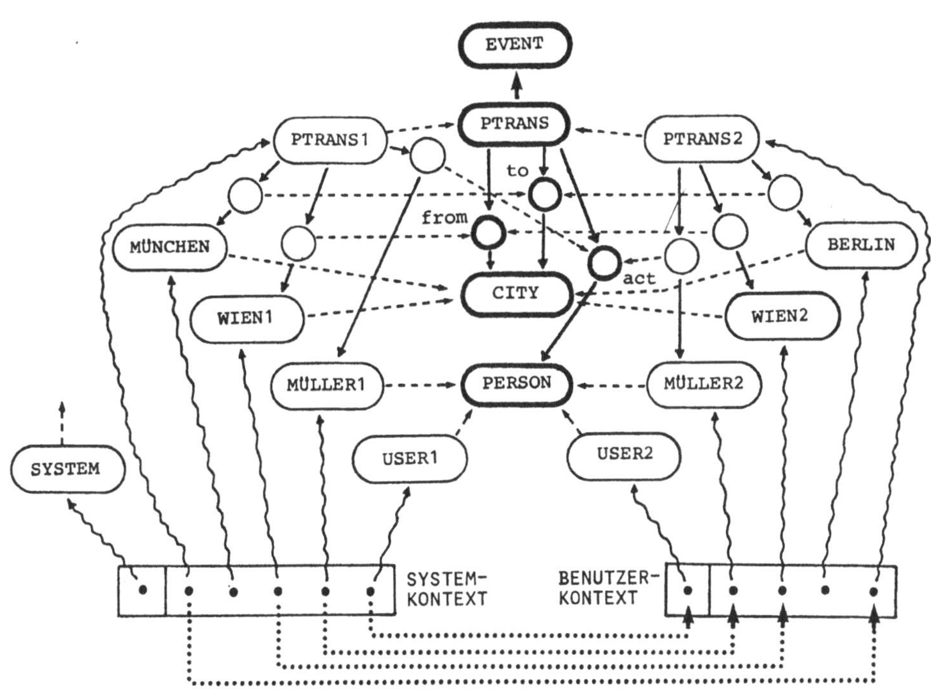

Abb.1.: Systemkontext und Benutzerkontext

Sachverhalte, über die Überzeugungen bestehen, werden in VIE-DPM mit Hilfe bestimmter Strukturen der Repräsentationssprache KL-ONE beschrieben. Diese Sprache wurde von Brachman (1978) entwickelt und in Trost (1983) an die speziellen Bedürfnisse von VIE-LANG angepaßt. Die fein gezeichneten Netzwerkteile in Abb.1. stellen die KL-ONE-Sachverhaltsbeschreibungen dar. Die fett ausgezeichneten Repräsentationsstrukturen sind ebenfalls Bestandteile von KL-ONE, mit denen Beziehungen zwischen den in den Sachverhaltsbeschreibungen verwendeten Beschreibungselementen festgelegt werden können. Der untere Teil von Abb.1. zeigt eine vereinfachte Darstellung der Kontexte, die durch eine Reihe von Verbindungselementen in Beziehung zueinander stehen.

Mit zusätzlichen Kontexten und Kontextverbindungen können auch komplexere geschachtelte Überzeugungen ausgedrückt werden, wie etwa die Überzeugungen des Systems über die Überzeugungen des Benutzers über die Überzeugungen wiederum des Systems. Es können damit weiters Beschreibungen von angestrebten Sachverhalten zusammengefaßt werden, somit also Ziele des Systems oder Annahmen über Ziele des Benutzers dargestellt werden. Sequenzen von Zielkontexten bilden eine Repräsentation für lineare Pläne. Es sind aber auch komplexere Schachtelungen von Überzeugungs- und Zielkontexten möglich.

Mit Hilfe von einigen weiteren Repräsentationselementen, auf die hier nicht näher eingegangen werden kann, sind auch Überzeugungen und Ziele darstellbar, deren umgangssprachliche Beschreibung Ausdrücke wie 'wissen, ob', 'wissen, wer (wann, wo)', 'nicht wissen, daß', 'wissen, daß nicht', 'unsicher sein, ob', 'nicht wollen, daß', u.v.a.m. enthält. Insgesamt gesehen ist das Repräsentationssystem von VIE-DPM ausdrucksreicher als die andersweitig vorgeschlagenen (hauptsächlich auf der epistemischen Logik beruhenden) Schemata zur Überzeugungs- und Zielrepräsentation. Dies stellt keinen überflüssigen Luxus dar; die bisherigen Erfahrungen haben gezeigt, daß bereits aus sehr einfachen Benutzereingaben sehr komplexe Annahmen über dessen Überzeugungen und Ziele resultieren können. Dies wird auch im folgenden Abschnitt teilweise ersichtlich.

2.2. Aufbau von Annahmen über den Benutzer während der Mensch-Maschine-Interaktion

Es gibt mehrere Wissensquellen, aus denen ein Dialogsystem mit Benutzermodellierungskomponente im Laufe des Dialogs Annahmen über den Benutzer beziehen kann. In VIE-DPM werden davon derzeit die folgenden berücksichtigt:

2.2.1. Standardannahmen über den Benutzer

Bei den meisten Anwendungsbereichen von Dialogsystemen kann man jedem Benutzer mit gewisser Sicherheit sofort bestimmte Überzeugungen und/oder Ziele zusprechen. Bei einem Reiseplanungssystem kann beim Benutzer etwa das Ziel, verreisen zu wollen, angenommen werden, oder Basis-Weltwissen bezüglich der Themenkreise Reisen, Urlaub und Geographie. Andere Standardannahmen des Systems über den Benutzer können auch etwa wieder dessen Standardannahmen über Ziele und Überzeugungen des Systems betreffen (etwa, daß das System dem Benutzer eine Reise verkaufen will). Solche Standardbenutzermodelle werden ebenfalls in der in Abb.1. dargestellten Form repräsentiert und zu Dialogbeginn in das aktuelle Benutzermodell übernommen.

2.2.2. Annahmen aus Benutzereingaben

Annahmen aus Eingaben des Benutzers in das System stellen die direktesten, und somit zumeist auch die sichersten Annahmen über die Überzeugungen und Ziele des Benutzers dar. Es stehen mehrere Methoden zur Verfügung, um von Benutzereingaben zu Annahmen über den Benutzer zu kommen. Der einfachste Fall ist dann gegeben, wenn der Benutzer direkte Aussagen über seine Überzeugungen oder Ziele macht, wie etwa in

(4a)   Benutzer: Ich möchte morgen nach Hamburg fliegen.
 (b)   Annahme des Sytems: Der Benutzer möchte am 25.9. nach Hamburg
                          fliegen.

Leider treten solche direkten Aussagen des Benutzers über seine Überzeugungen und Ziele nur sehr selten auf. Viel häufiger kommt der Fall vor, daß Annahmen über den Benutzer aus der <u>syntaktischen Form</u> seiner Eingabe gezogen werden können. Aus

(5)   Benutzer: Wann geht das nächste Flugzeug nach Wien?

kann das System beispielsweise die in (3) aufgelisteten Annahmen erschließen. Diese Annahmen können deswegen getroffen werden, weil der Benutzer eine <u>Ergänzungsfrage</u> geäußert hat; der Inhalt dieser Frage braucht dabei nicht berücksichtigt zu werden (Kobsa 1984a). Aus (5), oder besser (3c), kann aber auch die Annahme getroffen werden, daß

(3d) Annahme des Sytems: Der Benutzer weiß nicht, wann das nächste
Flugzeug in Wien ankommt.

Hier handelt es sich um eine inhaltliche Inferenz, die auf Weltwissen über
Ortsveränderungen basiert. Die damit gewonnene zusätzliche Annahme über den
Benutzer kann in diesem Beispiel etwa dafür verwendet werden, um dem Benutzer
in kooperativer Weise auch die nicht explizit verlangte Ankunftsszeit mitzu-
teilen. Mit Hilfe von (komplexeren) inhaltlichen Inferenzen können auch
vermutliche Ziele des Benutzers erschlossen werden. Annahmen darüber können,
wie Beispiel (2) zeigt, sehr vorteilhaft für eine kooperative Dialogplanung
eingesetzt werden. Da die Darstellung von Inferenzregeln in KL-ONE derzeit
noch kaum untersucht wurde, konnten inhaltliche Inferenzen in VIE-DPM noch
nicht realisiert werden.

Weitere Annahmen über den Benutzer können aus bestimmten Sprachpartikeln in
dessen Systemeingabe gezogen werden, wie etwa in

(6a) Benutzer: Haben Sie denn nichts Billigeres?
(b) Annahme des Systems: Der Benutzer möchte ein billigeres Angebot
haben.

Diese Quelle zum Aufbau von Benutzermodellen wurde im Rahmen des Projekts
VIE-DPM bisher nur auf theoretischer Ebene untersucht (Kobsa 1983). Die
Methode setzt natürlich voraus, daß die Eingabe des Benutzers in das System
in einer natürlichen Sprache erfolgt, was bei den anderen Techniken nicht
notwendig ist. Im System VIE-LANG erfolgt die Benutzereingabe aber auf jeden
Fall in Form von deutschen Sätzen, die mit Hilfe der linguistischen Analyse-
komponente des Systems (Steinacker 1984) in Repräsentationsstrukturen, wie
sie im fein gezeichneten Teil von Abb.1. dargestellt wurden, überführt
werden. Eine genaue Aufstellung, welche Annahmen über den Benutzer aus
dessen Aussagen, Ergänzungsfragen, J/N-Fragen und Anweisungen gezogen werden
können, findet sich in Kobsa (1984c).

2.2.3. Annahmen aus Dialogbeiträgen des Systems

Auch Dialogbeiträge des Systems (wie z.B. Mitteilungen, Fragen oder Anweisungen des Systems) führen zu ähnlichen Einträgen in das Benutzermodell wie
Systemeingaben des Benutzers. Wenn das System dem Benutzer etwa einen Sachverhalt mitteilt, kann es vermerken, daß der Benutzer den mitgeteilten Sach-

verhalt nun kennt. Wenn es dem Benutzer eine Frage stellt, kann es annehmen, daß der Benutzer nun glaubt, daß das System die Antwort auf die Frage nicht kennt, aber gerne kennenlernen möchte, etc.

2.3. Mögliche Erweiterungen

Die Arbeiten an VIE-DPM konzentrieren sich derzeit auf die Untersuchung der Frage, auf welche Art und Weise das Benutzermodell in seiner jetzigen Form bereits zur Planung von Dialogakten des Systems eingesetzt werden kann. Die Grundidee dabei ist, daß das System seine Annahmen über den Benutzer laufend beobachtet und beim Auftreten bestimmter Überzeugungs- und Zielkonstellationen entsprechende kooperative Dialogakte setzt. Ein Beispiel wäre etwa die in Abb.1. dargestellte Situation, wo das System den Benutzer auf die entdeckten Unstimmigkeiten aufmerksam machen könnte.

Weiters sollen auch die bereits beschriebenen inhaltlichen Inferenzen näher untersucht werden, die eine sehr wichtige Methode darstellen, um aus schon erkannten Überzeugungen und Zielen weitere Überzeugungen und Ziele erschließen zu können. Die Darstellung von Inferenzregeln in sogenannten "Semantischen Netzwerken" im allgemeinen, und in KL-ONE im besonderen, wurde bisher in der KI-Forschung aber noch kaum untersucht, sodaß hier wohl längerfristige Arbeiten notwendig sind.

3. Ausblicke

Benutzermodellierung ist sicher nicht die einzige, zweifelsohne aber eine der wesentlichsten Voraussetzungen für die Gestaltung von kooperativen Dialogsystemen. Benutzermodellierung ermöglicht es einem System, Sachprobleme sowohl aus der eigenen, als auch aus der Sicht des Benutzers zu betrachten. Genau diese Fähigkeit ist aber die Basis für ein breites Spektrum von kooperativem Dialogverhalten, wie etwa die Berücksichtigung von Vorwissen des Benutzers, das unaufgeforderte Mitteilen von für den Benutzer wohl relevanten Sachverhalten, die Korrektur von falschen Benutzerüberzeugungen, etc. (Kobsa et al. 1983, Wahlster 1984).

Als Einsatzmöglichkeit für Benutzermodellierung bieten sich natürlich insbesondere Auskunfts- und Beratungssysteme an. Sehr vorteilhaft können Benutzermodelle aber auch in Help-Systemen zu existierenden Software-

Systemen, etwa Betriebssystemen, eingesetzt werden. Auch im Bereich der "Intelligent Computer-Assisted Instruction" (Sleeman & Brown 1982) werden in immer größerem Umfang Modelle des derzeitigen Wissensstands des Lernenden zur Steuerung des Instruktionsverlaufs verwendet.

4. Literatur

Brachman, R. J. (1978): A Structural Paradigm for Representing Knowledge. Report No. 3605, Bolt, Beranek & Newman, Cambridge, MA.

Kobsa, A. (1983): Präsuppositionsanalyse zum Aufbau von Dialogpartnermodellen. Conceptus 17 (40/41), pp. 165-179.

Kobsa, A., H. Trost & R. Trappl (1983): Ist benutzerangepaßtes Dialogverhalten auch ohne Dialogpartnermodell möglich? Angewandte Informatik 9/83, pp. 383-387.

Kobsa, A. (1984a): Generating a User Model from Wh-Questions in the VIE-LANG System. Proceedings of the 1984 GLDV Meeting 'Trends in linguistischer Datenverarbeitung', Heidelberg, West Germany.

Kobsa, A. (1984b): Knowledge Representation: a Survey of its Mechanisms, a Sketch of its Semantics. Cybernetics and Systems 15, pp. 41-89.

Kobsa, A. (1984c): VIE-DPM: a User Model in a Natural-Language Dialogue System. In: J. Laubsch, ed.: GWAI-84, 8th German Workshop on Artificial Intelligence. Berlin: Springer.

Rich, E. (1979a): Building and Exploiting User Models. Ph.D. Dissertation, Carnegie-Mellon University.

Rich, E. (1979b): User Modelling via Stereotypes. Cognitive Science 3, pp. 329-354.

Sleeman, D. and J. S. Brown, eds. (1982): Intelligent Tutoring Systems. London: Academic Press.

Steinacker, I. (1984): VIE-PAR, ein semantisch gesteuerter Parser zur Analyse deutscher Sätze in einem sprachverstehenden System. Dissertation, Technische Universität Wien.

Trost, H., E. Buchberger, I. Steinacker and R. Trappl (1983): VIE-LANG: A German Language Dialogue System. Cybernetics and Systems 14, pp. 343-357.

Trost, H. (1983): SEMNET: Ein semantisches Netz zur Darstellung von Umweltwissen für ein natürlichsprachiges System. Dissertation, Technische Universität Wien.

Wahlster, W. (1984): Cooperative Access Systems. In: Bernold, Th. and G. Albers, eds.: Artificial Intelligence - at the Threshold of Practical Application? Amsterdam: North-Holland.

Graphische Kommunikations- und Präsentationsformen für komplexe
Wissens- und Textstrukturen:
Zur Konzeption eines graphischen Interface für ein wissensbasiertes
Textkondensierungssystem

R. Hammwöhner und U. Thiel

Universität Konstanz
Informationswissenschaft
Projekt TOPOGRAPHIC

Z u s a m m e n f a s s u n g

Der Bericht gibt einen Überblick über die Konzeption der Systemoberfläche der graphisch-interaktiven Benutzerschnittstelle TOPOGRAPHIC.
Ausgehend von den Anforderungen an das Interface, das komplexe, stark
vernetzte Datenstrukturen visualisieren und einheitliche, aber
multifunktionale Zugangsmöglichkeiten für verschiedene Benutzertypen
bereitstellen soll, werden graphische Kommunikations- und Präsentationsformen unter dem Aspekt ihrer kognitiven Adäquanz diskutiert.

0. Vorbemerkung

Auch aus informationswissenschaftlicher Sicht besitzt das Problem des
kognitiv-ergonomischen Interface-Designs eine hohe Relevanz,
insbesondere als Teilaspekt der Konzeption wissensbasierter
Informationssysteme, die durch den Einsatz linguistischer und

heuristischer Verfahren dem Benutzer Zugang zu komplex strukturierten
Informationsressourcen anbieten sollen. In diesem Beitrag wird ein
Informationssystem neuen Typs vorgestellt, das Texte (Zeitschriften-
artikel etc.) zu einem bestimmten Themenkreis inhaltlich analysiert,
deren Inhalt intern repräsentiert und dem Benutzer zugänglich macht.
Um in dem für den Workshop gewählten Reisebüro-Beispiel zu bleiben,
wird die Wirkungsweise des System anhand eines fiktiven Dialogs mit
touristischer Thematik erläutert.

1. TOPOGRAPHIC: Eine Benutzerschnittstelle für das Textkondensierungs-
system TOPIC

1.1 Das TOPIC-System

Am Lehrstuhl für Informationswissenschaft der Universität Konstanz
wird derzeit das wissensbasierte Textanalysesystem TOPIC entwickelt
mit dem Ziel, die Zusammenfassung von Fachtexten aus dem abgegrenzten
Diskursbereich "Informationstechnologie für den Büro- und Verwaltungsbereich" zu automatisieren und die in den Texten enthaltenen
Informationen zugänglich zu machen.

Das System (vgl. / 3/,/ 4/) operiert mit Weltwissen aus miteinander
relational verbundenen Framestrukturen und Sprachwissen in Form eines
Wortexpertenparsers, die beide zur Zeit bereits ganz bzw. teilweise
implementiert sind. Eine weitere Komponente, die auf dem Ergebnis der
Textanalyse aufbauend ein "Kondensat" des Textes erstellt, wird gerade
konzipiert. Kondensate werden in der bisherigen Informationspraxis in
der Form von textuellen Abstracts präsentiert.

Im Rahmen von TOPOGRAPHIC wird dagegen angestrebt, die interaktiven
und graphischen Möglichkeiten eines Arbeitsplatzrechners zur flexiblen
Kondensierung eines Textes in Abhängigkeit von den Anforderungen des
End-Users einzusetzen. Das Abstraktionsniveau des Kondensats soll,
ebenso wie seine Informationsdichte, von den Bedürfnissen des
Benutzers und nicht von den Eigenheiten des Systems beherrscht
werden. Weiterhin soll eine dynamische Anpassung an den Informationsbedarf ermöglicht werden, so daß ein abgestuftes Angebot, beginnend
mit sehr globalen Informationen über den Text, zur Verfügung steht,
das immer feinere Textstrukturen aufzeigt und schließlich einzelne

Textfragmente präsentiert ("kaskadiertes Abstracting"). Diese
Systemeigenschaft könnte man auch zu einem Faktenretrieval in Texten
benutzen, indem man die interne Repräsentation des Textes, "Textgraph"
genannt (vgl. /6/), als Indexstruktur benutzt. Dieser Textgraph
stellt die Themen eines Textes und ihre inhaltlichen Beziehungen dar.
Außerdem enthält er die aus dem Text gewonnenen Fakten.

1.2 Der Einfluß der Systemumgebung

Aus der prinzipiell angestrebten Überführbarkeit des Systems in reale
Anwendungsumgebungen (Büros, Verwaltungen usw.) erwachsen Probleme,
die bei reinen Experimentalsystemen bislang weitgehend vernachlässigt
werden konnten.

1. Im geplanten Einsatzgebiet werden DV-Laien mit einer komplexen,
   oft umfangreichen Informationsvielfalt konfrontiert. Dies stellt
   hohe Anforderungen an die Benutzerfreundlichkeit des Systems, das
   einerseits effizienten Zugang zur Wissensbasis gewährleisten soll
   und andererseits nur eine kurze Einarbeitungszeit erfordern darf.

2. Soll das System realitätsbezogen eingesetzt werden, muß mit einer
   gegenüber dem Laborversuch weitaus umfangreicheren Menge an
   Konzeptstrukturen gerechnet werden, die im Weltwissen zu speichern
   sind. Deshalb muß einerseits der System-Manager bei der
   Aktualisierung von Welt- und Sprachwissen unterstützt werden
   (Knowledge Engineering), andererseits muß dem Systemnutzer Hilfestellung beim Umgang mit den umfangreichen Wissensbeständen
   gegeben werden.

Diese Anforderungen können durch eine flexible interaktive graphische
Benutzerschnittstelle erfüllt werden (vgl. /16/). Im Projekt
TOPOGRAPHIC (TOPic Operating with GRAPHical Interactive Components)
(vgl. / 8/) wird daher ein Interface entwickelt, das den Anwender in
die Lage versetzen soll, komplexe Wissens- und Textstrukturen zu
editieren und zu analysieren.

1.3 Die Komplexität der darzustellenden Strukturen

Sowohl der Systemdesigner bzw. -manager, als auch der Endbenutzer des
TOPIC-Systems werden mit sehr komplexen Strukturen konfrontiert, deren
benutzerfreundliche Darstellung eine der wesentlichen Aufgaben von
TOPOGRAPHIC ausmacht. Den Systemkomponenten lassen sich charak-
teristische Datenstrukturen zuordnen, die spezielle Ausprägungen des
Typs "gerichteter Graph" sind.

Das Weltwissen des TOPIC-Systems wird durch Frames repräsentiert, die
durch Relationen (z.B. is-a, part-of) verknüpft sind (vgl. /4/).
Aus dieser Perspektive stellt das Weltwissen einen gerichteten Graphen
dar, dessen Knoten Konzepte (Frames) und dessen Kanten Relationen
symbolisieren. Die Komplexität der Struktur wird jedoch erhöht durch
die Knoteninhalte. Die Slots eines Frames können als Einträge wieder
Frames enthalten, wodurch der Inhalt eines Knotens seinerseits ein
komplexes Gebilde darstellen kann. Weiterhin muß zwischen Prototyp-
und Instanzframes unterschieden werden. Die einen modellieren
Konzeptklassen, die anderen konkrete Ausprägungen, die im Text erwähnt
sind. Bei Aufbau und Änderung der Wissensbasis muß der Systementwickler durch das Interface unterstützt werden.

Der Text-Parser des TOPIC-Systems, auf dessen Funktionsweise hier
nicht weiter eingegangen werden kann, arbeitet bei der syntaktischen
und semantischen Analyse von Texten mit sog. "Wort-Experten" (vgl.
/5/), die zur Ermittlung der Bedeutung einzelner Worte eingesetzt
werden und in ihrem Zusammenspiel die Analyse des Textes durchführen.
Sie lassen sich als Entscheidungsbäume auffassen, wobei in den inneren
Knoten Entscheidungskriterien und in den Blättern Wortbedeutungen,
d.h. potentielle Analyseresultate, eingetragen werden. Für den
Systementwickler sollte eine Möglichkeit geboten werden, die Baum-
strukturen graphisch-interaktiv zu manipulieren.

Schließlich erfordert die kaskadierte Textkondensierung die Visualisierung des Textwissens in unterschiedlicher Detailgenauigkeit. Auch
hier erscheinen gerichtete Graphen als fundamentale Strukturen, die
eine optisch günstige Präsentation ermöglichen. Die Knoten dieser
Graphen können neben Framestrukturen auch komplette Teilnetze aus dem
Weltwissen oder auch Textfragmente enthalten, so daß hier die
Gestaltung der Darstellung besonders problematisch ist.

1.4 Graphisch-interaktive Textzusammenfassung

Im Gegensatz zu der bisherigen Auffassung, die Ausgabe eines Text-
kondensierungssystems sollte in natürlichsprachiger Form (Abstracts)
angeboten werden, soll alternativ dazu eine Präsentation mit Mitteln
der graphischen Interaktion (Menüanwahl mit der Mouse, Windowtechnik)
realisiert werden. Dies hat folgenden Hintergrund:

1. Zur Darstellung komplexer, stark vernetzter Strukturen, wie sie
   für TOPICs Welt- und Textwissen charakteristisch sind, eignen
   sich Graphiken besonders gut (vgl. / 2/) und sind eventuell
   sogar textuellen Darstellungsformen überlegen, weil sie
   Textstrukturen transparent machen. Andererseits können die
   reichhaltigen Differenzierungsmöglichkeiten natürlicher Sprache
   nicht erreicht werden. Dieser Nachteil fällt jedoch gerade bei
   den von TOPIC erzeugten indikativen Abstracts nicht besonders ins
   Gewicht, weil dort die strukturelle Information gegenüber der
   argumentativen überwiegt.

2. Spezielle Techniken erlauben eine Anpassung des Informations-
   niveaus des Benutzers an seine Bedürfnisse und erleichtern ihm
   die Orientierung:

   - Das beliebige Navigieren im Wissensnetz erlaubt ein ziel-
     gerichtetes Aufsuchen der relevanten Information.
   - Zooming-Techniken gestatten die Ausgabe der Daten mit
     unterschiedlichen Abstraktionsgraden. Optionen dieser Art
     sind in Texten nicht realisierbar und stellen eine eigene
     Informationsvermittlungsvariante dar.

Damit leistet TOPOGRAPHIC einen Beitrag zur Entwicklung der von Hayes
(/7/) vorgeschlagenen graphisch-interaktiven Kommunikationsform.

2. Präsentation von Weltwissensfragmenten

Im folgenden wollen wir die Diskussion auf ein Teilgebiet von
TOPOGRAPHIC einschränken, nämlich auf die Weltwissensverwaltung. Zum
einen ist die Weltwissensverwaltung in der Realisierung am weitesten
fortgeschritten, andererseits eignet sie sich besonders gut, die
Schwierigkeiten bei der Darstellung komplexer Strukturen aufzuzeigen.

Zunächst muß festgelegt werden, welche Anforderungen an ein solches System zu stellen sind. Für diese Überlegungen bietet sich eine Gliederung nach folgenden Aspekten an:

- Informationsaufbereitung
- Navigation im Netz
- Editieren

2.1 Informationsaufbereitung

Die erste Aufgabe der Aufbereitung ist die Auswahl und Eingrenzung der darzustellenden Information. Während ein zuviel an Information den Benutzer überfordert, hat er bei zuwenig Information keinen Überblick. Um Kriterien für diesen Auswahlvorgang zu gewinnen, wird es nötig sein, eine Klassifikation in Informationstypen vorzunehmen. Dabei wäre eine Einteilung nach der Wichtigkeit der Information denkbar, zum Beispiel Vordergrund- und Hintergrundinformation, oder eine Unterscheidung zwischen Fakten und Verweisinformation, Prototypen und Instanzen. Der nächste Schritt ist die Abbildung der logischen Struktur der ausgewählten Information auf eine graphische Struktur. Hierzu müssen zunächst Darstellungsprinzipien für qualitative Informationen entwickelt werden, die in Analogie zu Präsentationsregeln für quantitative Daten (vgl. /10/) die kognitiven Eigenschaften des Benutzers berücksichtigen.

2.2 Navigation

Bei umfangreichen Netzen wird es schwierig, zu der gewünschten Information zu gelangen, interessante Teilnetze aufzufinden. Deshalb müssen dem Anwender mehrere, seinem Kenntnisstand und seinen Absichten angemessene Verfahren angeboten werden, sich in dem Netz zu bewegen:

- Browsing:
  Der Benutzer kann ohne Führung das Netz erkunden. Die Bewegung erfolgt durch Anwählen von Knoten (vgl. /9/).

- geleitetes Navigieren:
  Das Netz wird systemgeführt schrittweise durchlaufen, um einen Überblick zu gewinnen. Das System folgt dabei einem vorgewählten Relationstyp.

- gezielte Suche:
  Ist das Ziel bekannt, so sollte es direkt über seinen Namen
  erreichbar sein. Der mit dem System vertraute Benutzer kann so
  direkt in interessante Netzregionen vorstoßen.

- Expansion:
  Es wird eine Entfaltung von Knoten zu Teilnetzen erreicht, die
  bisher auf einem höheren Abstraktionsniveau zusammengefaßt waren,
  z.B. werden die Sloteinträge, die wiederum Frames sein können und
  deshalb weiter expandiert werden können, dargestellt.

Ein Wechsel zwischen den Navigationsverfahren soll ständig möglich
sein, damit situationsbedingt die jeweils günstigste Methode gewählt
werden kann.

2.3 Editieren

Eine Wissensbasis ist sehr empfindlich gegenüber Änderungen. Werden
Frames, Slots oder auch Slotfiller eingefügt, geändert oder gelöscht,
so sind komplizierte Integritätsregeln zu beachten. Die
Folgewirkungen einer Änderung sind für den Anwender oft nicht mehr zu
überschauen. Deshalb bedarf er besonders hier der Unterstützung durch
das wissensbasierte System. Bevor eine Änderung durchgeführt wird,
sollte ihre Auswirkung durch Kennzeichnung der betroffenen Frames
angezeigt werden. Jede Änderung und Änderungsfolge muß reversibel
sein.

3. Design der Systemoberfläche

3.1 Beispiel

Anhand eines fiktiven Dialogs aus dem Bereich der Touristik (Auswahl
eines Badeortes) sollen nun Kriterien für den Bildschirmlayout
erarbeitet werden. Die in diesem Beispiel gewählte Auswahlstrategie
ist die Spezialisierung, das heißt, es erfolgt, ausgehend von
allgemeinen Konzepten (Badeurlaub), eine Konkretisierung auf den
Zielort (Konstanz am Bodensee) hin (Abb. 1-4).

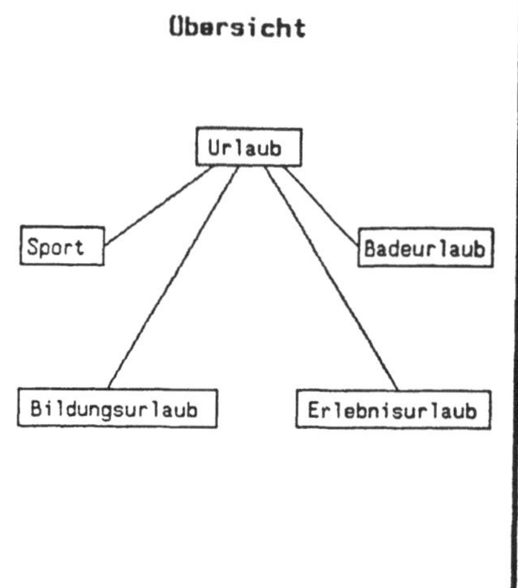

Abbildung 1

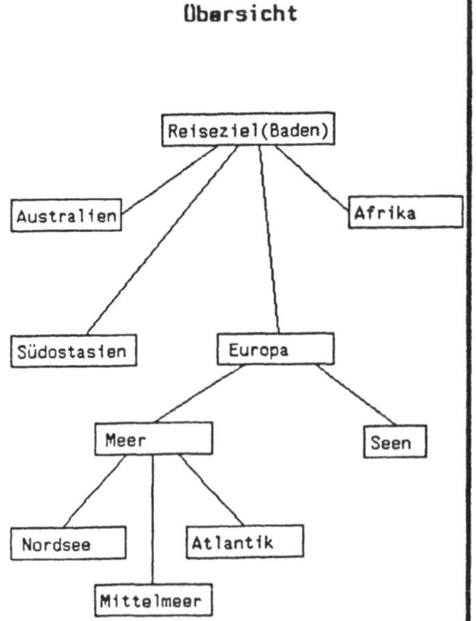

Abbildung 2

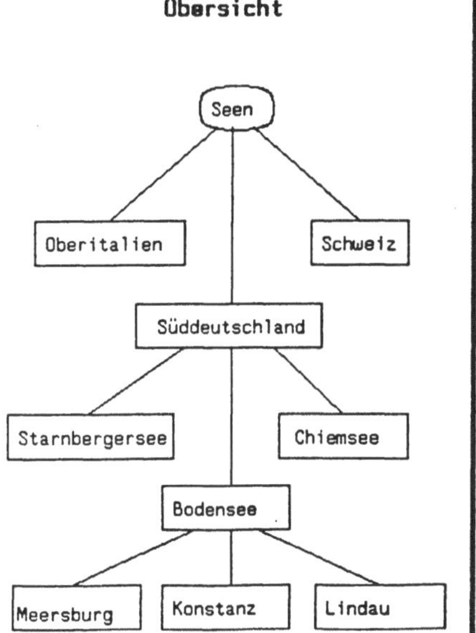

Abbildung 3

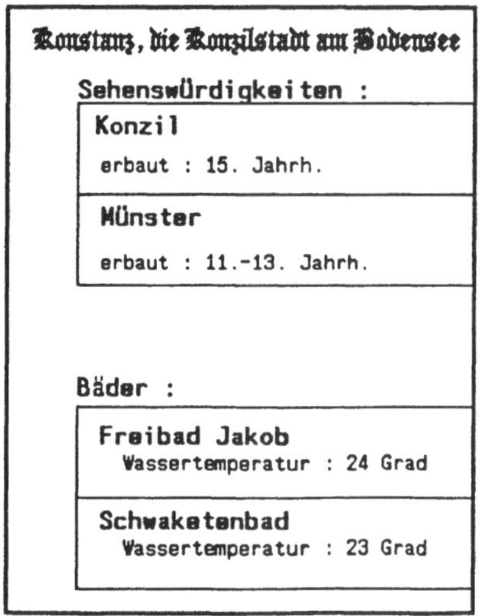

Abbildung 4

3.2 Fragestellungen

Bei jeder der Entscheidungen dieses Verfeinerungsprozesses wird der Benutzer mit drei Fragen konfrontiert, die ihm das System beantworten sollte:

- Was muß ich jetzt entscheiden?
- Welche Antworten sind zulässig?
- Welche Eigenschaften hat das Objekt, das ich wählen möchte?

In unserem Beispiel stellt stellt sich das so dar:

- Welche Entscheidung muss ich in Zusammenhang mit einem Badeurlaub treffen?
  Antwort: Reisezeit, Reiseziel (Abb. 1)
- Welches Reiseziel ist möglich?
  Antwort: Anbieten einer Verfeinerungshierarchie (Abb. 2-4)
- Wodurch zeichnet sich Konstanz als Reiseziel aus?
  Antwort: tabellarische Liste mit touristischen Daten (Abb. 4)

3.3 Stilmittel

Die inhaltliche Unterstützung des Verfeinerungsprozesses kann nur dann greifen, wenn sich dieser Vorgang auch auf dem Bildschirm dynamisch begreifen läßt und nicht nur als eine zusammenhanglose Abfolge von Einzelbildern, so einsichtig diese in ihrem statischen Aufbau auch sein mögen.

3.3.1 Statischer Bildschirmaufbau

Die hier eingesetzten Stilelemente dienen dazu, den augenblicklichen Zustand in seiner Struktur zu erfassen. Dazu wird das darzustellende Konzept sowohl in seinem inneren Aufbau gezeigt (Detailinformation), wie auch in den Gesamtzusammenhang eingeordnet (Übersicht). Für diese beiden Sichtweisen bieten sich auch unterschiedliche Darstellungsstile an.

- Übersicht
Das ausgewählte Objekt wird als atomares Element eines semantischen Netzes abgebildet. Die Darstellungsgröße der einzelnen Knoten

repräsentiert dabei ihre Wichtigkeit für den aktuellen Dialogzustand (Abb. 3).

- Detailinformation
Hier wird die innere Struktur eines Knotens aufgezeigt, die wieder ein Netz sein kann. Die tabellarische Präsentationsform ist für den Normalfall einer Baumstruktur eine sinnvolle Alternative. Die Schachtelungstiefe wird durch die jeweilige Fontgröße symbolisiert (Abb. 4).

3.3.2 Dynamische Bildfolge

Wegen der Komplexität der abzubildenden Strukturen einerseits und der geringen Bildschirmgröße andererseits werden häufig Umstellungen im Bildschirminhalt nötig, die sehr schnell das Orientierungsvermögen des Benutzers überfordern. Deshalb sollten notwendige Manipulationen schrittweise und unter Beibehaltung möglichst vieler bekannter Anhaltspunkte durchgeführt werden. Diese Systemphilosophie legt es nun nahe, sich am Paradigma der Computer Animated Graphics zu orientieren. Analog zum Trickfilm, der durch die naturgetreue Simulation von Bewegungsabläufen den kognitiven Fähigkeiten des Betrachters entgegenkommt, sollen die Assoziationsvorgänge durch eine geeignete Abfolge der Umstrukturierungen des Bildschirminhalts unterstützt werden (vgl. /1/).

4. Informations- und kognitionswissenschaftliche Fragestellungen

Im Rahmen der Konzeption von TOPOGRAPHIC ergeben sich eine Reihe von Problemen aus dem Bereich der Informations- und Kognitionswissenschaft, von denen wir drei in diesem Papier aufgreifen wollen.

4.1 Informationstypen und ihre Gewichtung

Oben (Kap. 2.1) hatten wir verschiedene Informationstypen eingeführt, um die Problematik der Informationsaufbereitung aufzuzeigen. Anlaß gab dazu die intuitive Vorstellung, daß bei einer kognitiv günstig gestalteten Darstellung die Verhältnisse von Vordergrund- zu Hintergrundinformation, von Verweis- zu Fakteninformation und evtl. von Prototyp- zu Instanzinformation nur einen begrenzten Spielraum haben dürfen. Diese Ideen bedürfen der fachlich qualifizierten, gegebenenfalls experimentellen Absicherung.

4.2 Adaption

In einer späteren Projektphase soll die Dialogflexibilität von TOPO-GRAPHIC durch eine Modellierung des individuellen Benutzerverhaltens erhöht werden. Dies kann in zwei Schritten geschehen:

- Zunächst wird das Verhalten unterschiedlicher Benutzerklassen durch Stereotypen antizipiert (vgl. /12/).

- Später erfolgt eine Reaktion auf das aktuelle Verhalten des individuellen Benutzers (heuristische Adaption)(vgl. /13/).

4.3 Modellierung der Einsatzumgebung

Während in 5.2 eine Anpassung an den Benutzer als Individuum das Hauptinteresse darstellte, wollen wir nun den Blick auf seine Umgebung richten. Stattet man TOPIC mit einer adäquaten Wissensbasis aus, die eine Verarbeitung von Dokumenten in einem Verwaltungsbereich (z.B. Akten) ermöglicht, so kann das System als Büroinformationssystem eingesetzt werden, das dem Benutzer entscheidungsrelevante Informationen anbietet (vgl. /14/). In solchen Fällen wäre es nicht ausreichend, nur die individuellen kognitiven Fähigkeiten zu berücksichtigen, denn der Informationsbedarf und die Aufnahmefähigkeit des Benutzers können wesentlich von seiner funktionalen Rolle innerhalb der Organisation determiniert sein.

5. Schlußbemerkung

Die in dem vorliegenden Beitrag vorgestellten Designkriterien versuchen, die Ergebnisse der kognitiven Ergonomie für eine graphisch-interakive Benutzerschnittstelle zu nutzen, um einen Fortschritt gegenüber der ungenügenden Benutzerfreundlichkeit herkömmlicher Informationssysteme zu erzielen. Damit sollen die in TOPIC experimentell realisierten Verfahren zur Inhaltserschließung und Wissensrepräsentation effizient unterstützt werden im Sinne eines

integrierten Textanalyse- und Retrievalsystems. Konkrete Design-
entscheidungen bezüglich der Präsentation konnten an einem fiktiven
Beispiel verdeutlicht werden, sämtliche Fragen hinsichtlich der
Dialogführung blieben hingegen unberücksichtigt. Dieser Problemkreis
ist Thema der augenblicklichen Projektarbeit, die zur experimentellen
Implementation eines Prototyps hinführt.

<u>Literaturverzeichnis</u>

/ 1/ Baecker, R.: Digital Video Display Systems and Dynamic Graphics.
       In: SIGGRAPH '79 Proceedings in Computer Graphics, 13, 1979, 2, pp. 48-56.
/ 2/ Cahn, D.F.: Computer-Aided Visualization of Database Structural Relationships.
       In: Proc. of the Annual Meeting of the ASIS, 17, 1980, pp. 358-360.
/ 3/ Hahn, U.; Reimer, U.: Informationslinguistische Konzepte der Volltextver-
       arbeitung in TOPIC.
       In: Deutscher Dokumentartag 1982. München: Saur, 1983, pp. 345-385.
/ 4/ Reimer, U.; Hahn, U.: A Formal Approach to the Semantics of a Frame Data
       Model.
       In: IJCAI-83: Proceedings of the Eighth International Joint Conference on
       Artificial Intelligence. Vol. 1. Los Altos, CA: Kaufmann, 1983, pp. 337-339.
/ 5/ Hahn, U.; Reimer, U.: Wortexperten-Parsing: Text-Parsing mit einer verteilten
       lexikalischen Grammatik im Rahmen des automatischen Textkondensierungssystems
       'TOPIC'.
       In: Linguistische Berichte, 1983, No.88 (Dec), pp. 56-78.
/ 6/ Hahn, U.; Reimer, U.: Computing Text Constituency: An Algorithmic Approach to
       the Generation of Text Graphs.
       In: R.J. van Rijsbergen (ed): Research and Development in Information
       Retrieval. Proc. of the 3rd Joint BCS and ACM Symposium, Cambridge, England,
       July 2-6, 1984. Cambridge etc.: Cambridge U.P., 1984, pp. 343-368.
/ 7/ Hayes, P.: Expanding the Horizons of Natural Language Interfaces.
       In: Proc. of the 18th Annual Meeting of the ACL, 1980, pp. 71-74.
/ 8/ Heese, C.: Die Konzeption einer interaktiven graphischen Mensch-Maschine-
       Schnittstelle für das System TOPIC: TOPOGRAPHIC.
       Universität Konstanz, Infomationswissenschaft, August 1983. (Bericht TOPIC-4/83)
/ 9/ Frei, H.P.; Jauslin, J.-F.: Graphical Presentation of Information and Services:
       A User-Oriented Interface.
       In: Information Technology: Research and Development, 2, 1983, 1, pp. 23-42.
/10/ Morse, A.: Some Principles for the Effective Display of Data.
       In: SIGGRAPH '79 Proceedings in Computer Graphics, 13, 1979, 2, pp. 94-101.
/11/ Nievergelt, J.: Errors in Dialog Design and how to Avoid them.
       In: Proc. of the 1982 International Zuerich Seminar on Digital Communication
       Man-Machine-Interaction, pp. 199-205.
/12/ Rich, E.: User Modeling via Stereotypes.
       In: Cognitive Science, 3, 1979, pp. 329-354.
/13/ Rich, E.: Users are Individuals: Individualizing User Models.
       In: International Journal on Man-Machine Studies, 18, 1983, pp. 199-214.
/14/ Rieger, C.; Wood, R.; Allen, E.: Large Human-Machine Information Spaces.
       In: IJCAI-81: Proc. of the 7th International Joint Conference on Artificial
       Intelligence, Vancouver 1981, pp. 985-991.
/15/ Schär, H.: DRAW: Ein Editor für graphische Darstellungen.
       Diplomarbeit, Institut für Informatik, ETH Zürich, März 1983.
/16/ Zdybel, F.; Greenfeld, N.R.; Yonke, M.D.; Gibbons, J.: An Information Presen-
       tation System.
       In: IJCAI-81: Proc. of the 7th International Joint Conference on Artificial
       Intelligence, Vancouver 1981, pp. 978-984.

<u>Ergänzung und Korrektur der mentalen
Modelle durch Rechnerunterstützung</u>

S. Pfleger
Gesellschaft für Mathematik und Datenverarbeitung
5205 St. Augustin 1, Postfach 1240

ZUSAMMENFASSUNG

Die Entwicklung, funktionelle Weiterentwicklung und Wartung von komplexen Software-Systemen setzt in zunehmendem Maße die maschinelle Unterstützung seitens Rechner für die Bewältigung der großen Datenmenge in der Erstellung, Aktualisierung und Verwaltung von Anforderungen, Entwurf, Code, Test und Dokumentationen voraus.

Besonders in der Weiterentwicklung und Wartung solcher Systeme, wo der Entwickler des ursprünglichen Systems nicht mehr eingesetzt werden kann, ist die maschinelle Unterstützung eine wichtige Hilfe für den neu eingesetzten Entwickler.

In dieser Arbeit wird die Rechnerunterstützung für Aufbau, Ergänzung und Korrektur der mentalen Modelle über ein Software-System in Form von automatisch ermittelten Strukturinformationen mit Hilfe eines Software-Werkzeuges zur Strukturanalyse präsentiert.

Die Erfahrung aus der Praxis in der Weiterentwicklung und Wartung des Betriebssystems BS2000, wo das Werkzeug für Strukturanalyse (STAR-Strukturanalysator) standardmäßig eingesetzt wird, bestätigt den Ansatz der Rechnerunterstützung für die Ergänzung und Korrektur der mentalen Modelle.

1. Einführung

Die Software-Entwickler und -Betreuer von großen und komplexen Software-Systemen werden vor die Aufgabe gestellt, Struktur und Funktionsumfang des existierenden Systems zu kennen, d.h. sich ein mentales Modell über das System aufzubauen.

Der Software-Entwickler ist aufgrund der großen Datenmenge, die während der System-Entwicklung entsteht, bedingt durch die Vielzahl der Funktionen und die komplexe Systemstruktur, auf die maschinelle Unterstützung angewiesen.

Spezielle Software-Werkzeuge können eingesetzt werden für die Analyse des existierenden Systems und die Ermittlung gezielter Strukturinformationen, wie:

- die Vermaschung zwischen Programmbausteinen
- den Zugriff auf die Systemtabellen und Felder
- den Steuerungsfluß als Aufrufhierarchie der Programmbausteine
- die Schnittstelle zwischen Subsystemen und Programmbausteinen

Wärend der Weiterentwicklungsphase wird das mentale Modell des Entwicklers mit den funktionellen Erweiterungen des Systems und den neuen Zusammenhängen in der Systemstruktur ergänzt; die Vollständigkeit der Ergänzung kann nur durch die Unterstützung mit maschinellen Informationen gewährleistet werden. Das ergänzte mentale Modell über das erweiterte Software-System muß hinsichtlich seiner Konsistenz geprüft werden:

- die Kompatibilität der neuen Funktionen mit den alten Funktionen muß gesichert werden;
- der Ersatz von Funktionen darf nicht zu unbenutzten, vergessenen Programmbausteinen im System führen;
- der Zustand der Schnittstellen zwischen Subsystemen muß konsistent bleiben;
- die Systemstruktur darf nicht durch neuerzeugte Engpässe im System verschlechtert werden.

Die Korrektur des mentalen Modells des Entwicklers kann durch die Analyse des simulierten Systems mit Hilfe von Software-Werkzeugen unterstützt werden. Die Unterstützung des Aufbaus, Ergänzung und Korrektur von mentalen Modellen der Software-Entwickler und -Betreuer mit Hilfe des Software-Werkzeuges STAR (Strukturanalysator) während der Weiterentwicklung und Wartung des Betriebssystems BS2000 bei der Firma Siemens wird hier präsentiert und die Grenze der maschinellen Unterstützung in dem Aufbau der mentalen Modelle untersucht.

2. Aufbau von mentalen Modellen

Der Software-Entwickler in der Weiterentwicklung und Wartung von komplexen Software-Systemen wird vor die Aufgabe gestellt, funktionelle Erweiterungen und Korrekturen des aktuellen Systems durchzuführen. Für die Durchführung dieser Arbeiten benötigt der Software-Entwickler fachliche Kenntnisse über das aktuelle Software-System in Form seines persönlichen mentalen Modells des Systems.
Der Aufbau des mentalen Modells des Entwicklers erfolgt zeitlich in mehreren Stufen:

- Planung
- Abstraktion
- Verifikation

2.1 Planung

Die Aufgabe des Software-Entwicklers konkretisiert in der Aufgabenstellung wird von dem Software-Entwickler analysiert und der dafür geeignete Arbeitsplan unter Festlegung von:

- erwarteten Ergebnissen, Kosten, Terminen
- Vorgehensweise und Aktivitäten

erarbeitet.

2.2 Abstraktion

Der Software-Entwickler beginnt die fachliche Einarbeitung in das Software-System, die auf einer abstrakten Ebene erfolgt (auch Abstraktionsphase genannt) mit Hilfe der Systemdokumentation.

Mehrere zeitliche Phasen der Denk- und Wahrnehmungsvorgänge, auch als kognitive Vorgänge bezeichnet, werden mit dem Ziel, die Kenntnisse des Entwicklers über das System aufzubauen und zu vertiefen, angestoßen:

- Aufnahme der übersichtlichen Systemkenntnis
- Sortierung und Zuordnung der Systemkenntnisse
- Ablage der erworbenen Kenntnisse über den groben Systemaufbau, funktionelle Zusammenhänge zwischen den Subsystemen sowie die Systemstruktur in einem GROB-Modell des Software-Systems
- Aufnahme von detaillierten Kenntnissen über die Subsysteme, Komponenten sowie detaillierte Systemstrukturangaben
- Auswahl der wichtigsten erworbenen detaillierten Kenntnisse
- Ablage der wichtigsten erworbenen detaillisierten Kenntnisse im vorhandenen GROB-Modell. Die Präzisierung der GROB-Modellangaben mit Hilfe der Verfeinerung durch detaillierte Kenntnisse führt zum Aufbau des FEIN-Modells.

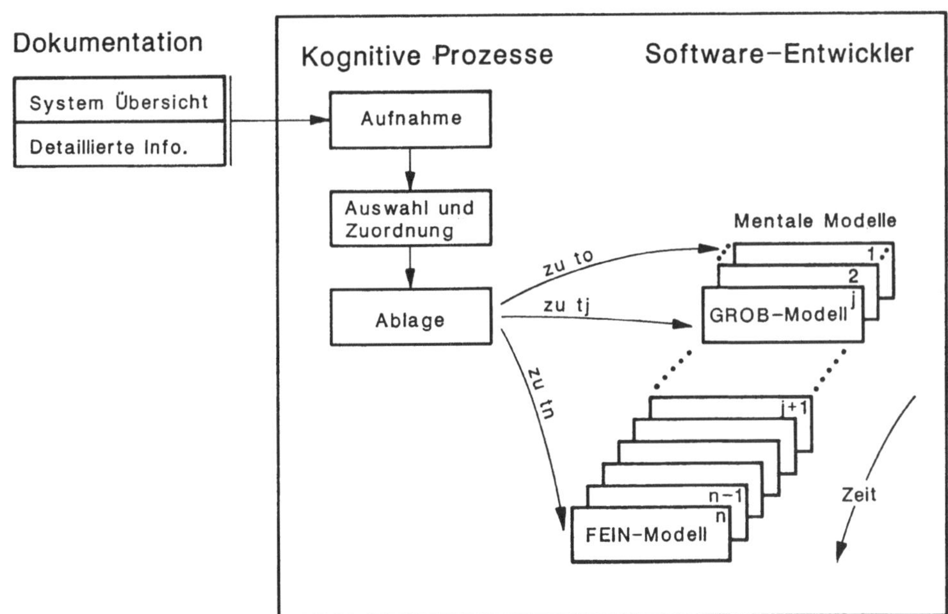

2.3 Verifikation

Die Prüfung der Konsistenz von mentalen Modellen (FEIN und GROB) erfolgt durch Vergleich der Kenntnisse des Software-Entwicklers mit der Systemdokumentation. Als Ergebnis der Prüfung entstehen die verifizierten GROB- und FEIN-Modelle, wenn keine Abweichungen der mentalen Modelle gegenüber der Dokumentation festgestellt wurden. Abweichungen der Modelle von der Dokumentation führen zu der Ergänzung oder Korrektur der mentalen Modelle.

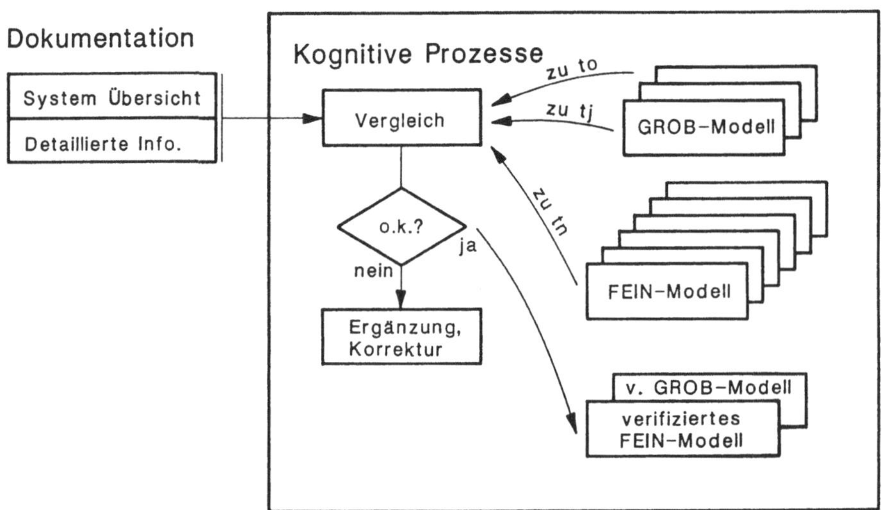

Die Rechnerunterstützung in der Abstraktionsphase während der Weiterentwicklung von Software-Systemen erfolgt in der Stufe "Aufnahme von detaillierten Kenntnissen" und Verifikation durch Bereitstellung seitens des Software-Werkzeuges STAR der aktuellen, detaillierten Strukturangaben:

- Vermaschung zwischen Subsystemen
- hierarchischer Aufbau der Subsysteme
- Zugriff auf Systemtabellen und Felder der Systemtabellen (lesend, schreibend, dynamisch)
- Aufrufshierarchie der Komponenten (ruft, wurde gerufen)
- Eingänge und Ausgänge der Programmbausteine
- Benutzung und Verschachtelung der algorithmischen Sprachkonstrukte neuester Stand der Schnittstellen zwischen Komponenten und Subsystemen

Detaillierte Strukturangaben über komplexe Software-Systeme mit mehr als 50 Programmbausteinen (hier als allein übersetzbare Einheit, auch Modul genannt) können aufgrund der ständigen Systemänderungen in der Weiterentwicklungszeit sinnvoll **nur** durch Rechnerunterstützung gewonnen werden.

3. Ergänzung der mentalen Modelle

Die funktionelle Weiterentwicklung von komplexen Software-Systemen
führt zu Änderungen im System:

- vorhandene Funktionen werden erweitert, in anderen Funktionen
  verlagert oder nicht mehr unterstützt,
- neue Funktionen werden entwickelt.

Die mentalen Modelle des Entwicklers müssen mit den geplanten neuen
oder geänderten Funktionen ergänzt werden.
Diese Ergänzung erfolgt, ähnlich wie beim Aufbau der mentalen Modelle,
zeitlich in mehreren Stufen:

- Planung
- Abstraktion
- Verfifikation

mit dem Unterschied, daß hier außer der Aufnahme und Verfeinerung der
Kenntnisse des bereits vorhandenen Systems auch zusätzliche kognitive
Prozesse für den Entwurf von neuen oder geänderten Funktionen sowie
für die Kompatibilität der geänderten und neuen Funktionen mit den
alten Systemfunktionen stattfinden.
Der Software-Entwickler, der nur einen kleinen Teil der funktionellen
Erweiterungen entwerfen wird, muß in der Lage sein, die Auswirkungen
seiner beabsichtigten Änderungen im System zu kennen; dies ist
aufgrund der Systemgröße und -Komplexität nur durch maschinelle
Unterstützung gewährleistet.

Bereits in der Planungsstufe wird die funktionelle Erweiterung **und**
ihre Auswirkungen auf das vorhandene System untersucht und in einem
Arbeitsplan konkretisiert.
Während der Abstraktionsstufe wird die Konzeptarbeit für die funktionelle Erweiterung und für die Sicherung der Kompatibilität zwischen
den alten, geänderten und neuen Funktionen durch kognitive Prozesse
entwickelt.
Zeitliche Phasen der Denk- und Wahrnehmungsprozesse:

- Aktualisierung der übersichtlichen Kenntnisse über das vorhandene
  System
- Erweiterung des vorhandenen mentalen GROB-Modells mit den neuen und
  geänderten Funktionen (Konzeptarbeit für Grobdesign)

- Verfeinerung des erweiterten GROB-Modells mit detaillierten Anga-
ben, die zu einem erweiterten FEIN-Modell führt (Konzeptarbeit für
Feindesign)
- Verifikation der mentalen Modelle durch Vollständigkeits- und
Plausibilitätsprüfungen.

Die funktionelle Erweiterung führt zum geänderten Datenzugriff im
System, zur Erweiterung des Kontrollflusses und zur Erhöhung der
Vermaschung der Subsysteme und Komponenten im System.

3.1 Datenzugriff

Funktionelle Systemerweiterungen, die zur Veränderung des Zugriffes
auf die Systemtabellen und Felder führen, wie z.B. Verlagerung von
neuen oder geänderten Informationen in eine bereits vorhandene System-
tabelle, setzen detaillierte Kenntnisse über alle Programmbausteine,
die diese Tabelle benutzen, voraus.
Komplexe Software-Systeme, wie das Betriebssystem BS2000, benötigen
eine große Anzahl von Systemtabellen (BS2000 Version 7.1 hat ca. 340
Systemtabellen), die Anzahl der dazugehörigen Tabellenfelder ist
wiederum ein Vielfaches von der Tabellenzahl (BS2000 Version 7.1 hat
3.800 Felder).
Die Bereitstellung der detaillierten Kenntnisse über den aktuellen
Stand der Systemtabellen und Felder sowie über die Zugriffsart
(lesend, schreibend, dynamisch) kann sinnvoll unter Einsatz von
Software-Werkzeugen erfolgen (s. Beispiel 1: Zugriff auf Systemtabel-
len/Liste und Beispiel 2: Zugriff auf Tabellen/Bild im Anhang).
Rechnerunterstützung schematisch dargestellt:

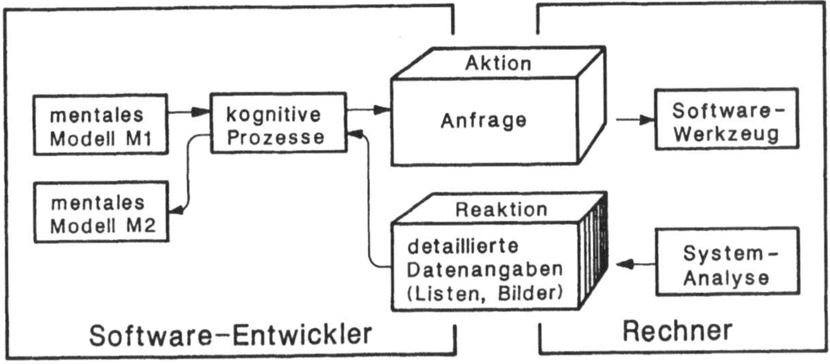

3.2 Kontrollfluß

Der Kontrollfluß, auch als Aufrufhierarchie zwischen den Systemkomponenten bekannt, ist von der funktionellen Erweiterung eines Software-Systems besonders betroffen, da vorhandene Programmbausteine geändert oder durch neue Programmbausteine ersetzt werden.
Die Änderung des Kontrollflusses aufgrund der Systemerweiterung setzt präzise Kenntnisse über die Kontrollschnittstellen im System voraus.
Die Ausgänge eines Programmbausteins werden von anderen Programmbausteinen benutzt, der aktuelle Stand kann sinnvoll nur maschinell ermittelt werden, da komplexe Software-Systeme eine große Anzahl von Kontrollschnittstellen haben.

Die maschinelle Unterstützung für den Kontrollfluß ist im Anhang in Beispiel 3 dargestellt.

3.3 Vermaschung

Die Vermaschung zwischen den Subsystemen und Komponenten eines Software-Systems ist von der Größe und Komplexität eines Software-Systems abhängig.
Die Anzahl und Art der Schnittstellen zwischen den Subsystemen und Komponenten eines Software-Systems bestimmen die Komplexität der Vermaschung im System.
Die funktionelle Erweiterung führt zu neuen oder geänderten Subsystemen und Komponenten und dazugehörigen Schnittstellen zu anderen Subsystemen und Komponenten.
Die Konsistenz des mentalen Modells des Entwicklers bezüglich aktueller Vermaschung im vorhandenen System mit dem Ziel, sinnvolle Änderungen durch funktionelle Erweiterungen zu ermöglichen, kann nur durch die Rechnerunterstützung gesichert werden.
Die Ergänzung des mentalen Modells mit maschinell gewonnenen detaillierten Schnittstelleninformationen erspart dem Software-Entwickler die Verwaltung und Aktualisierung von Detailmengen, diese Informationen sind jederzeit vom Rechner abrufbar.

4. Korrektur der mentalen Modelle

Der optimale Entwurf einer funktionellen Systemerweiterung ist aufgrund der großen Anzahl der Software-Entwickler, die mit Teilaufgaben betraut wurden, nur durch wiederholte Optimierungsschritte erreichbar. Die Visualisierung der geplanten funktionellen Systemerweiterung bereits in der Entwurfsphase mit Hilfe der Simulation unterstützt die Entdeckung von Konzeptfehlern und Konzeptengpässen, und ermöglicht dadurch die Korrektur der mentalen Modelle der Entwickler.

4.1 Simulation des Systems

Die Arbeiten für die Optimierung eines Software-Systems hinsichtlich seiner Struktur, z.B. die Minimierung der Schnittstellen zwischen Subsystemen mit dem Ziel, diese Subsysteme zu entkoppeln oder Verbesserung der Systemperformance durch Strukturoptimierung, können mit Hilfe der Simulation bereits in der Konzeptphase unterstützt werden.
Die beabsichtigten Strukturänderungen (z.B. Verlagerung von Programmbausteinen, Änderung von Subsystemschnittstellen usw.) können in Strukturdateien eingebracht werden, die während der maschinellen Strukturanalyse dem Strukturanalysator zur Verfügung gestellt werden.
Die Rechnerunterstützung für die Ermittlung von Datenzugriff auf Systemtabellen, -felder, Kontrollfluß (Programmbaustein ruft, ist gerufen) im System ist in der Weiterentwicklung des Betriebssystems BS2000 mit Hilfe des Werkzeuges STAR gewährleistet.
Auch die Entkoppelung von Subsystemen wird durch Visualisierung der Schnittstellen zwischen Subsystemen maschinell unterstützt. Mehrere Optimierungslösungen können gleichzeitig simuliert werden mit dem Ziel, die beste Lösung weiterzuverfolgen.

4.2 Struktur-Visualisierung

Durch die Analyse des Systems und der aktuellen Strukturdatei wird die Struktur des Systems maschinell ermittelt und in Form von Struktur-listen oder Strukturbildern visualisiert.
Der Software-Entwickler kann dadurch die Auswirkungen seiner Vorhaben auf die Systemstruktur rechtzeitig erkennen und seine Vorstellungen über das System (damit auch sein mentales Modell) korrigieren.
Durch wiederholte rechnerunterstützte Simulation und Visualisierungs-phasen können die geplanten funktionellen Erweiterungen hinsichtlich der Auswirkungen im System korrigiert werden.
Die rechnerunterstützte Simulation und Visualisierung der Systemstruk-tur werden mit Hilfe des Software-Werkzeuges STAR in der Weiterent-wicklung des BS2000 standardmäßig eingesetzt.

5. Ausblick

Die Rechnerunterstützung in Ausbau, Ergänzung und Korrektur von mentalen Modellen des Software-Entwicklers wird in der Praxis als wichtigstes Hilfsmittel während der Weiterentwicklung des Betriebs-systems BS2000 standardmäßig eingesetzt.
Der Einsatz von Software-Werkzeugen für die Ermittlung und Aktualisie-rung von detaillierten Kenntnissen über Systemaufbau (Datenzugriff, Kontrollfluß und Vermaschung) sowie für die Strukturoptimierung und Entkopplung von Subsystemen ist in der Praxis notwendig.
Unvollständigkeiten oder sogar Fehler in dem mentalen Modell des Software-Entwicklers können durch die maschinelle Analyse und Visuali-sierung der simulierten Systemstruktur signalisiert werden; die maschinelle Unterstütztung ist aber nur ein Hilfsmittel, die kogniti-ven Prozesse des Entwicklers (z.B. seine Denkensart) können aber in keiner Weise durch hier dargestellte Rechnerunterstützung ergänzt oder korrigiert werden.

Tabelle		Zugriff		Zugriff		Zugriff	
LEAAFAST	ASS	LEAAROPN	R M –	LEAARPRT	R – –	LEAARUPD	R – –
LEAAFF	ASS	LEAAPINP	R – ?	LEAASYNT	R M ?	LEAATAB	– – ?
LEAAFT	ASS	LEAAROPN	R M ?	LEAARSMT	R M ?	LEAATAB	R – ?
LEAAIBID	ASS	LEAAIBIV	R – –	LEAARUPD	R M ?	LEAROLLB	R M ?
LEAAICTD	ASS	LEAARCAT	R – –	LEAARPRT	R – ?	LEACATD	– M ?
LEAAIMEL	ASS	LEAAACC	R – ?	LEAAELAD	– – ?	LEAARCAT	R – –
		LEAARPRT	R – ?	LEAARSMT	R – –	LEAARUPD	R – –
		LEAAUNDO	R – –	LEACATD	– – ?	LEAMWSTT	– – ?
		LEAWRAIM	R M ?				
LEAAIOPE	ASS	LEAAROPN	R – ?	LEAARPRT	R – ?	LEAMWSTT	– M ?
LEAAISES	ASS	LEAARPRT	R – ?	LEAARSMT	R – ?	LEAMWRSC	R – ?
LEAAKEY	ASS	LEAAPINP	R – ?	LEAARPRT	R – ?	LEAASYNT	– M –

BEISPIEL 1. Zugriff auf Tabellen (Liste)

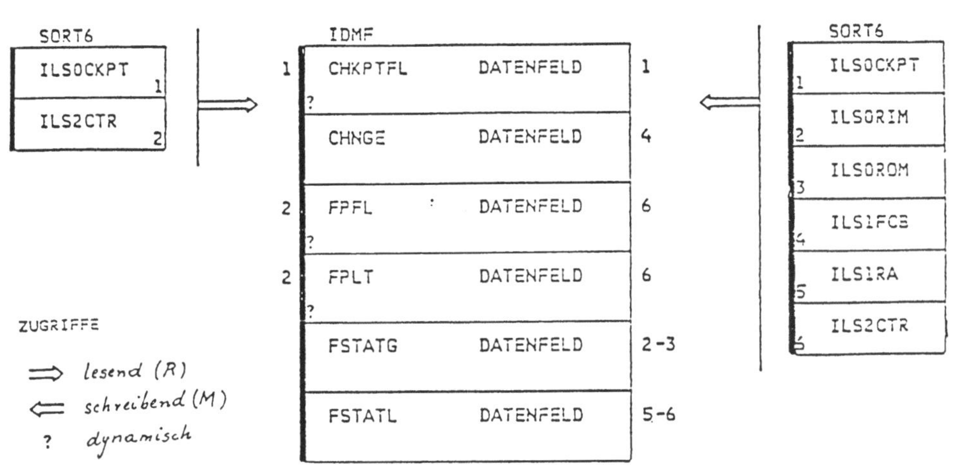

BEISPIEL 2. Zugriff auf Tabellen (Bild)

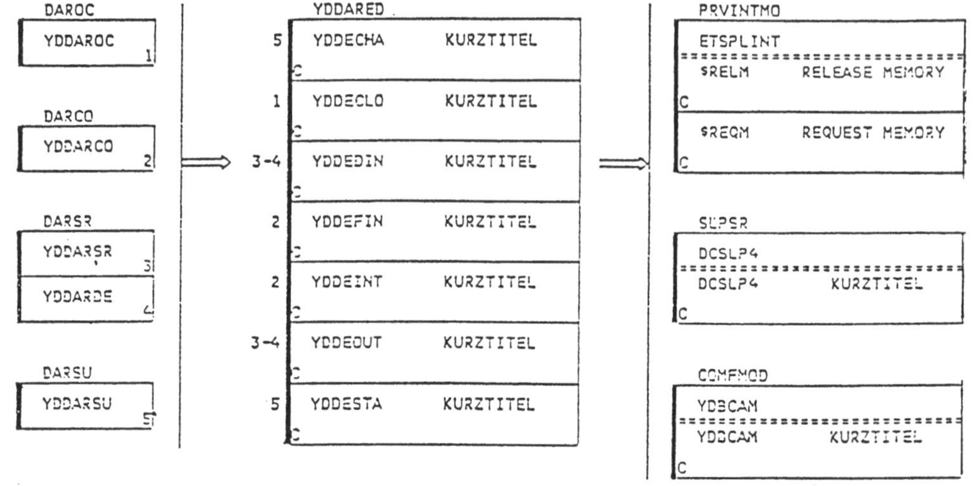

BEISPIEL 3. Kontrollfluß

Bibliographie

1. Dirlich, G.,

    Einige kognitive Aspekte fehlertoleranter Mensch-Maschine-Schnittstellen.

    GI-Workshop "Fehlertolerante Mehrprozessor- und Mehrrechner-systeme",

    Arbeitsberichte des IMMD-Informatik, Universität Erlangen, 1983

2. Norman, D.A.,

    Some Observations on Mental Models

    Report Chip 112, N000 14-79-C-0323,

    University of California, San Diego, May 1982

3. Pfleger, D.S.,

    STAR (Struktur Analysator) Benutzerhandbuch

    Internes Manual U91004-I-Z19-1, Siemens, Mai 1983

Band 77: Programmiersprachen und Programmentwicklung. 8. Fachtagung der GI, Zürich, März 1984. Herausgegeben von U. Ammann. VIII, 239 Seiten. 1984.

Band 78: Architektur und Betrieb von Rechensystemen. 8. GI-NTG-Fachtagung, Karlsruhe, März 1984. Herausgegeben von H. Wettstein. IX, 391 Seiten. 1984.

Band 79: Programmierumgebungen: Entwicklungswerkzeuge und Programmiersprachen. Herausgegeben von W. Sammer und W. Remmele. VIII, 236 Seiten. 1984.

Band 80: Neue Informationstechnologien und Verwaltung. Proceedings, 1983. Herausgegeben von R. Traunmüller, H. Fiedler, K. Grimmer und H. Reinermann. XI, 402 Seiten. 1984.

Band 81: Koordinaten von Informationen. Proceedings, 1983. Herausgegeben von R. Kuhlen. VI, 366 Seiten. 1984.

Band 82: A. Bode, Mikroarchitekturen und Mikroprogrammierung: Formale Beschreibung und Optimierung, 6, 7-227 Seiten. 1984.

Band 83: Software-Fehlertoleranz und -Zuverlässigkeit. Herausgegeben von F. Belli, S. Pfleger und M. Seifert. VII, 297 Seiten. 1984.

Band 84: Fehlertolerierende Rechensysteme. 2. GI/NTG/GMR-Fachtagung, Bonn 1984. Herausgegeben von K.-E. Großpietsch und M. Dal Cin. X, 433 Seiten. 1984.

Band 85: Simulationstechnik. Proceedings, 1984. Herausgegeben von F. Breitenecker und W. Kleinert. XII, 676 Seiten. 1984.

Band 86: Prozeßrechner 1984. 4. GI/GMR/KfK-Fachtagung, Karlsruhe, September 1984. Herausgegeben von H. Trauboth und A. Jaeschke. XII, 710 Seiten. 1984.

Band 87: Mustererkennung 1984. Proceedings, 1984. Herausgegeben von W. Kropatsch. IX, 351 Seiten. 1984.

Band 88: GI–14. Jahrestagung. Braunschweig. Oktober 1984. Proceedings. Herausgegeben von H.-D. Ehrich. IX, 451 Seiten. 1984.

Band 89: Fachgespräche auf der 14. GI-Jahrestagung. Braunschweig, Oktober 1984. Herausgegeben von H.-D. Ehrich. V, 267 Seiten. 1984.

Band 90: Informatik als Herausforderung an Schule und Ausbildung. GI-Fachtagung, Berlin, Oktober 1984. Herausgegeben von W. Arlt und K. Haefner. X, 416 Seiten. 1984.

Band 91: H. Stoyan, Maschinen-unabhängige Code-Erzeugung als semantikerhaltende beweisbare Programmtransformation. IV, 365 Seiten. 1984.

Band 92: Offene Multifunktionale Büroarbeitsplätze. Proceedings, 1984. Herausgegeben von F. Krückeberg, S. Schindler und O. Spaniol. VI, 335 Seiten. 1985.

Band 93: Künstliche Intelligenz. Frühjahrsschule Dassel, März 1984. Herausgegeben von C. Habel. VII, 320 Seiten. 1985.

Band 94: Datenbank-Systeme für Büro, Technik und Wirtschaft. Proceedings, 1985. Herausgegeben von A. Blaser und P. Pistor. X, 519 Seiten. 1985.

Band 95: Kommunikation in Verteilten Systemen I. GI-NTG-Fachtagung, Karlsruhe, März 1985. Herausgegeben von D. Heger, G. Krüger, O. Spaniol und W. Zorn. IX, 691 Seiten. 1985.

Band 96: Organisation und Betrieb der Informationsverarbeitung. Proceedings, 1985. Herausgegeben von W. Dirlewanger. XI, 261 Seiten. 1985.

Band 97: H. Willmer, Systematische Software- Qualitätssicherung anhand von Qualitäts- und Produktmodellen. VII, 162 Seiten. 1985.

Band 98: Öffentliche Verwaltung und Informationstechnik. Neue Möglichkeiten, neue Probleme, neue Perspektiven. Proceedings, 1984. Herausgegeben von H. Reinermann, H. Fiedler, K. Grimmer, K. Lenk und R. Traunmüller. X, 396 Seiten. 1985.

Band 99: K. Küspert, Fehlererkennung und Fehlerbehandlung in Speicherungsstrukturen von Datenbanksystemen. IX, 294 Seiten. 1985.

Band 100: W. Lamersdorf, Semantische Repräsentation komplexer Objektstrukturen. IX, 187 Seiten. 1985.

Band 101: J. Koch, Relationale Anfragen. VIII, 147 Seiten. 1985.

Band 102: H.-J. Appelrath, Von Datenbanken zu Expertensystemen. VI, 159 Seiten. 1985.

Band 103: GWAI-84. 8th German Workshop on Artificial Intelligence. Wingst/Stade, October 1984. Edited by J. Laubsch. VIII, 282 Seiten. 1985.

Band 104: G. Sagerer, Darstellung und Nutzung von Expertenwissen für ein Bildanalysesystem. XIII, 270 Seiten. 1985.

Band 105: G. E. Maier, Exceptionbehandlung und Synchronisation. IV, 359 Seiten. 1985.

Band 106: Österreichische Artificial Intelligence Tagung. Wien, September 1985. Herausgegeben von H. Trost und J. Retti. VIII, 211 Seiten. 1985.

Band 107: Mustererkennung 1985. Proceedings, 1985. Herausgegeben von H. Niemann. XIII, 338 Seiten. 1985.

Band 108: GI/OCG/ÖGJ-Jahrestagung 1985. Wien, September 1985. Herausgegeben von H. R. Hansen. XVII, 1086 Seiten. 1985.

Band 109: Simulationstechnik. Proceedings, 1985. Herausgegeben von D. P. F. Möller. XIV, 539 Seiten. 1985.

Band 110: Messung, Modellierung und Bewertung von Rechensystemen. 3. GI/NTG-Fachtagung, Dortmund, Oktober 1985. Herausgegeben von H. Beilner. X, 389 Seiten. 1985.

Band 111: Kommunikation in Verteilten Systemen II. GI/NTG-Fachtagung, Karlsruhe, März 1985. Herausgegeben von D. Heger, G. Krüger, O. Spaniol und W. Zorn. XII, 236 Seiten. 1985.

Band 112: Wissensbasierte Systeme. GI-Kongreß 1985. Herausgegeben von W. Brauer und B. Radig. XVI, 402 Seiten, 1985.

Band 113: Datenschutz und Datensicherung im Wandel der Informationstechnologien. 1. GI-Fachtagung, München, Oktober 1985. Proceedings, 1985. Herausgegeben von P. P. Spies. VIII, 257 Seiten. 1985.

Band 114: Sprachverarbeitung in Information und Dokumentation. Proceedings, 1985. Herausgegeben von B. Endres-Niggemeyer und J. Krause. VIII, 234 Seiten. 1985.

Band 115: A. Kobsa, Benutzermodellierung in Dialogsystemen. XV, 204 Seiten. 1985.

Band 116: Recent Trends in Data Type Specification. Edited by H.-J. Kreowski. VII, 253 pages. 1985.

Band 117: J. Röhrich, Parallele Systeme. XI, 152 Seiten. 1986.

Band 118: GWAI-85. 9th German Workshop on Artificial Intelligence. Dassel/Solling, September 1985. Edited by H. Stoyan. X, 471 pages. 1986.

Band 119: Graphik in Dokumenten. GI-Fachgespräch, Bremen, März 1986. Herausgegeben von F. Nake. X, 154 Seiten. 1986.

Band 120: Kognitive Aspekte der Mensch-Computer-Interaktion. Workshop, München 1984. Herausgegeben von G. Dirlich, C. Freksa, U. Schwatlo und K. Wimmer. VIII, 190 Seiten. 1986.